家法承法

婚姻家事法律问题一本通

MARRIAGE AND FAMILY LAW Q&A

李凤凡 主编
家法承法团队 编

法律出版社 LAW PRESS·CHINA
北京

图书在版编目（CIP）数据

婚姻家事法律问题一本通 / 李凤凡主编 ; 家法承法团队编. -- 北京 : 法律出版社, 2025. -- ISBN 978-7-5197-9480-4

Ⅰ. D923.9

中国国家版本馆 CIP 数据核字第 2024TR4626 号

婚姻家事法律问题一本通
HUNYIN JIASHI FALÜ WENTI YIBENTONG

李凤凡 主编
家法承法团队 编

策划编辑 林 蕊 周 洁
责任编辑 林 蕊 周 洁
装帧设计 李 瞻

出版发行 法律出版社
编辑统筹 司法实务出版分社
责任校对 裴 黎
责任印制 胡晓雅
经　　销 新华书店

开本 A5
印张 10.5　**字数** 218 千
版本 2025 年 1 月第 1 版
印次 2025 年 1 月第 1 次印刷
印刷 三河市龙大印装有限公司

地址:北京市丰台区莲花池西里 7 号(100073)
网址:www.lawpress.com.cn
投稿邮箱:info@lawpress.com.cn
举报盗版邮箱:jbwq@lawpress.com.cn

销售电话:010-83938349
客服电话:010-83938350
咨询电话:010-63939796

书号:ISBN 978-7-5197-9480-4　**定价**:58.00 元

凡购买本社图书,如有印装错误,我社负责退换。电话:010-83938349

编 委 会

序一　感佩“领头雁”李凤凡律师

在文康近20个专业委员会中，婚姻家事与财富传承委员会（以下简称婚财委）是文康同事公认的先进和表率。而婚财委之所以能取得令人艳羡的成就，则与一位卓越的“领头雁”有关，她就是李凤凡律师。

我与李凤凡律师结缘于十年前。在此之前，她在东北一座边陲小城已拥有一家律所，过着当地人眼中成功人士的生活。然而，小有所成的她有着从头开始的勇气，举家南迁闯荡青岛，选择以普通律师的身份加入文康，专注打造婚家专业律师品牌。一年之后，她晋升文康普通合伙人。仅仅四五年时间，她就跻身文康高级合伙人行列，成为文康婚家领域的带头人。此后，她又进军北京，成为一名北京执业律师，积极参与北京律协和全国律协的各项活动，活跃于全国各地的专业讲坛，毫无保留地分享自己从事婚姻家事法律业务的经验和体悟。在有些地市，她的讲座竟然能吸引当地过半数的律师同行参加，顶流风采依稀可见。从东北小城到黄海之滨，从美丽青岛进军首都北京，李凤凡律师步履不停，一路奔走，一路收获，凭借专业度和影响力，获得了众多同人和客户的认可，也得到了法律行业知名榜单的青睐。近年来，她领衔的文康婚财委入围了《亚洲法律杂志》（ALB）2023、2024年度华东地区财富管理律师事务所大奖，她本人也入选《精品婚姻家事法律服务品牌指南》并当选“匠心律师”品牌之星。

做律师，深耕专业、奋进向上的人有很多，我之所以非常感佩李凤凡律师，不仅因为她在专业上不断精进，更源于她为文康婚财委建设和发展作出的奉献和取得的成绩。她是文康婚财委的创立者，即便后来到北京执业，她仍然以特聘顾问的身份继续引领、支持文康婚财委的发展。在她的带领下，婚财委成为文康第一个跨办公室的专业委员会，吸引了各地十余个办公室近60位律师加入，是文康深融合、促发展的生动实践和真实写照，也为文康专委会建设起到了重要的示范和带头作用。自2019年至今，婚财委举办了200余场次培训，推出近百篇专业文章，让同事们在专业知识、沟通技巧、心理咨询、办案经验等多方面都得到了极大的提升。她提出的“普通案件各地办理，复杂案件指导办理，疑难案件协同办理”的业务协作模式推动了文康各办公室之间的资源整合与业务协同，引领诸多文康同事在传统业务领域做出了不凡的业绩。作为一位非婚财委委员但参加过婚财委部分活动的老同事，我个人对于李凤凡律师有发自内心的感佩，相信很多文康婚财委的同事都与我有相同或相似的情感。

多年来，文康婚财委著述颇丰，这本《婚姻家事法律问题一本通》，就是在李凤凡律师指导下，文康婚财委推出的一部新作。无论是婚家专业的执业律师，还是有婚家法律服务需求的当事人，有任何相关疑惑，翻开这本书，相信你都会找到答案。从中，你也能约略感受到李凤凡律师及文康婚财委在婚家法律领域的不辍努力和丰硕收获。

祝贺李凤凡律师！祝贺文康婚财委的同事们！

张志国*

2024年12月

---

* 张志国，文康律师事务所创始合伙人。

序二　有你们真好

十年前，我作为新同学加入文康，正是文康二十岁风华正茂之时；如今文康步入三十岁而立之年，我也成长为家法承法团队的特聘顾问。于我而言，这里曾经是我的学堂，现在更像是我的故乡。回望过往的岁月，一幕幕场景，像电影般在眼前浮现。

2015年1月30日，作为文康的一员，我站上了文康一年一度的新兴讲坛，分享了自己求学、当律师、创业，后来为了家庭和事业有更好的发展，放弃创办运营六年的律所，举家南迁来到青岛，从零起步重新创业的故事。殷启峰主任听后眼含泪花深情点评，有感而发赋诗一首：“风声雨声演讲声，声声入耳撞心胸；凡人凡心做小事，细节之中见神功。真情洒向天地外，联手打造文康梦；棒打伙伴不分离，谁能与我来争雄。”诗中嵌入“凤凡真棒”。当时我来文康刚好三个月，对陌生环境的茫然和恐慌尚未褪去，还在为没有扎根而忐忑不安，殷主任的鼓励给予我莫大的信心。这首诗也成为我日后奋斗路上的能量棒，一直指引和激励着我不断前行。

文康向来以专业立所，各专业板块“大咖”云集，加入文康有压力更有动力，我选择了深耕多年的婚姻家事领域，下定决心做出自己的专业品牌。刚来文康没多久，我就代理过一起离婚案件，其意义之深远，可以载入我执业生涯的要案集锦。案件双方当事人的争议焦点是争夺五岁孩子的抚养权，一方藏匿孩子长达一年有余，另一方因看不到孩子开始采取跟踪、砸门、报警等极端方式，双方矛盾相当激烈。凭借多年经验，我深知通过法院判决争夺到抚养权，并不能真正地保障孩子的权益，故选择了尝试为双方调解。起初，对方当事人本能地排斥跟我见面沟通，65 条短信，28 次电话，累计时长 300 余分钟，终于让对方才放下芥蒂同意见面。我引领双方回忆曾经的美好时光，分析离婚的根本原因，寻找各自在婚姻经营中的问题，推演离婚后将要面临的生活情境，重中之重是模拟孩子跟哪一方生活对成长更有利。多轮沟通之后，双方放下执念，逐渐达成共识，“家可以不完整，但对孩子的爱不能不完整”。至此，我预判双方有和好的可能，借机尝试为双方做情感修复；最终在我们第 11 次见面之时，双方决定暂不离婚，再给彼此一次机会。

之所以说这个案件意义深远，并不是案件标的大，也不是收了巨额律师费，而是源于张金海主席对我专业的信任，他把重要的客户托付给我。如今，当初的孩子已经是高中生，一家三口变成了四口。客户说，本来他们已经不相信爱，对婚姻也早已绝望，是我改写了他们全家人的生活剧本，让他们重新理解了人生幸福的含义。

这个案件让很多人认识到，婚姻家事律师并不只是离婚律师，我们为客户创造的价值可以是无价的。此案之后，同事们推介给我的婚姻家事业务越来越多，而我也尽力服务好每一位客户，得到的赞誉也随之增加。

从 2014 年到 2019 年，我从一名主办律师升为合伙人、高级合伙人，组建团队，历时四年打造了文康婚姻家事与财富管理专业品牌。为了进一步发展财富管理业务，我又转到了北京市君益诚律师事务所执业。此前，我带领的文康总部婚姻家事团队已经比较成熟，但各地分所办公室缺乏专业高精尖的婚家律师。为了回馈这片孕育我成长的土壤，我着手筹建文康婚姻家事与财富管理委员会（现家法承法团队），召集各地分所的伙伴，首创跨地域、跨办公室成立团队模式。这种模式在文康乃至全国律所都没有先例，我不敢笃定这支队伍能发展成什么样子，纯粹是摸着石头过河。就在这种极其不确定的背景下，我们当时得到了济南办于泉主任、烟台办周强主任、潍坊办秦克峰主任、青岛西海岸办汪啸主任的无条件支持，他们纷纷安排小伙伴入队。记得好几位伙伴第一次到青岛总部集结开会，都以为是例行公事参加一次会议而已，稀里糊涂就被指派来了。多年之后，已经是专委会骨干的他们笑谈加入的初衷，原来当初是被动加入了“神秘组织”，入会即被套牢锁死，还是心甘情愿的那种。我听着笑而不答，其实心里乐开了花。

队伍拉起来，没有前人的经验可借鉴，我们独创了团队章程、培训制度、业务分工、考核标准等。只有这些生硬的制度还远远不够，摸索如何凝聚人心、鼓舞士气，如何度过困难期，确实没少消耗脑细胞。

团队初创时期主打培训学习，为了让伙伴们能够长久坚持，一是培训内容实用，全是干货，毫无保留；二是我以身作则从不缺席。为了克服困难，我的培训地点五花八门，在高铁车厢连接处、飞机场候机厅、饭店楼梯间、医院病房、在澳大利亚旅行的中巴上，不管身在何处，每周四晚七点半我都如约等候大家。伙伴们调侃我：轻伤不下火线，重伤接着干。我用切身行动深深感染着大家，伙伴们也不好意思请假，所有人都在想尽办法保证出勤率，相互戏称“学习就是赚钱，缺勤一次就会损失几个亿”。六年来，共215期培训，内容更新迭代，伙伴们受益匪浅，都成长为专业律师。

团队发展期第二阶段，各地联动开拓市场、协同办案。也就是把培训课程学过的理论知识集体落地实践，手把手教大家做案子。我既要带领核心团队完成任务和业务交付，还要带领大团队砥砺前行，真正体验到了“想得容易，做起来却太难”。由于时间精力有限，我一度累到病倒。就在坚持不下去要放弃的时候，张志国主任在全所大力推行发展各个专业委员会，促进各地办公室共融共创。在志国主任的宏观指导下，有其他专委会相伴，我们又鼓足士气继续坚定前行。

家法承法团队已有六十多位战友，成员加入需要写申请并经严格审核，队伍里全是精兵强将。团队实行“小案独办、大案协办、要案共办”的理念，各地办公室合作了多起大案要案，成员们的专业素养得到了极大的提升，在竞争激烈的行业环境下，我们仍取得了不菲业绩，交出了努力奋斗的最好答卷。为了更好地回馈客户和社会，团队决定结合百姓关切的婚姻家事问题，编纂《婚姻家事法律问题一本通》，为有需求的人提供解决问题的思路与答案。

从最初的独自创业到转换平台、打造品牌、发展跨地域团队，我选择的这条路确实难走，途中各种磕磕绊绊。但我始终坚信，这是一条正确的路，有意义的路。在此非常感谢同行路上的战友、伙伴，感恩文康大家庭的包容与支持，更感谢每一位客户的信任与认可。一个人走得快，一群人走得远！我想说：“有你们真好！”

李凤凡

2024年12月

目录 CONTENTS

第五章　与婚姻有关的协议　186

第一章　结　婚

1. 一方是中国人，另一方是美国人，二人如何在中国办理结婚登记？

【律师解答】

按照《婚姻登记条例》的规定，中国公民同外国人在中国内地结婚的，男女双方应当共同到内地居民常住户口所在地的婚姻登记机关办理结婚登记。中国公民同外国人办理婚姻登记的机关是省、自治区、直辖市人民政府民政部门或者省、自治区、直辖市人民政府民政部门确定的机关。

所以，一方作为中国公民，另一方作为外国人，二人在中国结婚，应当共同到一方常住户口所在地的省级人民政府民政部门或者省级人民政府民政部门确定的机关办理婚姻登记。以青岛市为例，自2021年5月1日起，山东省民政厅撤销了青岛市民政局婚姻登记处，青岛市涉外婚姻登记将由内地居民户籍所在地婚姻登记机关承接办理，青岛市居民与外国人、我国港澳台地区居民、华侨办理婚姻登记的，双方应当到内地居民户籍所在地的婚姻登记部门办理。

【法律依据】

《婚姻登记条例》第二条　内地居民办理婚姻登记的机关是县

级人民政府民政部门或者乡（镇）人民政府，省、自治区、直辖市人民政府可以按照便民原则确定农村居民办理婚姻登记的具体机关。

中国公民同外国人，内地居民同香港特别行政区居民（以下简称香港居民）、澳门特别行政区居民（以下简称澳门居民）、台湾地区居民（以下简称台湾居民）、华侨办理婚姻登记的机关是省、自治区、直辖市人民政府民政部门或者省、自治区、直辖市人民政府民政部门确定的机关。

第四条 内地居民结婚，男女双方应当共同到一方当事人常住户口所在地的婚姻登记机关办理结婚登记。

中国公民同外国人在中国内地结婚的，内地居民同香港居民、澳门居民、台湾居民、华侨在中国内地结婚的，男女双方应当共同到内地居民常住户口所在地的婚姻登记机关办理结婚登记。

2. 女方和男方因年龄小没法登记结婚，只在老家举办了婚礼，婚姻关系有效吗？

【律师解答】

按照《民法典》的规定，达到法定婚龄的男女双方亲自到婚姻登记机关申请结婚登记，领取结婚证的才能确立婚姻关系，其中男士不得早于22周岁，女士不得早于20周岁。

也就是说，男方不到22周岁，女方不到20周岁的情况下是不允许登记结婚的，属于达不到法定婚龄而无效的情形。男女双方因为年龄太小无法领取结婚证，即便按照风俗民约举行了婚礼仪式，两人也不具备法律意义上的夫妻关系，婚姻关系是当然无效的。不过，在男方和女方年龄分别达到22周岁和20周岁以后，可以去当地婚姻登记机关补办结婚登记手续，这样从双方均达到法定婚龄开始，两人的婚姻就有效了。

【法律依据】

《民法典》第一千零四十七条 结婚年龄，男不得早于二十二周岁，女不得早于二十周岁。

第一千零四十九条 要求结婚的男女双方应当亲自到婚姻登记机关申请结婚登记。符合本法规定的，予以登记，发给结婚证。完成结婚登记，即确立婚姻关系。未办理结婚登记的，应当补办登记。

第一千零五十一条 有下列情形之一的，婚姻无效：

（一）重婚；

（二）有禁止结婚的亲属关系；

（三）未到法定婚龄。

《最高人民法院关于适用〈中华人民共和国民法典〉婚姻家庭编的解释（一）》第六条 男女双方依据民法典第一千零四十九条规定补办结婚登记的，婚姻关系的效力从双方均符合民法典所规定的结婚的实质要件时起算。

3. 婚前体检是不是男女双方办理结婚登记的必要前提？

【律师解答】

原《婚姻法》第七条规定：“有下列情形之一的，禁止结婚：……（二）患有医学上认为不应当结婚的疾病。”《母婴保健法》第七条规定的婚前保健服务中明确包含了婚前医学检查；第八条规定，“经婚前医学检查，医疗保健机构应当出具婚前医学检查证明”；第十二条明确规定，“男女双方在结婚登记时，应当持有婚前医学检查证明或者医学鉴定证明”。《婚姻登记条例》第六条也明确规定了"患有医学上认为不应当结婚的疾病的"，婚姻登记机关不予登记。由此可见，在2021年1月1日之前，我国虽没有明确规定婚姻登记机关办理结婚登记时是要求男女双方必须进行婚前体检的，但若患有医学上不应当结婚的疾病后禁止结婚。

《民法典》第一千零五十一条婚姻无效情形中不再包含"患有医学上认为不应当结婚的疾病"的情形，也就是说，"患有医学上认为不应当结婚的疾病"的情形不再作为禁止结婚的法定条件，而是通过《民法典》第一千零五十三条规定，将一方隐瞒重大疾病作为另一方当事人请求撤销婚姻的一种法定情形予以列明，给准备步入或已经步入婚姻殿堂的男女双方充分的告知和选择的权利。所以，2021年1月1日之后，婚前体检也不是男女双方办理结婚登记的必要前提条件。但是为了各自身体的健康，以及避免出现婚姻被撤销或者将来因为患有重大疾病导致夫妻感情破裂致使离婚的法律后果，男女双方应当慎重考虑是否进行婚前体检并自行选择。

【法律依据】

《民法典》第一千零五十一条 有下列情形之一的，婚姻无效：

（一）重婚；

（二）有禁止结婚的亲属关系；

（三）未到法定婚龄。

第一千零五十三条 一方患有重大疾病，应当在结婚登记前如实告知另一方；不如实告知的，另一方可以向人民法院请求撤销婚姻。

请求撤销婚姻的，应当自知道或者应当知道撤销事由之日起一年内提出。

4. 结婚之后才发现配偶患有重大疾病，另一方该怎么办？另一方能要求配偶赔偿吗？

【律师解答】

根据《民法典》第一千零五十三条的规定，男女双方在结婚登记之前，一方如果知道自己患有重大疾病，应当如实告知另一方。如果一方在婚前隐瞒重大疾病，另一方当事人是有权在知道或者应当知道后1年内向法院请求撤销婚姻的。一旦婚姻被撤销，双方自始不具有夫妻的权利和义务。

所以，在结婚后才发现对方患有重大疾病，被隐瞒一方有权在1年之内向法院提起民事诉讼，请求撤销婚姻关系。婚姻被撤销后，被隐瞒一方作为无过错方，有权要求对方进行损害赔偿。

如果1年之内没有行使撤销权，那么婚姻就有效，双方日后如果因为一方患有重大疾病感情破裂，应依法到婚姻登记机关办理离婚登记或者向人民法院提起离婚诉讼。

【法律依据】

《民法典》第一千零五十三条 一方患有重大疾病，应当在结婚登记前如实告知另一方；不如实告知的，另一方可以向人民法院请求撤销婚姻。

请求撤销婚姻的，应当自知道或者应当知道撤销事由之日起一年内提出。

第一千零五十四条 无效的或者被撤销的婚姻自始没有法律约束力，当事人不具有夫妻的权利和义务。同居期间所得的财产，由当事人协议处理；协议不成的，由人民法院根据照顾无过错方的原则判决。对重婚导致的无效婚姻的财产处理，不得侵害合法婚姻当事人的财产权益。当事人所生的子女，适用本法关于父母子女的规定。

婚姻无效或者被撤销的，无过错方有权请求损害赔偿。

5. 婚姻关系被确认无效或者被撤销后，子女如何抚养？财产如何分割？

【律师解答】

按照法律规定，婚姻关系被确认无效或者被撤销以后，虽然婚姻自始没有法律约束力，男女双方不具有夫妻的权利和义务（如双方不具有相互扶养等夫妻之间的法定义务），但是，当事人所生的子女与婚生子女相同，适用《民法典》父母子女的相关规定。比如，父母双方都应履行对未成年子女或者不能独立生活的成年子女的抚养义务，成年子女也要对父母履行赡养义务；父母双方都有教育保护未成年子女的权利和义务，父母和子女有相互继承遗产的权利等。

对于婚姻无效或者被撤销以后的财产分割问题，不适用夫妻离婚财产分割原则，比照同居期间财产分割原则处理，应当先由双方当事人协商处理；协商不成的，人民法院根据照顾无过错方的原则判决。其中，在重婚导致婚姻无效的情形下，分割同居期间所得的财产时，不能侵害无过错当事人的财产权益。

【法律依据】

《民法典》第一千零五十四条第一款 无效的或者被撤销的婚姻自始没有法律约束力，当事人不具有夫妻的权利和义务。同居期间所得的财产，由当事人协议处理；协议不成的，由人民法院根据照顾无过错方的原则判决。对重婚导致的无效婚姻的财产处理，不得侵害合法婚姻当事人的财产权益。当事人所生的子女，适用本法关于父母子女的规定。

第一千零六十七条 父母不履行抚养义务的，未成年子女或者不能独立生活的成年子女，有要求父母给付抚养费的权利。

成年子女不履行赡养义务的，缺乏劳动能力或者生活困难的父母，有要求成年子女给付赡养费的权利。

第一千零七十条 父母和子女有相互继承遗产的权利。

第一千零七十一条 非婚生子女享有与婚生子女同等的权利，任何组织或者个人不得加以危害和歧视。

不直接抚养非婚生子女的生父或者生母，应当负担未成年子女或者不能独立生活的成年子女的抚养费。

6. 哪些情形导致婚姻无效?

【律师解答】

婚姻无效，是指不具备法定结婚实质要件或形式要件的男女双方组成的婚姻，不具有婚姻的法律效力，当事人之间不产生夫妻的权利和义务。自 2021 年 1 月 1 日，《民法典》施行以后，我们国家法律规定的无效婚姻只包含三种情形，第一种是重婚，第二种是有禁止结婚的亲属关系，第三种是未到法定婚龄。

其中重婚是指在一夫一妻的婚姻家庭关系基本原则下，有配偶的人又与他人结婚，或明知他人有配偶而与之结婚的行为。我们国家禁止重婚，禁止有配偶者与他人同居。重婚属于法定无效情形，婚姻自始不受法律保护。

男女双方有禁止结婚的亲属关系，是指双方属于直系血亲或者三代以内旁系血亲的情形。这种情形不允许登记结婚，即便办理了结婚登记手续，也属于法定无效婚姻情形。

法定婚龄规定就是男士必须年满 22 周岁，女士必须年满 20 周岁，双方才能办理结婚登记，领取结婚证，否则婚姻关系就无效。

【法律依据】

《民法典》第一千零四十一条第一款、第二款 婚姻家庭受国家保护。

实行婚姻自由、一夫一妻、男女平等的婚姻制度。

第一千零四十二条第二款 禁止重婚。禁止有配偶者与他人同居。

第一千零四十七条 结婚年龄，男不得早于二十二周岁，女不得早于二十周岁。

第一千零五十一条 有下列情形之一的，婚姻无效：

（一）重婚；

（二）有禁止结婚的亲属关系；

（三）未到法定婚龄。

《婚姻登记条例》第六条 办理结婚登记的当事人有下列情形之一的，婚姻登记机关不予登记：

（一）未到法定结婚年龄的；

（二）非双方自愿的；

（三）一方或者双方已有配偶的；

（四）属于直系血亲或者三代以内旁系血亲的；

（五）患有医学上认为不应当结婚的疾病的。

7. 被拐卖的妇女因被胁迫与他人结婚 10 年了，被解救出来以后还能撤销婚姻关系吗？

【律师解答】

按照《民法典》的规定，被拐卖的妇女违背本人意愿被胁迫结婚的，可以在摆脱受胁迫状态，也就是说完全逃出来之后的1年内向人民法院请求撤销婚姻。尽管被胁迫结婚的状态已经持续长达10年时间，但是她只有逃出来，恢复人身自由才具备提起撤销权的条件和能力，所以不论之前婚姻状态持续多少年，她仍可以在逃出来后的1年内向人民法院提出撤销婚姻的请求。该婚姻一旦被法院撤销，自始不具有法律效力。

需要提醒的是，如果当事人没有在上述法律规定的期限内提出撤销婚姻的请求，那她就失去了请求撤销婚姻效力的权利，此时被胁迫缔结的婚姻就成了合法有效的婚姻。日后当事人想解除婚姻关系，只能向法院提起离婚诉讼或者到婚姻登记机关办理离婚登记。

【法律依据】

《民法典》第一百五十二条 有下列情形之一的，撤销权消灭：

（一）当事人自知道或者应当知道撤销事由之日起一年内，重大误解的当事人自知道或者应当知道撤销事由之日起九十日内没有行使撤销权；

（二）当事人受胁迫，自胁迫行为终止之日起一年内没有行使撤销权；

（三）当事人知道撤销事由后明确表示或者以自己的行为表明放弃撤销权。

当事人自民事法律行为发生之日起五年内没有行使撤销权的，撤销权消灭。

第一千零五十二条 因胁迫结婚的，受胁迫的一方可以向人民法院请求撤销婚姻。

请求撤销婚姻的，应当自胁迫行为终止之日起一年内提出。

被非法限制人身自由的当事人请求撤销婚姻的，应当自恢复人身自由之日起一年内提出。

《最高人民法院关于适用〈中华人民共和国民法典〉婚姻家庭编的解释（一）》第十八条 行为人以给另一方当事人或者其近亲属的生命、身体、健康、名誉、财产等方面造成损害为要挟，迫使另一方当事人违背真实意愿结婚的，可以认定为民法典第一千零五十二条所称的"胁迫"。

因受胁迫而请求撤销婚姻的，只能是受胁迫一方的婚姻关系当事人本人。

第十九条 民法典第一千零五十二条规定的"一年"，不适用诉讼时效中止、中断或者延长的规定。

受胁迫或者被非法限制人身自由的当事人请求撤销婚姻的，不适用民法典第一百五十二条第二款的规定。

8. 结婚多年才发现一方用于领取结婚证的身份证是假冒他人的，婚姻关系有效吗？

【律师解答】

按照我国法律规定和司法实践，假冒他人的身份与另一方领取结婚证，是结婚登记程序瑕疵，不属于婚姻无效的情形，当事人不能向法院提起民事诉讼要求确认婚姻无效，只能依法申请行政复议或者向法院提起行政诉讼，要求撤销错误的婚姻登记行为。

另外，按照《最高人民法院、最高人民检察院、公安部、民政部关于妥善处理以冒名顶替或者弄虚作假的方式办理婚姻登记问题的指导意见》的规定，对于当事人冒名顶替或者弄虚作假的婚姻登记类行政案件，可以通过以下四个途径寻求救济：

（1）当事人向人民法院提起行政诉讼，由法院依法立案、审理并作出裁判。人民法院对相关事实进行调查认定后认为应当撤销婚姻登记的，及时向民政部门发送撤销婚姻登记的司法建议，由民政部门撤销错误的婚姻登记。

（2）当事人向人民检察院申请检察监督，经检察院审查后认定人民法院生效行政裁判确有错误的，应依法提出监督纠正意见，并可以根据实际情况针对性处理，认为婚姻登记存在错误应当撤销的，应及时向民政部门发送检察建议书，由民政部门撤销错误的婚姻登记。

（3）当事人向公安机关报案、举报，经公安机关依法立案侦查，调查属实的，依法认定处理并出具相关证明材料，当事人据此向民政部门申请撤销错误的婚姻登记。

（4）当事人直接向民政部门反映，由民政部门直接将线索移送公安、司法部门，配合做好调查处理。公安机关、司法部门出具事实认定的相关证明、情况说明、司法建议书、检察建议书等证据材料并审核后，民政部门应及时撤销相关婚姻登记。

【法律依据】

《最高人民法院关于适用〈中华人民共和国民法典〉婚姻家庭编的解释（一）》第十七条　当事人以民法典第一千零五十一条规定的三种无效婚姻以外的情形请求确认婚姻无效的，人民法院应当判决驳回当事人的诉讼请求。

当事人以结婚登记程序存在瑕疵为由提起民事诉讼，主张撤销结婚登记的，告知其可以依法申请行政复议或者提起行政诉讼。

《最高人民法院、最高人民检察院、公安部、民政部关于妥善处理以冒名顶替或者弄虚作假的方式办理婚姻登记问题的指导意见》

9. 补办结婚登记与结婚登记有什么区别?

【律师解答】

根据《民法典》及《最高人民法院关于适用〈中华人民共和国民法典〉婚姻家庭编的解释（一）》的规定，符合结婚条件的男女双方登记结婚，婚姻效力从办理完成结婚登记并领取结婚证时开始生效，确立婚姻关系；未办理结婚登记的，应当按照《婚姻登记条例》的规定补办登记。那么，二者到底有什么区别呢?

首先，正常的结婚登记，婚姻关系从具备结婚法定条件的男女亲自到婚姻登记机关办理完成结婚登记之日起生效。而补办结婚登记的，婚姻关系不是从办理补办结婚登记之日开始确立，而是从男女双方均符合《民法典》规定的结婚实质要件时开始计算，补办结婚登记具有溯及力。

其次，当事人结婚登记和补办结婚登记所填写的文件资料和办理的手续不同，补办结婚登记需要向婚姻登记机关声明是补办登记，并非普通的结婚登记，需要填写《申请补办结婚登记声明书》，按照《婚姻登记工作规范》中规定的补办结婚登记程序进行办理。而结婚登记只需要按照《婚姻登记条例》规定正常办理即可。

【法律依据】

《民法典》第一千零四十九条 要求结婚的男女双方应当亲自到婚姻登记机关申请结婚登记。符合本法规定的，予以登记，发给结婚证。完成结婚登记，即确立婚姻关系。未办理结婚登记的，应当补办登记。

《最高人民法院关于适用〈中华人民共和国民法典〉婚姻家庭编的解释（一）》第六条 男女双方依据民法典第一千零四十九条

规定补办结婚登记的，婚姻关系的效力从双方均符合民法典所规定的结婚的实质要件时起算。

《婚姻登记工作规范》第四十二条 申请补办结婚登记的，当事人填写《申请补办结婚登记声明书》，婚姻登记机关按照结婚登记程序办理。

10. 爷爷奶奶 80 多岁了，一直没有领结婚证，他们是否有必要再去办理结婚登记？

【律师解答】

根据《民法典》及《最高人民法院关于适用〈中华人民共和国民法典〉婚姻家庭编的解释（一）》的规定，爷爷奶奶虽然一直没有到婚姻登记机关办理结婚登记，没有领取结婚证，但是如果他们在 1994 年 2 月 1 日之前已经符合结婚的实质要件并以夫妻的名义共同生活，这种情况已经构成事实婚姻关系，不管他们是否补办结婚登记手续，法律上都承认他们的婚姻关系有效。

鉴于社会生活中，居民申请办理不动产登记、遗产继承、公证、户口迁移等诸多业务时，相关部门都要求提供身份信息和夫妻双方的结婚证件，为了老人生活的便利，建议爷爷奶奶及时到任何一方户籍所在地的婚姻登记机关补办结婚登记手续。

【法律依据】

《最高人民法院关于适用〈中华人民共和国民法典〉婚姻家庭编的解释（一）》第六条 男女双方依据民法典第一千零四十九条规定补办结婚登记的，婚姻关系的效力从双方均符合民法典所规定的结婚的实质要件时起算。

第七条 未依据民法典第一千零四十九条规定办理结婚登记

而以夫妻名义共同生活的男女，提起诉讼要求离婚的，应当区别对待：

（一）1994年2月1日民政部《婚姻登记管理条例》公布实施以前，男女双方已经符合结婚实质要件的，按事实婚姻处理。

（二）1994年2月1日民政部《婚姻登记管理条例》公布实施以后，男女双方符合结婚实质要件的，人民法院应当告知其补办结婚登记。未补办结婚登记的，依据本解释第三条规定处理。

11. 妻子发现丈夫婚后又与第三者办理结婚登记。两个婚姻哪个才有效？妻子可如何维权？

【律师解答】

按照《民法典》以及《最高人民法院关于适用〈中华人民共和国民法典〉婚姻家庭编的解释（一）》的规定，我国实行一夫一妻的婚姻制度，禁止重婚。一方在婚后又与他人登记结婚的，第二个登记结婚的行为构成重婚，重婚属于法定无效婚姻情形，婚姻自始不具有法律约束力，男方与第三者之间不存在夫妻的权利和义务。因此，第一个婚姻是有效的。

出现重婚情形时，第一个婚姻的妻子有权以男方构成重婚为由提起离婚诉讼，并要求男方承担损害赔偿责任，在财产分割上也有权要求法院按照照顾女方和无过错方的原则对男方少分财产；还可以对男方提起刑事自诉，依法追究重婚罪的刑事责任。

【法律依据】

《民法典》第一千零四十一条第一款、第二款 婚姻家庭受国家保护。

实行婚姻自由、一夫一妻、男女平等的婚姻制度。

第一千零四十二条第二款 禁止重婚。禁止有配偶者与他人同居。

第一千零五十一条 有下列情形之一的，婚姻无效：

（一）重婚；

（二）有禁止结婚的亲属关系；

（三）未到法定婚龄。

第一千零五十四条 无效的或者被撤销的婚姻自始没有法律约束力，当事人不具有夫妻的权利和义务。同居期间所得的财产，由当事人协议处理；协议不成的，由人民法院根据照顾无过错方的原则判决。对重婚导致的无效婚姻的财产处理，不得侵害合法婚姻当事人的财产权益。当事人所生的子女，适用本法关于父母子女的规定。

第一千零九十一条 有下列情形之一，导致离婚的，无过错方有权请求损害赔偿：

（一）重婚；

（二）与他人同居；

（三）实施家庭暴力；

（四）虐待、遗弃家庭成员；

（五）有其他重大过错。

第二章 解除婚姻关系

12. 去婚姻登记机关申请离婚登记，双方都有离婚意愿的，“离婚冷静期”是否可免除？

【律师解答】

“离婚冷静期”是在登记离婚程序中设置的冷静思考期，是我国《民法典》较之前的《婚姻法》的新增条文，目的是减少现实中冲动、草率离婚的情况，更大程度上维护家庭稳定、保护未成年子女利益。

《民法典》第一千零七十七条并没有规定排除适用“离婚冷静期”的例外情形。因此实务中，即便夫妻双方都持有坚决离婚的意愿，婚姻登记机关也不能越过“离婚冷静期”直接发放离婚证，也就是说在协议离婚情形下，冷静期无法免除。

需提醒注意的是，《民法典》第一千零七十七条一共规定了两个“三十日”：前一个“三十日”内，任何一方可以撤回离婚登记申请；后一个“三十日”内，任意一方未到婚姻登记机关申请发给离婚证的，视为撤回离婚申请。对于经冷静思考后仍坚持离婚的，在“离婚冷静期”期满后30日内，夫妻双方应及时亲自前往婚姻登记机关申请离婚证，谨防发生“视为撤回离婚申请”的结果，否则再次登记离婚，又要重新经历一遍“离婚冷静期”。

【法律依据】

《民法典》第一千零七十六条　夫妻双方自愿离婚的，应当签订书面离婚协议，并亲自到婚姻登记机关申请离婚登记。

离婚协议应当载明双方自愿离婚的意思表示和对子女抚养、财产以及债务处理等事项协商一致的意见。

第一千零七十七条　自婚姻登记机关收到离婚登记申请之日起三十日内，任何一方不愿意离婚的，可以向婚姻登记机关撤回离婚登记申请。

前款规定期限届满后三十日内，双方应当亲自到婚姻登记机关申请发给离婚证；未申请的，视为撤回离婚登记申请。

13. 诉讼离婚，调解是必经程序吗？

【律师解答】

在诉讼离婚程序中，起诉一方提交起诉材料后，法院在正式立案前一般会先安排诉前调解，在立案后至庭审中也会随时组织调解，甚至庭审结束后还会询问双方是否愿意调解。那么，诉讼离婚，调解是必经程序吗？

《民法典》第一千零七十九条规定，“人民法院审理离婚案件，应当进行调解”，调解作为法院审理离婚案件的先行程序，调解不成的才能进行裁判。这是因为离婚纠纷内含社会和家庭伦理道德内容，且夹杂着生活和感情方面的复杂因素，倘若单纯依照法律条文机械执法、简单下判，不利于纠纷的处理和积怨化解。因此，调解是审理离婚案件的必经程序。

当然，在诉讼离婚中，法院对离婚当事人进行调解，必须坚持自愿和合法的原则。虽然调解是审理离婚案件的必经程序，但并不是指当事人非接受调解不可，法院也不应久调不决。

【法律依据】

《民法典》第一千零七十九条第二款 人民法院审理离婚案件，应当进行调解；如果感情确已破裂，调解无效的，应当准予离婚。

《最高人民法院关于适用〈中华人民共和国民事诉讼法〉的解释》第一百四十五条 人民法院审理民事案件，应当根据自愿、合法的原则进行调解。当事人一方或者双方坚持不愿调解的，应当及时裁判。

人民法院审理离婚案件，应当进行调解，但不应久调不决。

《最高人民法院关于进一步深化家事审判方式和工作机制改革的意见（试行）》

6. 人民法院审理家事案件，应当增强调解意识，拓展调解方式，创新调解机制，提高调解能力，将调解贯穿案件审判全过程。婚姻效力、身份关系确认、人身安全保护令申请等根据案件性质不能进行调解的案件除外。

7. 依托特邀调解做好家事案件调解工作，通过在立案前委派或者立案后委托特邀调解组织、特邀调解员依法进行调解，促使当事人在平等协商基础上达成调解协议，解决纠纷。可以设立家事调解委员会，设定入册条件，规范家事领域特邀调解程序。

14. 一方婚内出轨，法院一定会判决离婚吗？

【律师解答】

根据《民法典》的规定，“夫妻感情是否确已破裂”是法院准予或不准予离婚的标准。因此，即便一方婚内出轨，法院仍需要审查夫妻感情是否确已破裂，并不当然判决准予离婚。

如果一方有出轨行为，并且夫妻感情确已破裂，法院将会判决离婚；即使一方出轨，但是法院通过对双方的婚姻基础、婚后感情、子女抚养等多方面综合考量后发现仍有和好的可能性，感情并未彻底破裂的，也可以判决不准离婚。

需要注意的是，如果一方出轨的程度已达到重婚或者与他人同居的情形，经调解无效的，应当认定感情确已破裂，法院应判决准予离婚。其中，“重婚”是指有配偶者又与他人结婚的违法行为；“与他人同居”是指有配偶者与婚外异性，不以夫妻名义，持续、稳定地共同居住。在司法实务中，偶然的出轨一般不算作有重婚或者同居情形。

【法律依据】

《民法典》第一千零七十九条 夫妻一方要求离婚的，可以由有关组织进行调解或者直接向人民法院提起离婚诉讼。

人民法院审理离婚案件，应当进行调解；如果感情确已破裂，调解无效的，应当准予离婚。

有下列情形之一，调解无效的，应当准予离婚：

（一）重婚或者与他人同居；

（二）实施家庭暴力或者虐待、遗弃家庭成员；

（三）有赌博、吸毒等恶习屡教不改；

（四）因感情不和分居满二年；

（五）其他导致夫妻感情破裂的情形。

一方被宣告失踪，另一方提起离婚诉讼的，应当准予离婚。

经人民法院判决不准离婚后，双方又分居满一年，一方再次提起离婚诉讼的，应当准予离婚。

15. 法院认定分居的标准是什么？离婚诉讼中如何证明已分居的事实？

【律师解答】

“分居”，是指夫妻未共同生活，互不履行夫妻之间的义务，夫妻关系已名存实亡。因分居而主张离婚的，分居的原因必须是夫妻感情不和，而不是工作、学习、就医等原因客观上造成夫妻分居，而且分居时间必须满 2 年。如果双方因感情不和分居满 2 年，一方坚持要求离婚，并经调解和好无望，应视为确无和好可能。

在离婚诉讼中，主张分居的一方应提供证明，实务中能证明夫妻分居的常见证据有：（1）一方在外居住的房屋租赁合同；（2）双方签订的夫妻分居书面协议；（3）一方向另一方发出的书面分居文书，建议用快件邮寄，且在备注栏里注明“分居”，并保留邮寄凭证；（4）双方来往的书信、电子邮件等能证明双方感情不和分居的事实；（5）证人，如双方都认识的朋友或者亲戚，不过因为证人往往和为其作证的一方有利害关系，所以单独的证人证言难以被法院采信，要辅佐以其他证据。

【法律依据】

《上海市高级人民法院婚姻家庭纠纷办案要件指南（一）》第十五条 因分居而主张离婚的，当事人应当举证证明：

（一）夫妻双方因感情不和而分居已满两年；

（二）夫妻关系确无和好可能。

《江苏省高级人民法院婚姻家庭案件审理指南》第五章第四条第（四）项 （四）因感情不和分居满二年的。分居是客观现象，但作为夫妻感情破裂的判断标准必须是因夫妻感情不和而分居。

故离婚诉讼一方以此作为离婚原因的，必须举证证明双方是因感情不和而分居，如因工作、学习、住院、出国等原因而分居不能作为感情破裂的判断标准。同时这种分居还应是不间断、连续的分居。

16. 分居必须是连续不间断的吗？分居期间偶尔同居会中断分居期间吗？

【律师解答】

分居时间的计算应当是从确定分居时起算，截至向法院提起诉讼时连续不间断的时间，不能时断时续，即不可以是分居一段时间后，又居住在一起，再分居了一段时间的情况下分居时间的累计。因此，分居期间中断的情况下，分居时间需要重新起算。

除了满足连续不间断的条件外，司法实务中，法院还要从双方经济上有无互相帮助、生活上有无互相关心、有无履行夫妻义务等方面综合考量是否满足“因感情不和而分居”的标准。其中，需要提醒的是，在认定分居事实时，还有一个隐含要件——“分居”期间没有夫妻生活，也就是需要证明“夫妻双方因为感情不和而不存在性生活，互相不履行夫妻义务”。如果双方虽然分开居住，但还会“开房同宿”，即便分居时间连续不间断满一定期限，一般也很难认定为“因感情不和而分居”。

【法律依据】

《上海市高级人民法院婚姻家庭纠纷办案要件指南（一）》第十五条　因分居而主张离婚的，当事人应当举证证明：

（一）夫妻双方因感情不和而分居已满两年；

（二）夫妻关系确无和好可能。

《江苏省高级人民法院婚姻家庭案件审理指南》第五章第四条第（四）项 （四）因感情不和分居满二年的。分居是客观现象，但作为夫妻感情破裂的判断标准必须是因夫妻感情不和而分居。故离婚诉讼一方以此作为离婚原因的，必须举证证明双方是因感情不和而分居，如因工作、学习、住院、出国等原因而分居不能作为感情破裂的判断标准。同时这种分居还应是不间断、连续的分居。

17. 诉讼离婚中，如何区分重婚、与他人同居以及出轨？司法实践中，如何举证？

【律师解答】

重婚，是指在一夫一妻制下，有配偶的人又与他人结婚，或明知他人有配偶而与之结婚的行为，是法定离婚情形之一。法律上的重婚指有配偶又与他人登记结婚；事实上的重婚指有配偶者与他人虽未登记结婚，但以夫妻名义同居生活。在举证方面，刑事判决书通常被认定为证明力较高的证据。另外，与婚外异性举行过结婚仪式，或者以夫妻名义对外交往、以夫妻名义申报户口等也可以证明重婚事实的存在。

与他人同居，是指有配偶者与婚外异性，不以夫妻名义，持续、稳定地共同居住。司法实践中，人民法院认定同居关系通常会依据派出所的出警登记、谈话笔录等证明力较高的证据。因此，如果真的现场发现配偶与他人的同居关系，拍照取证的同时，报警也是一个很重要的取证方式，过错方往往出于对公权力的畏惧，会在谈话笔录中说出实话。

目前，我国法律上并没有对出轨行为作出明确的定义。一般而言，出轨，是指偶发性地与婚外异性发生性关系的行为。出轨并不是法定的判决离婚的情形，甚至在离婚纠纷中对财产分割的影响也较小。实务中，法院对于认定出轨事实的证据要求也较为严格。针对证据，能证明出轨事实的聊天记录，过错方写下的忏悔书、承诺书、保证书等证明力较高。照片、录音、录像、开房记录等，如牵涉非法取证，则证明力相对弱一些。证人证言效力最弱，在没有其他证据补足的情况下，一般不会被法院采信。

【法律依据】

《刑法》第二百五十八条　有配偶而重婚的，或者明知他人有配偶而与之结婚的，处二年以下有期徒刑或者拘役。

《民法典》第一千零七十九条第一款、第二款、第三款　夫妻一方要求离婚的，可以由有关组织进行调解或者直接向人民法院提起离婚诉讼。

人民法院审理离婚案件，应当进行调解；如果感情确已破裂，调解无效的，应当准予离婚。

有下列情形之一，调解无效的，应当准予离婚：

（一）重婚或者与他人同居；

（二）实施家庭暴力或者虐待、遗弃家庭成员；

（三）有赌博、吸毒等恶习屡教不改；

（四）因感情不和分居满二年；

（五）其他导致夫妻感情破裂的情形。

18. 法院判决离婚后，还需要去民政局领离婚证吗?

【律师解答】

不需要。

根据现行法律规定，离婚分为协议离婚和诉讼离婚，协议离婚后由婚姻登记机关下发离婚证，诉讼离婚由法院下发判决书或者调解书等裁判文书。在法律层面上，诉讼离婚和协议离婚的效力都是一样的，其离婚调解书或判决书的效力是等同于离婚证的。但由于司法系统和行政系统并不互通，因此可能出现判决离婚后，婚姻登记系统仍然是已婚状态的情况，且因我国民事诉讼为两审终审制，向民政局出示判决书，工作人员也无法获知该份判决书是否为最终的生效判决书，在此背景下就需要在再婚的时候，出示法院制作的离婚证明书。

综上所述，离婚调解书或判决书生效之后不用再办理离婚证，但要注意保存好原件，申请法院制作离婚证明书。

【法律依据】

《民法典》第一千零七十八条 婚姻登记机关查明双方确实是自愿离婚，并已经对子女抚养、财产以及债务处理等事项协商一致的，予以登记，发给离婚证。

第一千零七十九条 夫妻一方要求离婚的，可以由有关组织进行调解或者直接向人民法院提起离婚诉讼。

人民法院审理离婚案件，应当进行调解；如果感情确已破裂，调解无效的，应当准予离婚。

有下列情形之一，调解无效的，应当准予离婚：

（一）重婚或者与他人同居；

（二）实施家庭暴力或者虐待、遗弃家庭成员；

（三）有赌博、吸毒等恶习屡教不改；

（四）因感情不和分居满二年；

（五）其他导致夫妻感情破裂的情形。

一方被宣告失踪，另一方提起离婚诉讼的，应当准予离婚。

经人民法院判决不准离婚后，双方又分居满一年，一方再次提起离婚诉讼的，应当准予离婚。

第一千零八十条 完成离婚登记，或者离婚判决书、调解书生效，即解除婚姻关系。

19. 起诉离婚的诉讼费是多少？都是按件收取吗？由哪方负担？

【律师解答】

根据现行法律规定，离婚案件的诉讼费向人民法院交纳，每件交纳50元至300元诉讼费。如涉及财产分割，财产总额不超过20万元的，不另行交纳；超过20万元的部分，按照0.5%交纳。需要提示的是，起诉离婚必须交纳诉讼费，否则按撤诉处理。原告诉至法院，案件受理后，法院会向原告下发《诉讼费交费通知书》。若原告未在7日内预交诉讼费，经法院催示后，其仍未交费，则法院将依法制作民事裁定书，裁定按自动撤诉处理。离婚案件撤诉后，必须间隔6个月才能再次起诉。为避免耽误进程，必须按时交纳诉讼费用。

离婚案件诉讼费用由原告预交垫付，最终的负担由双方当事人协商解决；协商不成的，由人民法院决定。实践中，法院通常会最终判决原被告双方各承担一半。

另外，离婚案件中，若申请财产保全，还需要支付两部分费用：保全费和担保金。

【法律依据】

《诉讼费用交纳办法》第十三条第一款第（二）项第一目 案件受理费分别按照下列标准交纳：

……

（二）非财产案件按照下列标准交纳：

1. 离婚案件每件交纳50元至300元。涉及财产分割，财产总额不超过20万元的，不另行交纳；超过20万元的部分，按照0.5%交纳。

第十四条 申请费分别按照下列标准交纳：

……

（二）申请保全措施的，根据实际保全的财产数额按照下列标准交纳：

财产数额不超过1000元或者不涉及财产数额的，每件交纳30元；超过1000元至10万元的部分，按照1%交纳；超过10万元的部分，按照0.5%交纳。但是，当事人申请保全措施交纳的费用最多不超过5000元。

第二十九条第一款、第二款 诉讼费用由败诉方负担，胜诉方自愿承担的除外。

部分胜诉、部分败诉的，人民法院根据案件的具体情况决定当事人各自负担的诉讼费用数额。

20. 第一次起诉离婚判决不准离婚，多久后才可再次起诉离婚？第二次起诉离婚一定能判离婚吗？

【律师解答】

根据现行法律规定，第一次判决不予离婚后6个月可以再次起诉。而第二次起诉离婚，并不一定会判离婚。

人民法院在第一次起诉就判决离婚，需要有《民法典》规定的法定离婚情形。而在司法实践中，绝大多数离婚纠纷并不存在法定离婚情形或者提交证据不能充分证明法定判离事实。那在第一次起诉离婚时，法院判决不予离婚，在第二次起诉离婚前应当注意哪些问题呢？

（1）继续分居。同屋不同房，或者分居后偶尔因为孩子原因共同居住，都会影响分居的认定。根据相关法律规定，第一次判决不予离婚后6个月可以再次起诉。这时提交第一次起诉离婚的判决作为证据，加上这期间持续分居的证据证明并未和好，感情确已破裂，第二次离婚成功的概率将会大大增加。

（2）断绝联系。在这期间和对方的联系一定要少之又少，尽量不联系。当缺少法律明确规定的离婚情形时，证明感情确已破裂的证据就较为主观，法官有较大的自由裁量权。

（3）切忌开始新的感情。实践中，很多当事人会觉得感情已经破裂，也起诉离婚了，自己当然可以开始新的感情了。需要提醒注意的是，千万不能这样！虽然此时夫妻感情已破裂，但是二人在法律上仍然是合法夫妻，倘若此时开始新的感情，极有可能被认定为出轨甚至重婚，将影响案件中财产分割的比例。

【法律依据】

《民事诉讼法》第一百二十七条　人民法院对下列起诉，分别情形，予以处理：

……

（七）判决不准离婚和调解和好的离婚案件，判决、调解维持收养关系的案件，没有新情况、新理由，原告在六个月内又起诉的，不予受理。

21. 夫妻一方被判刑入狱，另一方起诉离婚，法院会判离吗？

【律师解答】

不一定。法院是否会顺利判决离婚，要视具体情况而论。

（1）犯罪一方若因犯重婚罪，或因实施家庭暴力犯罪、虐待罪、遗弃罪等被判刑，通常能够直接认定为夫妻感情确已破裂，符合《民法典》第一千零七十九条的规定，另一方可以向法院起诉离婚，法院应当依法判决离婚。

（2）犯罪一方若因犯走私、贩卖、运输、制造毒品罪等毒品类犯罪或因赌博罪等被判刑，不能直接认定为夫妻感情确已破裂，还应有证据证明其自己也有吸毒行为或者赌博行为且屡教不改，法院才可依据《民法典》第一千零七十九条规定判决离婚。

（3）犯罪一方不是因犯上述罪名被判刑的，法院也可能依法判决离婚。依据原《最高人民法院关于人民法院审理离婚案件如何认定夫妻感情确已破裂的若干具体意见》第十一条的规定，一方被依法判处长期徒刑，或其违法、犯罪行为严重伤害夫妻感情的视为夫妻感情确已破裂。虽然该意见已经失效，但法院仍可能参考该条文观点进行判决。

【法律依据】

《民法典》第一千零七十九条 夫妻一方要求离婚的，可以由有关组织进行调解或者直接向人民法院提起离婚诉讼。

人民法院审理离婚案件，应当进行调解；如果感情确已破裂，调解无效的，应当准予离婚。

有下列情形之一，调解无效的，应当准予离婚：

（一）重婚或者与他人同居；

（二）实施家庭暴力或者虐待、遗弃家庭成员；

（三）有赌博、吸毒等恶习屡教不改；

（四）因感情不和分居满二年；

（五）其他导致夫妻感情破裂的情形。

一方被宣告失踪，另一方提起离婚诉讼的，应当准予离婚。

经人民法院判决不准离婚后，双方又分居满一年，一方再次提起离婚诉讼的，应当准予离婚。

第三章　子女抚养

22. 父母离婚后，可以共同抚养孩子吗？

【律师解答】

子女的抚养权问题，对即将解除婚姻关系的男女来说，是必须解决的问题。父母在离婚时，可以协商一致，共同抚养孩子。对于离婚后夫妻共同抚养孩子或者轮流抚养孩子，法院是准许的。离婚后，父母对于子女仍有平等的抚养、教育、保护的权利和义务，所以只要双方协商一致，是可以一起抚养孩子的。只要父母双方能理性对待离婚后的关系，和谐相处，对于轮流抚养达成一致意见，有行之有效的共同抚养模式，共同抚养子女其实是一种很好的方式，特别是在经常被推上“热搜”的明星夫妻离婚时，共同抚养的情形也屡见不鲜。

双方如果无法达成一致意见，协议不成时，可以向法院起诉，通过调解或判决确定抚养权的归属。

法院在审理时，确定抚养权归属的因素主要包括以下几个方面：子女的年龄、生活习惯、本人的意愿，以及父母的抚养意愿、抚养能力。我国现行法律明确规定，2 周岁以下的子女原则上由母亲抚养；对 2 周岁至 8 周岁的子女，会综合考虑父母的各种情况，包括身体情况、经济能力、有没有人协助带孩子，进行综合判定；对 8 周岁以上的孩子，法院也会询问孩子本人的意见，尊重孩子本人的真实意愿。

法院对抚养权归属的判定始终坚持以最有利于子女身心健康成长为原则。无论最终抚养权归谁，父母与子女之间的关系不因离婚而消除；无论子女由谁抚养，其仍是父母双方的子女。

【法律依据】

《民法典》第一千零五十八条　夫妻双方平等享有对未成年子女抚养、教育和保护的权利，共同承担对未成年子女抚养、教育和保护的义务。

第一千零八十四条　父母与子女间的关系，不因父母离婚而消除。离婚后，子女无论由父或者母直接抚养，仍是父母双方的子女。

离婚后，父母对于子女仍有抚养、教育、保护的权利和义务。

离婚后，不满两周岁的子女，以由母亲直接抚养为原则。已满两周岁的子女，父母双方对抚养问题协议不成的，由人民法院根据双方的具体情况，按照最有利于未成年子女的原则判决。子女已满八周岁的，应当尊重其真实意愿。

23. 在父母已故或者没有抚养能力的情况下，祖父母或外祖父母对孩子有抚养权吗?

【律师解答】

一般来说，抚养权是只能归属于父母双方的权利，即父母天然地拥有子女的抚养权，祖父母、外祖父母没有孙子女、外孙子女的直接抚养权。未成年人或者不具备独立生活能力的子女的父或母只要有一方尚在人世，且有抚养能力，就应当承担对未成年子女或者不具备独立生活能力的子女的抚养义务。

只有在题干所述情形下孩子的父母均已不幸去世或父母均无力抚养，有负担能力的祖父母、外祖父母对未成年的孙子女、外孙子女才有抚养的义务。也就是在特定情况下，祖父母、外祖父母可以成为未成年孙子女、外孙子女的抚养人。

比如，在笔者承办的一起案件中，未成年人小梅（9周岁）的父亲去世，母亲患有精神疾病，其祖父母尚在人世，且具备劳动能力，有一定收入来源，那么在其祖父母与外祖父母两方老人协商一致，同时充分尊重小梅本人意愿的情况下，可以由其中一方作为小梅的监护人，履行对小梅抚养的主要义务，另一方协助。一切依然秉承最有利于未成年人利益的原则。如果双方协商不成，任意一方可以向法院起诉，由法院判决孙子女或外孙子女的抚养权归属。本案中，小梅已满9周岁，法院审理过程中也需要充分询问并尊重小梅本人的意愿。

【法律依据】

《民法典》第一千零七十四条 有负担能力的祖父母、外祖父母，对于父母已经死亡或者父母无力抚养的未成年孙子女、外孙子女，有抚养的义务。

有负担能力的孙子女、外孙子女，对于子女已经死亡或者子女无力赡养的祖父母、外祖父母，有赡养的义务。

24. 离婚后不直接抚养孩子的一方有哪些权利？该如何行使？

【律师解答】

离婚后，没有取得孩子抚养权的一方对孩子有监护权、探视权、保护权和教育权等。一般情况下，在离婚后，不直接抚养子女的父或母，有探望子女的权利，另一方有协助的义务。行使探望权利的方式、时间由当事人协议；协议不成的，可以由人民法院判决。同时，父母离异后，仍然是其子女的法定监护人，依法享有监护权。

直接抚养孩子的一方，在对方出现没有法定的中止探望子女的情形时，应协助对方探望，同时，应提供探望子女的便利。

离婚后没有取得孩子抚养权的一方，依然有权利去充分表达自己对孩子的呵护、爱护之情。例如，大壮和小美离婚后，女儿小西的抚养权归小美所有。大壮一直记得女儿小西喜欢画画，于是在暑假期间征得小美同意后，为女儿小西在培训机构报名了绘画课程。同时，女儿小西在学校上体育课时，不慎摔伤，老师在联系妈妈小美未果的情况下，直接联系大壮，大壮既有权利也有义务陪伴小西去医院就医，甚至为其向相关人员主张赔偿责任。其实，不仅如此，如果小美未尽到抚养的义务，大壮也有权利向法院请求变更抚养权。说到底就是一句话，除了不能长时间陪伴子女，不能常年跟子女一起生活并直接抚养小西，大壮与小美对女儿小西的其他权利是相同的。

【法律依据】

《民法典》第一千零八十六条 离婚后，不直接抚养子女的父或者母，有探望子女的权利，另一方有协助的义务。

行使探望权利的方式、时间由当事人协议；协议不成的，由人民法院判决。

父或者母探望子女，不利于子女身心健康的，由人民法院依法中止探望；中止的事由消失后，应当恢复探望。

25. 离婚后孩子的抚养权可以变更吗？如何变更？

【律师解答】

离婚后可以变更孩子的抚养权，但不能任意变更。变更孩子抚养权的方式有协议变更和向法院起诉变更两种。

协议变更就是双方在协商一致且尊重孩子意愿的情况下，签订变更协议，变更抚养权。

在无法协商一致的情况下，只能选择向法院起诉变更这种形式；如果要想获得法院的支持，需要满足一定的条件。具体变更条件包括：与子女共同生活的一方丧失抚养能力的；不尽抚养义务，有对子女虐待，或者犯罪的行为，子女与其共同生活对子女身心健康会产生不利影响的；子女满 8 周岁，自愿跟随另一方共同生活，另一方也有抚养能力的；其他不利于孩子健康成长的情形。前述条件具备任何一个，未直接抚养孩子的一方就可以向法院申请变更孩子的抚养权，一般法院会予以支持。

【法律依据】

《最高人民法院关于适用〈中华人民共和国民法典〉婚姻家庭编的解释（一）》第五十五条 离婚后，父母一方要求变更子女抚养关系的，或者子女要求增加抚养费的，应当另行提起诉讼。

第五十六条 具有下列情形之一，父母一方要求变更子女抚养关系的，人民法院应予支持：

（一）与子女共同生活的一方因患严重疾病或者因伤残无力继续抚养子女；

（二）与子女共同生活的一方不尽抚养义务或有虐待子女行为，或者其与子女共同生活对子女身心健康确有不利影响；

（三）已满八周岁的子女，愿随另一方生活，该方又有抚养能力；

（四）有其他正当理由需要变更。

第五十七条　父母双方协议变更子女抚养关系的，人民法院应予支持。

26. 离婚时，子女抚养费数额如何确定？

【律师解答】

离婚子女抚养费的计算标准以满足子女实际生活需要为准，原则是参照当地的实际生活水平确定，父母有固定收入的，一般以月总收入的20%至30%为计算标准。负担两个以上子女抚养费的，比例可适当提高，但一般不得超过月总收入的50%。无固定收入的，抚养费的数额可依据当年总收入或同行业平均收入，参照上述比例予以计算。

随着生育政策的放开，独生子女家庭越来越少，多子女家庭在离婚时支付孩子的抚养费，依然需要参照以上原则。

如果不抚养子女一方是私营企业主或其他身份，年收入不菲，子女的抚养费也依然参照以上标准，先由双方协商；协商不成的，可以依据子女的生活需要或者是当地的生活水平，来要求对方支付抚养费，支付抚养费一方自愿按照之前的子女实际生活标准提高抚养费标准的，法律鼓励并支持。毕竟父母离婚不能影响孩子的生活和受教育水平。

【法律依据】

《民法典》第一千零八十五条第一款　离婚后，子女由一方直接抚养的，另一方应当负担部分或者全部抚养费。负担费用的多少和期限的长短，由双方协议；协议不成的，由人民法院判决。

《最高人民法院关于适用〈中华人民共和国民法典〉婚姻家庭编的解释（一）》第四十九条第一款、第二款、第三款 抚养费的数额，可以根据子女的实际需要、父母双方的负担能力和当地的实际生活水平确定。

有固定收入的，抚养费一般可以按其月总收入的百分之二十至三十的比例给付。负担两个以上子女抚养费的，比例可以适当提高，但一般不得超过月总收入的百分之五十。

无固定收入的，抚养费的数额可以依据当年总收入或者同行业平均收入，参照上述比例确定。

27. 离婚后，子女抚养费数额可以变更吗？

【律师解答】

离婚后，子女抚养费数额当然可以更改，但同样需要满足一定的条件，在诉讼时才能获得法院的支持。

首先，我们来看下抚养费的定义。抚养费，是指父母离婚后不直接抚养子女的一方应负担部分或全部的子女的生活费、教育费和医疗费等费用。抚养费的数额，可以根据子女的实际需要、父母双方的负担能力和当地的实际生活水平确定。

其次，变更抚养费数额的常见情形如下：（1）随着物价的上涨、经济生活水平的提高，原定的抚养费数额已难以满足几年后的实际需要，无法维持正常生活水平；（2）子女因上学、患病等原因，所需要的费用已超过原定的数额；（3）有其他正当理由应当增加的。

例如，大壮和小美离婚多年，小美独自带女儿小西生活。转眼间，小西到了上高中的年纪，但因小西生病错过中考，如果想要读高中，只能就读私立学校。小美在告知大壮后，给小西报名了国际学校的高中部，相较于普通高中，国际学校高中部花费巨大。此种情况下，小西可以向大壮要求根据其实际需要变更追加抚养费。如果大壮不同意，母亲小美可以以小西的名义向法院提起诉讼，要求变更抚养费数额。

【法律依据】

《民法典》第一千零八十五条　离婚后，子女由一方直接抚养的，另一方应当负担部分或者全部抚养费。负担费用的多少和期限的长短，由双方协议；协议不成的，由人民法院判决。

前款规定的协议或者判决，不妨碍子女在必要时向父母任何一方提出超过协议或者判决原定数额的合理要求。

28. 子女已满 18 周岁但尚未独立生活，不直接抚养子女的一方还需要向其支付抚养费吗？

【律师解答】

一般情况下，对于已经年满 18 周岁的子女，不直接抚养子女的一方是不需要再支付抚养费的。但是，尚未独立生活的成年子女有下列情形之一，父母又有给付能力的，仍应负担必要的抚养费：（1）丧失劳动能力或虽未完全丧失劳动能力，但其收入不足以维持生活基本需求的；（2）尚在校就读的；（3）确无独立生活能力和条件的。

也就是说，如果子女就读大学或者身患残疾或重疾等特殊情形，不直接抚养子女的一方依然应当给付抚养费。

例如，跟随小美生活的女儿小西，高中毕业后意外发生事故造成残疾，无法工作自己养活自己。在此情形下，已满 18 周岁的小西可以跟父亲大壮协商要求增加抚养费；在协商无果的情况下，小西可以以自己的名义起诉追加抚养费。

【法律依据】

《民法典》第一千零六十七条第一款 父母不履行抚养义务的，未成年子女或者不能独立生活的成年子女，有要求父母给付抚养费的权利。

第一千零八十五条 离婚后，子女由一方直接抚养的，另一方应当负担部分或者全部抚养费。负担费用的多少和期限的长短，由双方协议；协议不成的，由人民法院判决。

前款规定的协议或者判决，不妨碍子女在必要时向父母任何一方提出超过协议或者判决原定数额的合理要求。

《最高人民法院关于适用〈中华人民共和国民法典〉婚姻家庭编的解释（一）》第四十一条 尚在校接受高中及其以下学历教育，或者丧失、部分丧失劳动能力等非因主观原因而无法维持正常生活的成年子女，可以认定为民法典第一千零六十七条规定的“不能独立生活的成年子女”。

29. 离婚后不直接抚养子女的一方有监护权吗？

【律师解答】

监护权具有权利和义务的双重属性。也就是说，监护权既是父母对未成年子女天然的身份权利，同时也是一份抚养子女的义务。监护权是监护人对于未成年人和精神病人等无民事行为能力人和限制民事行为能力人的人身权益、财产权益所享有的监督、保护的身份权。监护权包含了人身监护权和财产监护权，人身监护权主要是对人身方面的监护权，财产监护权是对财产方面的监护权。

离婚后放弃子女抚养权的一方依然保有监护权。我国法律规定，父母是未成年子女的监护人。不论父母离婚与否或有无抚养权，父母都有监护权，且与子女共同生活的一方无权取消另一方对该子女的监护权。

例如，大壮和小美离婚后，小西一直跟随母亲小美生活。大壮只能每半个月探望小西一次。某天，小西在学校上体育课时不慎被篮球砸到头部而受伤晕倒，恰好此时小美正在国外出差考察，于是学校联系大壮，并在大壮的要求下将小西送往三甲医院检查。大壮作为监护人，第一时间赶到医院，为小美办理了住院及检查手续，并与学校沟通事故原因及赔偿事宜。

【法律依据】

《民法典》第二十七条　父母是未成年子女的监护人。

未成年人的父母已经死亡或者没有监护能力的，由下列有监护能力的人按顺序担任监护人：

（一）祖父母、外祖父母；

（二）兄、姐；

（三）其他愿意担任监护人的个人或者组织，但是须经未成年人住所地的居民委员会、村民委员会或者民政部门同意。

第一千零五十八条　夫妻双方平等享有对未成年子女抚养、教育和保护的权利，共同承担对未成年子女抚养、教育和保护的义务。

第一千零八十四条　父母与子女间的关系，不因父母离婚而消除。离婚后，子女无论由父或者母直接抚养，仍是父母双方的子女。

离婚后，父母对于子女仍有抚养、教育、保护的权利和义务。

离婚后，不满两周岁的子女，以由母亲直接抚养为原则。已满两周岁的子女，父母双方对抚养问题协议不成的，由人民法院根据双方的具体情况，按照最有利于未成年子女的原则判决。子女已满八周岁的，应当尊重其真实意愿。

30. 在父母婚姻关系存续期间，子女能否向其中一方主张抚养费？

【律师解答】

在父母婚姻关系存续期间，特定情况下，子女可以主张抚养费。根据我国法律规定，父母无论是婚内，还是离婚后，都对未成年子女具有抚养义务。在婚姻关系存续期间，父母双方或者一方拒不履行抚养子女义务的，未成年子女或者不能独立生活的成年子女可以向法院提起诉讼，要求拒不履行抚养义务的父母支付抚养费。

在父母婚姻关系存续期间，子女主张抚养费的方式包括与父母协商或者向法院提起诉讼。

例如，大壮和小美因感情不和，分居多年。分居期间，大壮和小美互不来往，女儿小西跟随母亲小美生活。很不幸，小美工作单位不景气，要求全员待岗，每月只发最低工资作为保障，母女俩的生活深受影响，甚至无法交纳小西的高中学费。在此情况下，小美多次找大壮协商，但大壮一直推诿搪塞。无奈之下，小美只好以小西的名义向法院起诉要求大壮支付抚养费，最终法院在查明事实的基础上，支持了婚姻存续期间给付抚养费的诉讼请求。

【法律依据】

《民法典》第一千零六十七条 父母不履行抚养义务的，未成年子女或者不能独立生活的成年子女，有要求父母给付抚养费的权利。

成年子女不履行赡养义务的，缺乏劳动能力或者生活困难的父母，有要求成年子女给付赡养费的权利。

《最高人民法院关于适用〈中华人民共和国民法典〉婚姻家庭编的解释（一）》第四十三条　婚姻关系存续期间，父母双方或者一方拒不履行抚养子女义务，未成年子女或者不能独立生活的成年子女请求支付抚养费的，人民法院应予支持。

31. 离婚诉讼期间，一方恶意抢夺、藏匿子女的，另一方该如何应对？

【律师解答】

在离婚诉讼期间，如果遇到对方抢走并藏匿孩子的情况，首先，需要保持冷静，收集对方行为的证据；对方采取暴力进行抢夺的，可以报警寻求帮助或者向法院申请家庭教育令，诉讼时的出警记录等也可以作为对方不适合取得抚养权的相关证据。

其次，对方通过藏匿、抢夺等方式形成“暂时性地和孩子生活在一起”的状态，不会对抚养权的归属产生根本上的影响。法律上规定的“共同生活”优先考虑的情形是子女长期随一方生活且改变生活环境会对孩子有负面影响。

不是构成一段时间内与子女共同生活，一方就能取得抚养权的，行为人反而可能会因为抢夺孩子和藏匿孩子而表现出来的极端行为和暴力性质被认定为不适合抚养孩子；因此，在面对对方这样的行为时可以保持冷静并及时采取措施；如果不能及时带回孩子，可以收集相关证据争取取回对孩子的抚养权。

【法律依据】

《家庭教育促进法》第四十九条 公安机关、人民检察院、人民法院在办理案件过程中，发现未成年人存在严重不良行为或者实施犯罪行为，或者未成年人的父母或者其他监护人不正确实施家庭教育侵害未成年人合法权益的，根据情况对父母或者其他监护人予以训诫，并可以责令其接受家庭教育指导。

《未成年人保护法》第二十四条 未成年人的父母离婚时，应当妥善处理未成年子女的抚养、教育、探望、财产等事宜，听取有表达意愿能力未成年人的意见。不得以抢夺、藏匿未成年子女等方式争夺抚养权。

未成年人的父母离婚后，不直接抚养未成年子女的一方应当依照协议、人民法院判决或者调解确定的时间和方式，在不影响未成年人学习、生活的情况下探望未成年子女，直接抚养的一方应当配合，但被人民法院依法中止探望权的除外。

第四章　夫妻财产分割

32. 在债务人约定夫妻财产分别制的情况下，债务人的配偶应何时告知债权人？

【律师解答】

根据《民法典》第一千零六十五条的规定，如果债权人知悉债务人与其配偶约定婚内财产归各自所有，债权人就只能向债务人一人提出偿还借款的要求，那么债务人的配偶应该在什么时间采取什么方式提前告诉债权人？

这里分两种情况进行处理：

一种是在债权人是法人或非法人组织的情况下，债务人的配偶应在借款合同订立之前向债权人披露夫妻双方之间约定了分别财产制；

另一种是在债权人是自然人的情况下，债务人的配偶应在债权人向债务人交付借款之前向债权人披露。

债务人的配偶采取以上两种方式向债权人披露后，如后续债务人无法按期履行还款义务，债权人只能向债务人一人追讨，无权向债务人的配偶主张权利；如债权人向债务人夫妻双方共同主张权利，债务人的配偶主张已提前向债权人披露过夫妻双方约定了分别财产制，债务人的配偶对此主张负有举证责任，要向法庭举证证明自己已履行了提前披露义务，债权人无权要求其承担还款责任。

【法律依据】

《民法典》第一千零六十五条 男女双方可以约定婚姻关系存续期间所得的财产以及婚前财产归各自所有、共同所有或者部分各自所有、部分共同所有。约定应当采用书面形式。没有约定或者约定不明确的，适用本法第一千零六十二条、第一千零六十三条的规定。

夫妻对婚姻关系存续期间所得的财产以及婚前财产的约定，对双方具有法律约束力。

夫妻对婚姻关系存续期间所得的财产约定归各自所有，夫或者妻一方对外所负的债务，相对人知道该约定的，以夫或者妻一方的个人财产清偿。

《最高人民法院关于适用〈中华人民共和国民法典〉婚姻家庭编的解释（一）》第三十七条 民法典第一千零六十五条第三款所称“相对人知道该约定的”，夫妻一方对此负有举证责任。

33. 如何认定一方婚后借款属于夫妻共同债务？

【律师解答】

实务中，有很多民间借贷纠纷都会涉及能否认定为夫妻共同债务的问题，婚姻关系存续期间，夫妻一方对外的借贷行为，是一方的个人行为还是双方的意思表示，不仅涉及夫妻个人的利益，而且还直接关系债权人的财产权益。根据我国《民法典》及司法解释的相关规定，实务中认定夫妻共同债务主要从以下三点予以考虑：

第一，“共债共签”，夫妻双方共同作出对外借款的意思表示。而共同意思表示又可以细分为“明示”和“默示”：比较好判断的是“明示”，如双方在借条上共同签字捺印，或者借条上只有一方签字但借款后另一方以短信、微信、电话确认还款或以实际行动偿还了借款，以事后追认、明确作出债务共同负担的意思表示；而“默示”的情况则较为隐蔽，一般表现为只有一方以个人名义对外大额举债，但是债权人却将借款转到未举债的配偶银行账户里，在这种情形下，就可以推定配偶是知晓且认可债务的，该笔债务应属于夫妻共同债务。

第二，“家庭日常所需”，夫妻一方因为日常家庭生活需要向外借款，无论另一方是否知情或事后追认，都属于夫妻共同债务。那么何为“家庭日常生活所需”？一般从借款数额及借款用途等是否符合“日常性”及“必要性”来判断，如夫妻双方及其未成年子女在日常生活中的必要开销，包括日常衣食住行、子女教育、医疗养老、娱乐消费。在判断债务数额是否合理时，应综合考虑借款时间、借款次数、当地的经济水平、家庭日常消费水平、个人职业、收入、家庭资产状况等。

第三，夫妻一方超出家庭日常生活所需的对外借款，债权人要充分证明该笔借款被借款人用于夫妻共同生活、共同生产经营或者借贷行为是基于双方共同意思表示，而在认定债务是否为夫妻共同生活所负时，应着重考虑举债是不是为了夫妻共同生活，举债之后的利益是否为夫妻共同享有等因素综合判断，才有可能被认定为夫妻共同债务。

【法律依据】

《民法典》第一千零六十四条 夫妻双方共同签名或者夫妻一方事后追认等共同意思表示所负的债务，以及夫妻一方在婚姻关系存续期间以个人名义为家庭日常生活需要所负的债务，属于夫妻共同债务。

夫妻一方在婚姻关系存续期间以个人名义超出家庭日常生活需要所负的债务，不属于夫妻共同债务；但是，债权人能够证明该债务用于夫妻共同生活、共同生产经营或者基于夫妻双方共同意思表示的除外。

34. 离婚后，房贷谁来还？

【律师解答】

房产作为一个家庭的重要资产组成部分，在离婚纠纷中往往会引起较大的纷争，即使对房屋产权进行了分配，房屋贷款偿还问题仍然会带来困扰。那么，离婚后，关于房贷到底谁来还，分以下几种情况认定：

第一，房贷是一方个人债务，由个人偿还。婚前一方贷款购买房屋，婚后夫妻共同还贷；离婚后，尚未还清的房贷属于产权登记一方的个人债务。双方婚后共同还贷支付的款项及其相对应财产增值部分，由法院根据财产的具体情况，按照照顾子女和女方权益的原则作出公平裁判。

第二，房贷是夫妻共同债务，需要两人共同偿还。结婚后，如果是夫妻共同或夫妻之间的一人以个人名义贷款买房，那么房屋的按揭贷款应该由夫妻双方共同来承担；离婚后，贷款仍然需要夫妻二人共同偿还。如果夫妻双方协商由其中一方进行偿还，这种约定只在夫妻之间具有约束力，对银行没有约束力。这是因为此时房屋贷款属于共同债务。作为共同债务人对偿还贷款应承担连带责任，尽管夫妻间对房产的归属和债务的承担进行了约定，但不能以此为由对抗银行。也就是说，如果离婚后，购买房屋的一方无力支付房屋贷款，银行仍有权向其配偶追偿。未获得房屋所有权的一方代替另一方向银行偿还了房屋贷款后，可以向另一方追偿。

【法律依据】

《民法典》第五百五十一条　债务人将债务的全部或者部分转移给第三人的，应当经债权人同意。

债务人或者第三人可以催告债权人在合理期限内予以同意，债权人未作表示的，视为不同意。

第一千零八十七条　离婚时，夫妻的共同财产由双方协议处理；协议不成的，由人民法院根据财产的具体情况，按照照顾子女、女方和无过错方权益的原则判决。

对夫或者妻在家庭土地承包经营中享有的权益等，应当依法予以保护。

35. 婚前男方向亲友借款支付彩礼，离婚时该借款是否作为夫妻共同债务由二人一起承担？

【律师解答】

男方婚前借钱支付彩礼，属于男方婚前个人债务，离婚时一般不能作为夫妻共同债务。

夫妻共同债务，是指夫妻一方或双方在婚姻关系存续期间，为维持婚姻家庭共同生活或者为共同生产、经营活动所负的债务。

判断是否为夫妻共同债务，主要应把握以下两个基本特征：一是须产生于双方婚姻关系存续期间，二是须用于夫妻共同生活或共同生产、经营活动。男方婚前为支付彩礼的借款显然不具备这两个特征，不属于夫妻共同债务。

【法律依据】

《民法典》第一千零六十四条 夫妻双方共同签名或者夫妻一方事后追认等共同意思表示所负的债务，以及夫妻一方在婚姻关系存续期间以个人名义为家庭日常生活需要所负的债务，属于夫妻共同债务。

夫妻一方在婚姻关系存续期间以个人名义超出家庭日常生活需要所负的债务，不属于夫妻共同债务；但是，债权人能够证明该债务用于夫妻共同生活、共同生产经营或者基于夫妻双方共同意思表示的除外。

36. 离婚时，偿还夫妻共同债务应遵循什么原则？

【律师解答】

婚姻关系存续期间形成的夫妻共同债务，夫妻双方应当负连带清偿责任，且不因夫妻双方的婚姻关系存续状态的变化而改变。离婚时，男女双方仍应当以其财产对债务承担偿还责任，但该种偿还责任的履行需要按照一定原则进行。

（1）夫妻共同债务，以夫妻共同财产偿还。

（2）在夫妻共同财产不足以清偿夫妻共同债务，或者夫妻双方原本就采用分别财产制，不存在夫妻共同财产的情况下，夫妻双方应当以其个人财产偿还共同债务。

（3）遵循照顾女方、子女、无过错方的原则。需要注意的是，一方面，男女双方对夫妻共同债务清偿比例的确定，不能产生消灭双方对债权人负有的连带清偿责任的结果。另一方面，一方就共同债务承担连带清偿责任后，基于离婚协议或者人民法院的法律文书向另一方主张追偿的，人民法院应当支持。

【法律依据】

《民法典》第一千零八十七条　离婚时，夫妻的共同财产由双方协议处理；协议不成的，由人民法院根据财产的具体情况，按照照顾子女、女方和无过错方权益的原则判决。

对夫或者妻在家庭土地承包经营中享有的权益等，应当依法予以保护。

第一千零八十九条　离婚时，夫妻共同债务应当共同偿还。共同财产不足清偿或者财产归各自所有的，由双方协议清偿；协议不成的，由人民法院判决。

《最高人民法院关于适用〈中华人民共和国民法典〉婚姻家庭编的解释（一）》第三十五条第二款　一方就夫妻共同债务承担清偿责任后，主张由另一方按照离婚协议或者人民法院的法律文书承担相应债务的，人民法院应予支持。

37. 一方婚前个人债务会转化为夫妻共同债务吗?

【律师解答】

婚前个人债务向婚后共同债务的转化，必须以婚前所欠债务用于婚后家庭共同生活为条件，债权人对此事实应当承担证明责任。在司法实践中，婚前个人债务向婚后共同债务的转化有多种情况，如一方婚前举债购置大量结婚用品，婚后为夫妻双方共同生活所需要的；一方婚前借款装修房屋，该房屋供夫妻双方婚后共同居住或共同使用的。总之，判断一方婚前债务与婚后共同生活之间的因果联系，应当结合债务人举债的目的、用途以及婚后共同生活的需要等诸多因素综合判断。不能将一方婚前的全部债务转移给配偶并加重其责任。同时不能对债权人的举证责任设定较为苛刻的要求，使债权人的权利无法获得司法的救济。

如债权人主张债务人婚前所负债务主要用于婚后共同生活，并举证证明了借款的时间、结婚的时间以及结婚时购置的大量物品等，由此可以推定债务人所负债务用于婚后共同生活。此时，债务人及其配偶就否认的事实应当承担证明责任。如果夫妻双方能够举证证明结婚时购置的物品或其他夫妻共同财产的形成，与债务人婚前所举债务无关，债务人的配偶就不应承担该债务的清偿责任；如果双方所持证据均不能完全证明自己的主张，应当按照《最高人民法院关于适用〈中华人民共和国民事诉讼法〉的解释》第一百零八条规定的原则处理。

【法律依据】

《最高人民法院关于适用〈中华人民共和国民法典〉婚姻家庭编的解释（一）》第三十三条 债权人就一方婚前所负个人债务向债务人的配偶主张权利的，人民法院不予支持。但债权人能够证明所负债务用于婚后家庭共同生活的除外。

38. 离婚时，哪些房产可以作为夫妻共同财产进行分割？

【律师解答】

在我国，夫妻之间的基本财产制度是夫妻共同财产制，即夫妻在婚姻关系存续期间所得的财产，除某些带有人身属性的特定财产由法律明确规定为个人财产，或者双方书面约定归个人所有的财产外，其他在婚内取得的各种收入、所得，原则上均为夫妻双方共同所有。

由此，离婚时应当作为夫妻共同财产分割的房产包含以下情形：

（1）夫妻双方在婚姻存续期间以共同财产购买的房产，无论是登记在双方名下，还是登记在一方名下，都属于夫妻双方的共同财产，除非双方另有约定。

（2）婚姻关系存续期间获赠的房产在无明确约定赠与一方所有的前提下，属于夫妻共同财产。

（3）婚姻关系存续期间一方继承所得的房产，除遗嘱中明确归一方所有外，属于夫妻共同财产。

实践中，房产分割往往是离婚案件财产分割的重中之重，因此，房屋权属的确定就是进行房产分割的必要前提。所以，在判断房产权属时，首先需要明确夫妻双方及房产相关当事人之间有没有关于房产归属的约定。如有约定且约定有效，依约认定。当约定无效或没有约定时，就需要结合法律规定和实际情况综合判断。

【法律依据】

《民法典》第一千零六十二条　夫妻在婚姻关系存续期间所得的下列财产，为夫妻的共同财产，归夫妻共同所有：

（一）工资、奖金、劳务报酬；

（二）生产、经营、投资的收益；

（三）知识产权的收益；

（四）继承或者受赠的财产，但是本法第一千零六十三条第三项规定的除外；

（五）其他应当归共同所有的财产。

夫妻对共同财产，有平等的处理权。

第一千零六十三条　下列财产为夫妻一方的个人财产：

……

（三）遗嘱或者赠与合同中确定只归一方的财产；

……

《最高人民法院关于适用〈中华人民共和国民法典〉婚姻家庭编的解释（一）》第二十五条 婚姻关系存续期间，下列财产属于民法典第一千零六十二条规定的“其他应当归共同所有的财产”：

（一）一方以个人财产投资取得的收益；

（二）男女双方实际取得或者应当取得的住房补贴、住房公积金；

（三）男女双方实际取得或者应当取得的基本养老金、破产安置补偿费。

39. 以一方名义婚前购房，婚后取得房产证且登记在自己名下，这套房子属于夫妻共同财产吗？

【律师解答】

要结合婚前出资的来源不同进行具体分析：

（1）一方以婚前个人财产全款出资购房，婚后取得房产证且登记在自己名下，虽然是在婚姻关系存续期间才办理产权登记并取得权属证书，但产权登记证书的办理和取得仅是婚前一方个人出资购买房屋的延续行为，并不会影响房屋的财产权属。

也就是说，一方婚前支付的购房款全部来自个人婚前财产的，则该房屋当然属于一方的个人财产，该钱款只是在形式上发生了变化，从现金或银行存款等形式转化为房产这一财产形式，但在财产权属上仍是购房人一方的个人财产。房屋当然属于该方的婚前个人财产，离婚时，另一方无权要求分割该房屋；双方另有约定的除外。

（2）婚前的出资来自双方的现金、银行存款，或者来自双方父母，或者为双方的共同借款，只是因为各种原因仅以一方的名义与出售方签订了购房合同，而且婚后取得的房屋产权证书也只是登记在了一方的名下，则对于该房屋的权属，应结合出资的来源，以及出资方的真实意思表示综合判定，不宜直接认定为产权登记一方的个人财产。

【法律依据】

《民法典》第一千零六十三条　下列财产为夫妻一方的个人财产：

（一）一方的婚前财产；

（二）一方因受到人身损害获得的赔偿或者补偿；

（三）遗嘱或者赠与合同中确定只归一方的财产；

（四）一方专用的生活用品；

（五）其他应当归一方的财产。

《最高人民法院关于适用〈中华人民共和国民法典〉婚姻家庭编的解释（一）》第三十一条　民法典第一千零六十三条规定为夫妻一方的个人财产，不因婚姻关系的延续而转化为夫妻共同财产。但当事人另有约定的除外。

40. 婚前一方全款购房，另一方出资装修，该房产是否属于共同财产？离婚时怎么分？

【律师解答】

现实生活中，在很多地方对结婚购房都有不成文的惯例——男方买房，女方装修、买家电、买车。但是，按照我国目前的法律规定，如果房产为一方婚前全款购买，且登记在出资方一方名下，那么这套房产就属于出资方的婚前个人财产，虽然另一方出资装修，但并不会影响房产的权属。

当然，另一方装修出资的损失也不是无法挽回的。房屋的装修属于对房产的添附行为，事实上使房屋更具价值和升值空间，无法直接拆除，而装修出资属于另一方的婚前个人财产（即使资金来自父母，也属于父母对自己子女个人的赠与，同为婚前个人财产），有权要求对方返还装修款项，也可以要求分割房屋升值部分当中装修所占的升值比例。

如果离婚时对装修出资款返还无法达成一致，可以通过诉讼方式离婚，并主张对方返还装修款。这就需要主张装修出资的一方向法院提交充分的证据证明装修出资，如装修结算凭证、付款凭证。但需要注意的是，司法实践中，由于房屋装修行业的特点，相关证据材料往往难以保存，尤其是零散支付给多个施工方的各种款项。故律师建议装修工程整体发包给专业装修公司施工，或者设立专门用于装修款支付的账户，全部装修费用都从这个账户进出，便于更好地保存相关证据。

【法律依据】

《民法典》第三百二十二条 因加工、附合、混合而产生的物的归属，有约定的，按照约定；没有约定或者约定不明确的，依照法律规定；法律没有规定的，按照充分发挥物的效用以及保护无过错当事人的原则确定。因一方当事人的过错或者确定物的归属造成另一方当事人损害的，应当给予赔偿或者补偿。

《民事诉讼法》第六十七条 当事人对自己提出的主张，有责任提供证据。

当事人及其诉讼代理人因客观原因不能自行收集的证据，或者人民法院认为审理案件需要的证据，人民法院应当调查收集。

人民法院应当按照法定程序，全面地、客观地审查核实证据。

《最高人民法院关于适用〈中华人民共和国民事诉讼法〉的解释》第九十条　当事人对自己提出的诉讼请求所依据的事实或者反驳对方诉讼请求所依据的事实，应当提供证据加以证明，但法律另有规定的除外。

在作出判决前，当事人未能提供证据或者证据不足以证明其事实主张的，由负有举证证明责任的当事人承担不利的后果。

41. 婚前一方支付首付款购房，婚后双方共同还贷，该房产是否为夫妻共同财产？离婚时如何分割？

【律师解答】

这种情况下，需要根据房产的登记情况，分类分析。

（1）房产登记在支付首付款的一方名下。依据法律规定，如果一方在婚前购房，以个人财产支付首付款并办理贷款，婚后两人共同还款，房产登记在支付首付款的一方名下，离婚时，如果协议不成，法院可以判决房产归支付首付款的一方所有，剩余贷款为其个人债务，对婚内共同还贷款项及房产相应增值部分，由房屋所有权人对另一方进行补偿。

（2）房产登记在双方名下。如果房屋系夫妻一方婚前支付首付款购买，登记在夫妻双方名下，婚后由夫妻双方共同还贷，则该房屋属于夫妻共同共有，但在离婚分割该房产时，出资一方可按照出资比例适当多分。

（3）产权登记在非出资方名下。如果有证据表明双方是以结婚、长期共同生活为目的购房的，原则上应认定为夫妻共同财产，但非出资方能证明该房产属于出资方赠与非出资方个人的除外。

【法律依据】

《最高人民法院关于适用〈中华人民共和国民法典〉婚姻家庭编的解释（一）》第七十八条 夫妻一方婚前签订不动产买卖合同，以个人财产支付首付款并在银行贷款，婚后用夫妻共同财产还贷，不动产登记于首付款支付方名下的，离婚时该不动产由双方协议处理。

依前款规定不能达成协议的，人民法院可以判决该不动产归登记一方，尚未归还的贷款为不动产登记一方的个人债务。双方婚后共同还贷支付的款项及其相对应财产增值部分，离婚时应根据民法典第一千零八十七条第一款规定的原则，由不动产登记一方对另一方进行补偿。

《民法典》第一千零八十七条第一款 离婚时，夫妻的共同财产由双方协议处理；协议不成的，由人民法院根据财产的具体情况，按照照顾子女、女方和无过错方权益的原则判决。

42. 一方婚前付全款购买的房屋，婚后到房产登记部门给另一方办理了加名手续，离婚时该房产如何分割？

【律师解答】

夫妻之间出于表达爱意、宣告忠诚或挽回婚姻等种种原因，有时会在婚后将自己婚前购买房屋的房产证上增加另一方的名字，也就是俗称的“房产加名”。

根据我国物权公示公信原则的要求，不动产物权变动的公示方法为登记，不动产登记的设立、变更、消灭和转让依照法律规定进行登记后即取得公信力。一方婚前全款所购的房屋，登记在其个人名下，属于该方的个人财产，婚后在房产证上增加另一方的名字为共有方，即完成了房产的变更登记，此时该处房产由个人财产变更为二人的共同财产。这种情况属于一方将部分个人财产赠与另一方，并完成了产权变更登记的行为，房产归双方共有，原所有权人无权再以反悔为由撤销赠与。

但如何确定加名后两人对该房产所占的份额？房产登记在双方名下，并不当然意味着房屋产权就应当由两人平均分割。司法实践中对此还会有很多考量因素，尤其是在房产登记为共同共有的情况下，双方应在诉讼中对真正影响房产份额分割的因素积极举证。例如，作为婚后被加名的一方，可以从对房屋价值增值所做的贡献程度（如婚后共同装修房屋、维修房屋）、双方结婚时间长短等方面入手，证明自己对房产价值有贡献，争取多分。事实上，部分高级人民法院对此也出台了相应的处理意见，如上海市高级人民法院就曾出台司法意见规定，出资方可适当多分。

如果房产加名时，已经写明按份共有，可以推定双方已对房产份额进行约定，一方将部分房产份额赠与另一方并完成登记，离婚时一般可参考双方在房屋产权登记时约定的份额进行分割。

【法律依据】

《最高人民法院关于适用〈中华人民共和国民法典〉婚姻家庭编的解释（一）》第三十二条　婚前或者婚姻关系存续期间，当事人约定将一方所有的房产赠与另一方或共有，赠与方在赠与房产变更登记之前撤销赠与，另一方请求判令继续履行的，人民法院可以按照民法典第六百五十八条的规定处理。

《民法典》第六百五十八条　赠与人在赠与财产的权利转移之前可以撤销赠与。

经过公证的赠与合同或者依法不得撤销的具有救灾、扶贫、助残等公益、道德义务性质的赠与合同，不适用前款规定。

第一千零六十五条第一款、第二款 男女双方可以约定婚姻关系存续期间所得的财产以及婚前财产归各自所有、共同所有或者部分各自所有、部分共同所有。约定应当采用书面形式。没有约定或约定不明确的，适用本法第一千零六十二条、第一千零六十三条的规定。

夫妻对婚姻关系存续期间所得的财产以及婚前财产的约定，对双方具有法律约束力。

《上海市高级人民法院关于审理婚姻家庭纠纷若干问题的意见》第十三条 夫妻一方婚前出资购置房屋，权利登记在双方名下的，为夫妻双方共有财产。如未约定按份共有，可认定共同共有，但在离婚分割该房产时，出资一方可适当多分。

43. 婚内购买的小产权房，离婚时如何处理？

【律师解答】

首先明确一下，小产权房并非一个法律概念，实践中通常是指在农村的集体土地上建设的房屋，由于没有进行土地性质的变更，无法获得城市房地产登记管理部门核发的产权证书，只能由村委会或者乡镇政府颁发权属证书，或者没有产权证书。该类房产大部分都只是购房人与村民个人签订购房合同，最多经过村集体见证或备案，此类房屋俗称“小产权房”。

夫妻在婚姻关系存续期间购买的小产权房，无论是否有相应的权属证明文件，其性质上都属于夫妻共同财产，这一点毋庸置疑。在离婚过程中，对此类房产的分割往往因双方的离婚程序不同，可能产生不同的法律后果。

（1）如果双方是协议离婚，则双方可以在离婚协议中对房产的权属、使用权等进行约定，但该协议约定仅是夫妻双方之间的内部约定，对外不产生房屋产权的公示效力，也不是房屋产权变更的依据，亦不能对抗善意第三人。

（2）如果双方向法院提起离婚诉讼，一般情况下人民法院对此类房产的权属不会进行处置，可能会结合案件实际情况，对该房屋的使用权进行处理。同时，为了避免当事人通过民事裁判的方式将违法建筑合法化，部分法院在判决书中会同时释明该判决不产生使小产权房对外转让合法化的效果。当然也有部分法院对使用权也不作处理，当事人对此只能在该房产取得所有权后另行主张权利。

综上可知，实践中往往由实际掌控该房产的人继续使用该房产，但该房产在实际使用中价值变化的不可确定性，往往会影响不掌控该房产一方的权益。因此，律师建议当事人在购房时知悉此类房产可能存在的风险，夫妻双方也要就房产的使用、权属作出书面约定，以便在离婚时有据可依。

【法律依据】

《最高人民法院关于适用〈中华人民共和国民法典〉婚姻家庭编的解释（一）》第七十七条　离婚时双方对尚未取得所有权或者尚未取得完全所有权的房屋有争议且协商不成的，人民法院不宜判决房屋所有权的归属，应当根据实际情况判决由当事人使用。

当事人就前款规定的房屋取得完全所有权后，有争议的，可以另行向人民法院提起诉讼。

44. 男女双方结婚后，约定一方将婚前个人房产赠与另一方，但未办理房屋产权变更登记，离婚时赠与方能不能反悔？

【律师解答】

男女结婚后，出于种种原因，一方可能选择以签订协议的方式将自己名下的个人房产赠与另一方。依据相关司法解释，此类协议从性质上讲，属于赠与合同，应按照有关赠与合同的法律规定进行处理，即赠与一方在赠与房产变更登记之前，拥有任意撤销权，可以主张撤销赠与。

实践中，如何避免一方在离婚时反悔而撤销赠与，从而导致此类房产赠与协议沦为“一纸空文”呢？依据《民法典》中有关赠与合同的规定，为确保赠与不被撤销，可以采取如下处理措施：

首先，如果房产已经具备办理产权变更登记的前提条件，可以尽快办理房产变更登记。

其次，如果房产尚不具备办理产权变更登记的条件，可以办理赠与协议的公证，以此阻断赠与人任意撤销权的行使。

如果既不具备办理变更登记的条件，也不方便办理公证，那么至少应该在赠与协议中明确约定，该赠与协议一经生效不可任意撤销，以此避免赠与方反悔或滥用任意撤销权。

【法律依据】

《最高人民法院关于适用〈中华人民共和国民法典〉婚姻家庭编的解释（一）》第三十二条 婚前或者婚姻关系存续期间，当事人约定将一方所有的房产赠与另一方或共有，赠与方在赠与房产变更登记之前撤销赠与，另一方请求判令继续履行的，人民法院可以按照民法典第六百五十八条的规定处理。

《民法典》第六百五十八条 赠与人在赠与财产的权利转移之前可以撤销赠与。

经过公证的赠与合同或者依法不得撤销的具有救灾、扶贫、助残等公益、道德义务性质的赠与合同，不适用前款规定。

第一千零六十五条第一款、第二款 男女双方可以约定婚姻关系存续期间所得的财产以及婚前财产归各自所有、共同所有或者部分各自所有、部分共同所有。约定应当采用书面形式。没有约定或约定不明确的，适用本法第一千零六十二条、第一千零六十三条的规定。

夫妻对婚姻关系存续期间所得的财产以及婚前财产的约定，对双方具有法律约束力。

45. 婚姻关系存续期间，夫妻双方共同出资，以一方父母名义购买房改房，登记在该方父母名下，双方在离婚时能否将该房改房作为夫妻共同财产分割？

【律师解答】

房改房，是指城镇居民出资购买的根据国家住房制度改革政策出售的房屋。虽然现阶段此类房产在市场当中的占比不断下降，但由于历史原因仍有部分遗留。在20世纪八九十年代，国家陆续发布了一批房改房相关政策制度，确定了房改房产权属性。房改房最主要的特点在于，它是单位根据职工的各种情况综合考虑后在房价上给予职工一定的政策优惠销售给职工的房屋。也可以说，优惠是由职工的工龄、职级等各类利益转化而来的，虽然不是购房款，但也是房屋价值的重要组成部分。

根据物权的公示公信原则，不动产登记簿的记载具有公示、公信的效力，记载在不动产登记簿上的权利人被视为房屋的合法所有权人。登记在一方父母名下的房改房，无论购房款由谁出资，不影响该方父母作为房屋所有权人的事实。故该类房产属于一方父母的财产，不能作为夫妻双方的共同财产在离婚诉讼中进行分割。而购买房改房的出资款是夫妻共同财产，如果没有特别约定，也不符合夫妻双方赠与一方父母的条件，对于该出资款，夫妻双方在离婚诉讼时可以作为夫妻共同债权来处理，要求作为房产登记权利人的一方父母予以返还。

【法律依据】

《最高人民法院关于适用〈中华人民共和国民法典〉婚姻家庭编的解释（一）》第七十九条 婚姻关系存续期间，双方用夫妻共同财产出资购买以一方父母名义参加房改的房屋，登记在一方父母名下，离婚时另一方主张按照夫妻共同财产对该房屋进行分割的，人民法院不予支持。购买该房屋时的出资，可以作为债权处理。

46. 夫妻双方在婚姻关系存续期间，将出资购买的房屋登记在二人的未成年子女名下，双方离婚时能否分割该房产？

【律师解答】

实践中，对于此类情形，法院判决离婚时，可能会出现两种处理方式：一种方式是，法院认为该房产涉及第三人权益，在离婚诉讼中不予处理，告知夫妻双方离婚后另行主张；另一种方式是，综合考量夫妻双方的真实意思表示，确认该房产权属，然后依法进行分割。

第一种方式的底层逻辑是，法院基于产权登记情况将涉案房产初步认定为已经赠与子女的财产，但实践中确实存在诸多情形，结合具体情况综合判断房产权属更为合理。

关于这个问题，一种主流观点认为，不能简单地按照登记情况将房屋认定为未成年子女的财产。实际生活中，夫妻双方共同出资购买房屋后，可能基于各种考虑而将房屋产权登记在未成年子女名下。但这并不意味着夫妻的真实意思是使未成年子女成为该房屋产权的权利人，因此，该房屋的真实产权人未必是未成年子女。

在判断登记在未成年子女名下的房屋是否属于夫妻共同财产时，应综合考量夫妻双方在购买房屋时的真实意思表示。如果真实意思确实是将购买的房屋赠与未成年子女，离婚时应将该房屋认定为未成年子女的财产，由直接抚养未成年子女的一方暂时管理；如果真实意思并不是将房屋赠与未成年子女，而只是基于其他原因由子女代为持有，则离婚时将该房屋作为夫妻共同财产处理比较适宜。

【法律依据】

《民法典》第六百五十八条　赠与人在赠与财产的权利转移之前可以撤销赠与。

经过公证的赠与合同或者依法不得撤销的具有救灾、扶贫、助残等公益、道德义务性质的赠与合同，不适用前款规定。

47. 离婚时能否约定将婚后共同购买的房屋赠与子女或其他人？

【律师解答】

在夫妻共同财产制之下，夫妻双方在办理协议离婚或离婚诉讼期间，将购买的房屋在离婚协议中约定赠与他人的，从行为性质上来讲，属于双方对共同财产的共同处置。

如果夫妻双方协商一致，在民政部门办理离婚登记时，可以在离婚协议中约定将共同房产赠与子女或他人。离婚协议的内容属于夫妻双方意思自治的范畴，只要双方达成一致，民政部门不会干涉双方协议自由。

而在离婚诉讼当中，由于子女及其他人并非离婚诉讼的主体，是案外人，夫妻共同财产在离婚诉讼中原则上应在双方当事人之间进行处置。当然，在实践中，部分法院也会出于案结事了、减轻诉累等方面的考虑，在诉讼案件调解结案时对此类诉求一并处理。

由于离婚协议或离婚判决书中关于财产的处置，往往是结合多项财产、多种因素而给出的“一揽子”解决方案，因此，离婚协议或已经生效的离婚判决、调解书中关于将房屋赠与子女或他人的条款，一般也会被认定为不可任意撤销的赠与条款，夫妻双方在离婚时一定要对此类条款谨慎约定。

【法律依据】

《民法典》第六百五十七条 赠与合同是赠与人将自己的财产无偿给予受赠人，受赠人表示接受赠与的合同。

第六百五十九条 赠与的财产依法需要办理登记或者其他手续的，应当办理有关手续。

第六百六十条 经过公证的赠与合同或者依法不得撤销的具有救灾、扶贫、助残等公益、道德义务性质的赠与合同，赠与人不交付赠与财产的，受赠人可以请求交付。

依据前款规定应当交付的赠与财产因赠与人故意或者重大过失致使毁损、灭失的，赠与人应当承担赔偿责任。

48. 离婚协议中约定把房子留给子女，未办理房产过户，离婚后夫妻中任一方可以反悔吗？

【律师解答】

在离婚协议中，双方将共同财产赠与未成年子女的约定，是与解除婚姻关系、子女抚养、共同财产分割、共同债务清偿、离婚损害赔偿等内容一并约定的，各个条款之间互为前提、互为结果，构成了一个整体，是“一揽子”的解决方案，一般情况下不允许任意反悔和撤销。

如果允许一方反悔，那么男女双方离婚协议的“整体性”将被破坏。在婚姻关系已经解除且不可逆的情况下，如果允许当事人对于财产部分反悔，将助长先离婚再恶意占有财产的有违诚实信用的行为，也不利于保护未成年子女的权益。

因此，在离婚后，一方如果主张双方离婚协议中关于将房产赠与子女的约定，因尚未完成产权变更登记而单方撤销赠与，必须取得双方的合意；在未征得作为共同共有人的另一方同意的情况下，无权单方撤销离婚协议中的赠与。

那么，离婚后，双方能否再通过协商一致变更离婚协议的内容，撤销关于房屋赠与子女的约定呢？对此，司法实践中，法院也会基于法律规定考量该协议是否属于不可撤销的协议约定，或双方对于子女的赠与是否存在助残等公益、道德义务性质（比如子女为残疾人，无经济来源或经济来源很少）。一旦被法院认定属于不可撤销的情形，即便离婚后双方协商一致同意撤销赠与，法院也不会支持。

【法律依据】

《民法典》第六百五十七条　赠与合同是赠与人将自己的财产

无偿给予受赠人，受赠人表示接受赠与的合同。

第六百五十九条 赠与的财产依法需要办理登记或者其他手续的，应当办理有关手续。

第六百六十条第一款 经过公证的赠与合同或者依法不得撤销的具有救灾、扶贫、助残等公益、道德义务性质的赠与合同，赠与人不交付赠与财产的，受赠人可以请求交付。

49. 婚前一方父母全款出资购房，房屋登记在自己子女名下，或婚前一方父母出首付款，将房屋登记在自己子女名下，婚后由该方父母出资还贷，离婚时怎么分该房产？

【律师解答】

回答这个问题之前，我们先来回顾一下《最高人民法院关于适用〈中华人民共和国民法典〉婚姻家庭编的解释（一）》第七十八条的规定。这一条规定的内容是夫妻一方婚前签订不动产买卖合同，以个人财产支付首付款并在银行贷款，婚后用夫妻共同财产还贷，不动产登记于首付款支付方名下的，离婚时如果双方协议不成，人民法院可以判决该不动产归登记一方所有，尚未归还的贷款为不动产登记一方的个人债务。双方婚后共同还贷支付的款项及其相对应财产增值部分，离婚时应根据《民法典》第一千零八十七条第一款规定的原则，由不动产登记一方对另一方进行补偿。

由此可见，该条规定的情形中，非产权登记一方能分得的财产，仅仅是夫妻关系存续期间共同还贷的部分及其相对应的增值部分。

回到我们这个问题中来，虽然没有法律直接规定如何分割相关房产，但该房产全部的出资均来自一方的父母，除另一方有证据证明该方父母明确表示赠与双方外，该房产由于只登记在一方名下，且出资中无任何属于夫妻共同财产的部分，结合上述法律规定内容，该类房产应当属于一方个人财产，其父母在婚前或者婚后的出资应当视为对自己子女的个人赠与，不应将该房产作为夫妻共同财产在离婚诉讼中进行分割。

【法律依据】

《最高人民法院关于适用〈中华人民共和国民法典〉婚姻家庭编的解释（一）》第七十八条 夫妻一方婚前签订不动产买卖合同，以个人财产支付首付款并在银行贷款，婚后用夫妻共同财产还贷，不动产登记于首付款支付方名下的，离婚时该不动产由双方协议处理。

依前款规定不能达成协议的，人民法院可以判决该不动产归登记一方，尚未归还的贷款为不动产登记一方的个人债务。双方婚后共同还贷支付的款项及其相对应财产增值部分，离婚时应根据民法典第一千零八十七条第一款规定的原则，由不动产登记一方对另一方进行补偿。

50. 婚前一方父母出首付款购房，房屋登记在自己子女名下，婚后由夫妻共同还贷，离婚时房产如何分割？父母的出资怎么处理？

【律师解答】

在男女双方为共同生活购买房产的过程中，存在大量一方父母出资支援的情形，但父母往往出于各种考虑，不会对出资的性质进一步明确为赠与还是借款。这种情形下，一旦夫妻感情出现危机，一方父母的出资性质往往会成为双方争议焦点之一。

对于该类房屋的分割问题，只要是婚后存在共同还贷的情况，则对于婚后共同还贷的部分及其对应部分的增值属于夫妻共同财产。但如果双方协商一致将该房产作为共同财产进行分割，甚至将房屋确定为非首付款出资方所有，法律也不禁止这样的行为。但是，在一方父母未明确该笔首付款的出资性质时，该笔出资在夫妻离婚中该如何处理呢？对此，应根据不同情形分别处理：

一种情形是，该房屋判归出资父母的子女所有，视为父母对自己子女一方的赠与，即使父母有证据证明自己的子女向父母出具了借条，父母也无权要求夫妻中另一方承担还款责任。即使在法院判决夫妻共同偿还的情形下，如果另一方没有实际分割到该笔首付款及相应的增值价值，其有权向出具借条的一方追偿。

另一种情形是，夫妻双方在离婚时，并未考虑首付款的出资来源情况，在离婚中将房屋作为夫妻共同财产依法分割，则支付首付款的一方父母在有证据证明该款项为借款时，可以向夫妻双方主张偿还。另一方如果主张该款项是一方的父母对双方的赠与，则应当承担赠与的证明责任，否则应当按照一方父母主张的借款关系处理。

【法律依据】

《最高人民法院关于适用〈中华人民共和国民法典〉婚姻家庭编的解释（一）》第二十九条第一款 当事人结婚前，父母为双方购置房屋出资的，该出资应当认定为对自己子女个人的赠与，但父母明确表示赠与双方的除外。

51. 婚前一方父母出首付款购房，房屋登记在夫妻双方名下，婚后夫妻双方共同还贷，离婚时怎么分该房产？父母的出资如何处理？

【律师解答】

由于该房屋登记在夫妻双方名下，因此，该房屋属于夫妻共同财产是没有争议的。该房屋在夫妻双方离婚时，应作为夫妻共同财产进行分割。如果夫妻双方没有约定房产份额，推定为双方共同共有。

对于父母出资的处理，一般情况下应视为对夫妻双方的赠与，但如果父母有证据证明系借款，由于该借款用于了夫妻共同财产的购买，是否属于夫妻共同债务，实践中是存在争议的。

支付首付款的一方父母如果主张该笔出资系夫妻共同债务，父母的举证责任有两层，首先需要证明该出资的性质为借款，其次证明该借款用于了夫妻共同生活。比如明确标注为借款的转款凭证、自己子女一方的借条。但在实践中，由于不符合共债共签的法律规定，该借款是否属于夫妻共同债务仍然存在较大的争议。因此，此种情形下，建议父母及时将借款情形告知夫妻中另一方并取得其追认。否则，该笔出资不能认定为夫妻共同债务。

【法律依据】

《最高人民法院关于适用〈中华人民共和国民法典〉婚姻家庭编的解释（一）》第七十八条　夫妻一方婚前签订不动产买卖合同，以个人财产支付首付款并在银行贷款，婚后用夫妻共同财产还贷，不动产登记于首付款支付方名下的，离婚时该不动产由双方协议处理。

依前款规定不能达成协议的，人民法院可以判决该不动产归登记一方，尚未归还的贷款为不动产登记一方的个人债务。双方婚后共同还贷支付的款项及其相对应财产增值部分，离婚时应根据民法典第一千零八十七条第一款规定的原则，由不动产登记一方对另一方进行补偿。

《民法典》第一千零六十四条第一款 夫妻双方共同签名或者夫妻一方事后追认等共同意思表示所负的债务，以及夫妻一方在婚姻关系存续期间以个人名义为家庭日常生活需要所负的债务，属于夫妻共同债务。

52. 婚前一方父母出首付款，将房屋登记在夫妻双方名下，婚后依然是该方父母还贷，离婚时该房产怎么分割？父母的出资如何处理？

【律师解答】

依据物权公示公信原则，我们国家对于房屋的权属问题，原则上以登记为准，该房屋登记在夫妻双方名下，房产应属于夫妻共同财产，这在理论上和实践中均没有争议。因此，该房屋在夫妻双方离婚时，应以夫妻共同财产进行分割。如果夫妻双方没有约定房产份额，推定为双方共同共有。

但如果一方在离婚时存在过错或法院依据照顾女方权益、照顾抚养子女一方的权益的考虑，在分配该房产时，也可以对一方少分或不分。

对于父母的出资，一般应认定为对夫妻双方的赠与，但父母一方有证据证明是借款的除外。

【法律依据】

《民法典》第一千零六十二条 夫妻在婚姻关系存续期间所得

的下列财产，为夫妻的共同财产，归夫妻共同所有：

（一）工资、奖金、劳务报酬；

（二）生产、经营、投资的收益；

（三）知识产权的收益；

（四）继承或者受赠的财产，但是本法第一千零六十三条第三项规定的除外；

（五）其他应当归共同所有的财产。

夫妻对共同财产，有平等的处理权。

第一千零六十三条　下列财产为夫妻一方的个人财产：

（一）一方的婚前财产；

（二）一方因受到人身损害获得的赔偿或者补偿；

（三）遗嘱或者赠与合同中确定只归一方的财产；

……

《最高人民法院关于适用〈中华人民共和国民法典〉婚姻家庭编的解释（一）》第二十九条　当事人结婚前，父母为双方购置房屋出资的，该出资应当认定为对自己子女个人的赠与，但父母明确表示赠与双方的除外。

当事人结婚后，父母为双方购置房屋出资的，依照约定处理；没有约定或者约定不明确的，按照民法典第一千零六十二条第一款第四项规定的原则处理。

53. 婚前一方全款购买房屋，婚后双方签订了夫妻财产协议，约定该房屋全部归另一方所有，后出资方反悔了，请问该夫妻财产协议有效吗？

【律师解答】

按照法律规定，夫妻财产协议约定处分的财产范围，确实既可包含婚姻关系存续期间所得的财产，也可包含婚前财产。我国法律规定的夫妻财产约定制，可以约定婚姻关系存续期间所得的财产或婚前个人财产，归各自所有、共同共有，或者部分各自所有、部分共同共有，但并不包含一方将婚前个人财产全部约定为另一方所有的情形。

在这个问题中，一方婚前全款购买的房屋，应属于其婚前个人财产，夫妻双方在婚后签订协议，将一方婚前个人财产全部约定为另一方所有，本质是一方将婚前个人财产赠与另一方所有的赠与合同。因此，虽然双方签订协议的性质从名称上看属于夫妻财产约定，但从协议的内容看实际上是赠与合同。

不论是什么性质的协议，只要是双方真实的意思表示，不违反法律法规，不违背公序良俗，没有其他无效的情形，该协议本身都是有效的。但婚前或者婚后的财产约定与赠与合同还是存在本质区别的，协议属于夫妻财产约定情形时，如果没有相反证据，在夫妻离婚时，应依据协议约定的内容分割财产。但是，协议属于赠与合同时，如果房屋没有变更登记或者未对赠与合同进行公证，或者赠与合同不存在依法不得撤销的具有救灾、扶贫、助残等公益、道德义务性质，赠与一方都享有任意撤销权，有权随时撤销赠与协议。

【法律依据】

《民法典》第一千零六十五条 男女双方可以约定婚姻关系存续期间所得的财产以及婚前财产归各自所有、共同所有或者部分各自所有、部分共同所有。约定应当采用书面形式。没有约定或者约定不明确的，适用本法第一千零六十二条、第一千零六十三条的规定。

夫妻对婚姻关系存续期间所得的财产以及婚前财产的约定，对双方具有法律约束力。

夫妻对婚姻关系存续期间所得的财产约定归各自所有，夫或者妻一方对外所负的债务，相对人知道该约定的，以夫或者妻一方的个人财产清偿。

54. 婚后双方父母共同出资全款购房，房屋登记在双方名下，离婚时怎么分？

【律师解答】

该房屋系夫妻双方婚后购买，登记在双方名下，因此，该房屋为夫妻双方共同财产，这是毫无疑问的。

至于夫妻双方离婚时可以分到的房产份额，首先看双方有没有书面约定，如果有书面约定，则按照双方约定的份额进行分配。如果没有书面约定，则看房屋登记时，有无按照双方父母的出资比例登记份额，如果产权登记证书中载明了双方的房产份额，也应当视为双方对于房产份额的分配已经达成了一致意见，并将该意见体现在了产权登记证书上，夫妻双方离婚时，应当按照产权登记证书中载明的房产份额进行分割。

如果双方对于房产份额既没有书面约定，房屋产权登记证书上也没有载明按份共有的份额，则推定该房屋为夫妻双方共同共有，离婚时如无法律规定的特殊情形，则应当平均分配。

司法实践中，如果普通的财产共有人对于各自持有的房产份额没有约定或约定不明，一般会按照出资比例，推定为按份共有。但由于夫妻之间有特殊的家庭关系，按照我国法定夫妻财产制的原则，在无个人财产约定的情况下，该房产应当属于夫妻共同共有。故如果双方父母在夫妻双方购房时出资比例悬殊，则出资较高的一方就会比较吃亏，因此为避免此类纠纷，同时也考虑公平原则，还是建议提前进行约定或直接按照份额进行登记。

【法律依据】

《民法典》第三百零八条 共有人对共有的不动产或者动产没有约定为按份共有或者共同共有，或者约定不明确的，除共有人具有家庭关系等外，视为按份共有。

第三百零九条 按份共有人对共有的不动产或者动产享有的份额，没有约定或者约定不明确的，按照出资额确定；不能确定出资额的，视为等额享有。

第一千零六十二条第一款 夫妻在婚姻关系存续期间所得的下列财产，为夫妻的共同财产，归夫妻共同所有：

……

（四）继承或者受赠的财产，但是本法第一千零六十三条第三项规定的除外；

……

第一千零六十三条 下列财产为夫妻一方的个人财产：

（一）一方的婚前财产；

（二）一方因受到人身损害获得的赔偿或者补偿；

（三）遗嘱或者赠与合同中确定只归一方的财产；

……

《最高人民法院关于适用〈中华人民共和国民法典〉婚姻家庭编的解释（一）》第二十九条　当事人结婚前，父母为双方购置房屋出资的，该出资应当认定为对自己子女个人的赠与，但父母明确表示赠与双方的除外。

当事人结婚后，父母为双方购置房屋出资的，依照约定处理；没有约定或者约定不明确的，按照民法典第一千零六十二条第一款第四项规定的原则处理。

55. 都是登记在夫妻双方名下，婚前双方父母共同出资购房与婚后双方父母共同出资购房，离婚时的房产分割有区别吗?

【律师解答】

这当然是有区别的，而且区别非常大，需要特别重视。

第一，婚前父母出资为双方购房时，一般情况下认定父母的出资是对自己子女个人的赠与，除非父母明确表明或书面约定该出资是对夫妻双方的赠与。

第二，婚后父母出资为双方购房的情形则相反，一般情况下认定此时父母的出资是对夫妻双方的赠与，除非父母与夫妻之间有不同的约定，或父母明确表明该出资是对自己子女一方的赠与。

也就是说，婚前父母出资，不需要明确说明即推定为对自己子女的赠与，离婚时在没有特别说明的情况下，法院会根据父母的出资份额分割财产；婚后父母出资，如果未明确说明即推定为对双方的赠与，离婚时没有特别说明的，法院就会按照夫妻共同财产平均分配。

【法律依据】

《最高人民法院关于适用〈中华人民共和国民法典〉婚姻家庭编的解释（一）》第二十九条 当事人结婚前，父母为双方购置房屋出资的，该出资应当认定为对自己子女个人的赠与，但父母明确表示赠与双方的除外。

当事人结婚后，父母为双方购置房屋出资的，依照约定处理；没有约定或者约定不明确的，按照民法典第一千零六十二条第一款第四项规定的原则处理。

《民法典》第一千零六十二条 夫妻在婚姻关系存续期间所得的下列财产，为夫妻的共同财产，归夫妻共同所有：

……

（四）继承或者受赠的财产，但是本法第一千零六十三条第三项规定的除外；

……

第一千零六十三条 下列财产为夫妻一方的个人财产：

（一）一方的婚前财产；

（二）一方因受到人身损害获得的赔偿或者补偿；

（三）遗嘱或者赠与合同中确定只归一方的财产；

……

56. 婚后一方父母出全款购房，将房屋登记在自己子女名下，是不是对自己子女一方的赠与？离婚时另一方是否有权要求分割该房产？

【律师解答】

这个问题在《民法典》实施前后，还是存在一定区别的。

《民法典》实施前，原《最高人民法院关于适用〈中华人民共和国婚姻法〉若干问题的解释（三）》（以下简称原婚姻法司法解释三）中有明确规定，子女婚后，父母出全款购房，房屋只登记在自己子女一方名下的，应当视为对自己子女的个人赠与。但原《最高人民法院关于适用〈中华人民共和国婚姻法〉若干问题的解释（二）》（以下简称原婚姻法司法解释二）却规定，子女婚后父母出资购房的，该出资应当认定为对夫妻双方的赠与，除非父母明确表示只赠与一方。比较原婚姻法司法解释二和原婚姻法司法解释三的内容可知，原婚姻法司法解释三实际上将产权只登记在自己子女一方，视为父母将房产只赠与一方的一种明确表示。

《民法典》实施后，《最高人民法院关于适用〈中华人民共和国民法典〉婚姻家庭编的解释（一）》明确规定，对于婚后父母出资购房的情形，有约定的，依照约定处理；没有约定或者约定不明确的，推定为对夫妻双方的共同赠与。但是，如果父母在遗嘱或赠与合同中明确只赠与一方，属于对夫妻一方的单方赠与。

目前司法实践中，如没有其他特殊情形，法院在处理此类案件时，一般会认为一方父母出全款为子女购房，且将房屋登记在自己子女名下的，实际上也是明确表明只赠与自己子女的一种意思表示形式，故该类房产应当认定为父母出资一方的个人财产，另一方无权要求分割。

为了避免争议，法律不再鼓励父母出资时含糊不清、犹抱琵琶半遮面，而是鼓励当事人在行为时即明确表明自己的真实意思，建议各方当事人对出资性质明确约定。

【法律依据】

《最高人民法院关于适用〈中华人民共和国民法典〉婚姻家庭编的解释（一）》第二十九条　当事人结婚前，父母为双方购置房屋出资的，该出资应当认定为对自己子女个人的赠与，但父母明确表示赠与双方的除外。

当事人结婚后，父母为双方购置房屋出资的，依照约定处理；没有约定或者约定不明确的，按照民法典第一千零六十二条第一款第四项规定的原则处理。

《民法典》第一千零六十二条第一款 夫妻在婚姻关系存续期间所得的下列财产，为夫妻的共同财产，归夫妻共同所有：

（一）工资、奖金、劳务报酬；

（二）生产、经营、投资的收益；

（三）知识产权的收益；

（四）继承或者受赠的财产，但是本法第一千零六十三条第三项规定的除外；

（五）其他应当归共同所有的财产。

第一千零六十三条 下列财产为夫妻一方的个人财产：

（一）一方的婚前财产；

（二）一方因受到人身损害获得的赔偿或者补偿；

（三）遗嘱或者赠与合同中确定只归一方的财产；

……

57. 婚后参加房改使用一方工龄购买的房屋，产权登记在一方名下和产权登记在双方名下，离婚时分房子的时候有区别吗？

【律师解答】

房改房属于计划经济时期国家政策性福利分房，具有补偿性、价格低廉性等特点。使用配偶一方的工龄购房的，是对原有承租权的承袭和转化，原《国务院关于深化城镇住房制度改革的决定》中有规定，此类优惠政策，一个家庭只能享受一次，也就是说房改房的优惠是指向家庭的，而不是只针对有工龄的一方，因此无论此类房屋无论购买后登记在一方名下还是登记在双方名下，对其属于夫妻共同财产的性质是没有影响的。

那么离婚时，被使用工龄的一方是否可以多分财产呢？这在司法实践中存在争议，目前尚没有法律对此予以明确规定。实务中，有的法院在判决时认为，夫妻双方离婚时，要结合被使用工龄一方的贡献度，工龄折算的财产价值等因素进行分割。但是，由于没有明确的法律规定，我们国家也不属于判例法国家，因此即使存在此类案例，由于不同的案件中事实不同，争议焦点也不同，未必会产生相同的判决结果。因此，即便在购买房改房时使用了一方的工龄，离婚时也不一定会分到更多的房产份额。

当然，由于房改房牵扯很多政策性问题，而且每个地方的政策可能也存在差别，因此在判定房改房的具体权属和分割份额时，也要考虑法律规定与当地政策性文件的衔接问题，综合判定。

【法律依据】

《最高人民法院关于适用〈中华人民共和国民法典〉时间效力的若干规定》第一条第二款　民法典施行前的法律事实引起的民事纠纷案件，适用当时的法律、司法解释的规定，但是法律、司法解释另有规定的除外。

58. 夫妻一方死亡后，另一方购买了死者生前单位的房改房并留下遗嘱，将房屋留给了一个子女。该房产权属和遗嘱效力如何认定？

【律师解答】

对于此类房屋的权属，住房和城乡建设部（以下简称住建部）曾经有一个复函，认为此类房屋是一方使用了另一方生前的工龄购买的，应当属于夫妻共同财产，而不属于一方的个人财产。而最高人民法院也出台了一个复函，关于一方在享受本人工龄和已死亡配偶生前工龄优惠后所购公房是否属于夫妻共同财产的问题，认为这类房屋属于健在一方的个人财产，除非购房款使用的是夫妻共同财产。而北京市高级人民法院也曾在发布的《北京市高级人民法院关于审理继承纠纷案件若干疑难问题的解答》中认为该类房屋属于夫妻共同财产，只不过应该按份共有。目前，住建部和最高人民法院的两个复函都已经废止。

对于此类房产的权属，《民法典》仍然没有明确的规定，但结合上述文件的内容以及房改政策的精神，现在通说认为，该房屋应属于双方的夫妻共同财产。一方死亡后，另一方在自己的遗嘱中处分了死者的遗产，处分他人财产的遗嘱应当是无效的，在先死亡的一方没有遗嘱的前提下，先死亡一方的财产应当作为遗产按照法定继承处理。

【法律依据】

《北京市高级人民法院关于审理继承纠纷案件若干疑难问题的解答》第六条 被继承人购买公房时根据工龄政策福利，使用已死亡配偶工龄折抵房款的，所获工龄政策福利能否折算后作为遗产分割？

按成本价或标准价购买公房时，依国家有关政策折算已死亡配偶一方工龄而获得政策性福利的，该政策性福利所对应财产价值的个人部分应作为已死亡配偶的遗产予以继承。

该政策性福利所对应的财产价值计算参考公式：（已死亡配偶工龄对应财产价值的个人部分÷购买公房时房屋市值）×房屋现值。

59. 一方死亡后，另一方使用了死亡配偶生前工龄，在自己再婚后购买了死者生前单位的房改房，该房产中是否有现任配偶的份额？其与现任配偶离婚时应该如何分割？

【律师解答】

关于一方死亡后，另一方再婚后再使用死者生前的工龄购买的房改房，该再婚方的现任配偶是否有房产份额取决于该房产在支付购房款时，使用的财产是健在一方的婚前个人财产还是再婚后与现任配偶的夫妻共同财产。

如果有证据证明购房款全部来自健在一方的婚前财产，则该房产与现任配偶没有任何关系，现任配偶离婚时也无权要求分割该房产。否则，由于该房产是在现任配偶与健在一方婚姻关系存续期间取得的，且使用了夫妻共同财产购买，理应属于两人的夫妻共同财产。二人离婚时，现任配偶也有权分得相应的房产份额。

【法律依据】

《民法典》第一千零六十二条第一款　夫妻在婚姻关系存续期间所得的下列财产，为夫妻的共同财产，归夫妻共同所有：

（一）工资、奖金、劳务报酬；

（二）生产、经营、投资的收益；

（三）知识产权的收益；

（四）继承或者受赠的财产，但是本法第一千零六十三条第三项规定的除外；

（五）其他应当归共同所有的财产。

《北京市高级人民法院关于审理继承纠纷案件若干疑难问题的解答》第六条 被继承人购买公房时根据工龄政策福利，使用已死亡配偶工龄折抵房款的，所获工龄政策福利能否折算后作为遗产分割？

按成本价或标准价购买公房时，依国家有关政策折算已死亡配偶一方工龄而获得政策性福利的，该政策性福利所对应财产价值的个人部分应作为已死亡配偶的遗产予以继承。

该政策性福利所对应的财产价值计算参考公式：（已死亡配偶工龄对应财产价值的个人部分÷购买公房时房屋市值）×房屋现值。

60. 婚后购买的房屋，登记在男方一人名下，离婚时未对该房屋进行分割。现在男方将房屋出售了，女方有权追回房产后再进行分割吗?

【律师解答】

该房屋是男女双方在婚姻关系存续期间购买的，即便登记在男方一人名下，根据我国法律规定，该房屋也应当属于夫妻共同财产。虽然男女双方离婚时未分割该处房屋，但该房屋仍然属于双方共同共有的财产，一方未经另一方同意，不得擅自处分共同共有的财产。所以本问题中，男方没有征得女方同意而擅自将共有的房屋出售，直接损害了女方的合法权益。

那么，女方的权益该如何救济呢？男方出售房屋的行为是否一定无效？这得根据购买房屋的第三人是否善意而进行不同的处理。

第一，因房屋产权只登记在男方一人名下，如果男方出售房屋时，第三人主观上是善意的，不知道该房屋是夫妻共同财产，通过中介机构或者未通过中介机构但都是以合理的市场价值确定的购房价格，而且已经办理了房屋产权过户登记手续，那么这种情形下第三人构成善意取得，该房屋属于第三人所有，女方无权追回房屋。女方只能要求男方按照擅自处分的房产价值赔偿经济损失。

第二，如果男方在出售房屋时，购买房屋的第三人明知道该房屋是男方离婚时未分割的共同财产，仍然与男方恶意串通签订房屋买卖合同，或者以不合理的价格确定房屋转让款，即便男方与第三人办理了房屋产权过户手续，第三人也不构成善意取得，女方作为共同共有房屋的所有权人，有权依法追回房屋，之后再按照离婚后财产纠纷对房屋进行分割处理。

【法律依据】

《民法典》第一百五十四条　行为人与相对人恶意串通，损害他人合法权益的民事法律行为无效。

第三百一十一条　无处分权人将不动产或者动产转让给受让人的，所有权人有权追回；除法律另有规定外，符合下列情形的，受让人取得该不动产或者动产的所有权：

（一）受让人受让该不动产或者动产时是善意；

（二）以合理的价格转让；

（三）转让的不动产或者动产依照法律规定应当登记的已经登记，不需要登记的已经交付给受让人。

受让人依据前款规定取得不动产或者动产的所有权的，原所有权人有权向无处分权人请求损害赔偿。

当事人善意取得其他物权的，参照适用前两款规定。

《最高人民法院关于适用〈中华人民共和国民法典〉婚姻家庭编的解释（一）》第二十八条第一款 一方未经另一方同意出售夫妻共同所有的房屋，第三人善意购买、支付合理对价并已办理不动产登记，另一方主张追回该房屋的，人民法院不予支持。

61. 一方婚前在宅基地上自建房屋，婚后拆迁补偿时取得安置房且产权登记在自己名下，离婚时另一方可以分吗?

【律师解答】

房屋拆迁安置补偿政策各地有所不同，一般有三种补偿方式：

第一种是拆迁人向被拆迁人支付拆迁补偿款，被拆迁人用这个补偿款再购买安置房，安置房的面积按照房屋面积的一定比例配售，也会给共同居住人每人一定面积的安置房购买指标。

第二种是产权调换，根据被拆迁房原有面积和位置调换另一面积和位置的房屋，可能有差价，也可能没有差价。

第三种是拆迁人向被拆迁人支付补偿款，将被拆迁房屋进行市场评估，根据确定的价格直接进行货币补偿，被拆迁人获得补偿款后自行购置商品房。

上述不同的房屋拆迁安置补偿政策会影响离婚时另一方是否有权分割房产以及分得财产的份额。

第一种情形下，再购买的安置房除了原房屋面积的配售面积，又加上了共同居住人的面积指标，则所购置的房屋中就应有共同居住人的份额；如果同时还补了差价，且差价也是使用了夫妻共同财产支付的，则该房屋更加确定属于夫妻共同财产，另一方在离婚时有权分割。

第二种情形下，如果只是原房屋的置换，则仍是一方个人财产的转换形式，另一方无权要求分割。如果存在补差价的情形，也要看所补差价是用一方个人财产支付还是夫妻共同财产支付的。如果是使用夫妻共同财产支付了差价款，则另一方可以要求分割所补差价对应的价款份额。

第三种情形下，如果重新购置的商品房使用的购房款正好等于拆迁补偿款，这属于婚前个人财产的形式转化，仍然属于一方的个人财产；如果增添了夫妻共同财产用于购置新的商品房，该新购置房屋属于夫妻共同财产，但离婚时应当参照双方对该房屋的出资比例进行分割，具体情形具体分析。

【法律依据】

《民法典》第一千零六十二条第一款　夫妻在婚姻关系存续期间所得的下列财产，为夫妻的共同财产，归夫妻共同所有：

（一）工资、奖金、劳务报酬；

（二）生产、经营、投资的收益；

（三）知识产权的收益；

（四）继承或者受赠的财产，但是本法第一千零六十三条第三项规定的除外；

（五）其他应当归共同所有的财产。

第一千零六十三条　下列财产为夫妻一方的个人财产：

（一）一方的婚前财产；

（二）一方因受到人身损害获得的赔偿或者补偿；

（三）遗嘱或者赠与合同中确定只归一方的财产；

（四）一方专用的生活用品；

（五）其他应当归一方的财产。

62. 离婚时二人因尚未取得房屋所有权而未分割房产，取得孩子抚养权的一方，为了孩子上学方便，能带着孩子继续在该房屋中居住生活吗？

【律师解答】

居住权是《民法典》新创设的内容，法律规定居住权人按照合同约定，有权对他人的住宅享有占有、使用的用益物权，以满足生活居住的需要。实践中除了合同约定也可以依据法律文书来设立居住权。由于这项制度是比较新的制度，因此在理解和使用这项权利时，一定要注意以下几个方面：

第一，居住权属于用益物权，房屋所有权不属于居住权人，仅是为了满足居住权人的生活居住需要而设立的权利。第二，居住权如果是通过合同设立的，则应当采用书面方式，同时由于居住权属于不动产物权，设立时还应该进行登记。第三，居住权是对他人住宅享有的权利，主要集中在离婚、继承、赡养以及涉公产住房、投资性住房纠纷等相关社会生活领域，目的是保障弱势群体“住有所居”。第四，居住权人虽然享有用益物权，但是在婚姻家庭领域，应结合“以满足生活居住的需要”作限缩性解释，即居住权人对标的物住宅的占有、使用不能超出居住的范畴。如使用住宅用于经营而不是用来居住生活，则一般不会得到法院的支持。

综合上述分析，本案中，取得孩子抚养权的一方，如果没有其他住处，为了保障孩子有一个稳定的生活环境，可以与另一方协商约定设立居住权或者请求法院判决继续居住一定的时间。

【法律依据】

《民法典》第三百六十六条　居住权人有权按照合同约定，对他人的住宅享有占有、使用的用益物权，以满足生活居住的需要。

63. 婚前双方各有一套小房子，婚后都卖掉了，双方用卖房的钱新购买了一套大房子，登记在夫妻双方名下，离婚时怎么分割？

【律师解答】

首先我们可以明确，无论个人婚前财产在婚后形态如何转化，如由婚前货币财产转化为婚后固定财产，还是由婚前固定财产转化为婚后货币财产，其财产性质是不变的，仍应被认定为个人财产，也就是说婚前房产即使婚后卖了，所得钱款仍是婚前个人财产。用婚前存款所购得的房屋，只要登记在自己一方名下，即使婚后购房，该房屋也应是个人财产。

本问题中，两人将各自的婚前个人财产转换来的钱款加在一起购得的房屋，属于夫妻双方共同财产，但由于该财产的出资是由两人婚前个人财产分别支付的，因此离婚分割时，法院也会考虑出资比例，进行公平分割。

实践中，仅有一方卖掉了自己的婚前房产，又加上一部分夫妻共同存款新购房屋的情形也非常常见，夫妻双方离婚时，法院也会考虑双方出资来源和出资的比例进行分割。

如果本案中双方所卖得的房款相差无几，且又加了一部分夫妻共同存款购得新房子，法院也可能会不再区分份额，而直接按照夫妻共同财产相关法律规定处理。

【法律依据】

《最高人民法院关于适用〈中华人民共和国民法典〉婚姻家庭编的解释（一）》第三十一条 民法典第一千零六十三条规定为夫妻一方的个人财产，不因婚姻关系的延续而转化为夫妻共同财产。但当事人另有约定的除外。

《民法典》第一千零六十二条第一款 夫妻在婚姻关系存续期间所得的下列财产，为夫妻的共同财产，归夫妻共同所有：

（一）工资、奖金、劳务报酬；

（二）生产、经营、投资的收益；

（三）知识产权的收益；

（四）继承或者受赠的财产，但是本法第一千零六十三条第三项规定的除外；

（五）其他应当归共同所有的财产。

64. 婚前双方共同出资支付首付款购买房屋，登记在一人名下，后双方没有登记结婚，非房产登记方的出资款还能要回来吗？其有权利要求分割房产吗？

【律师解答】

婚前由双方共同出资支付首付款购房，在实践中主要有两种情形：（1）双方分别支付部分首付款至房地产开发商银行账户。（2）一方将款项支付给签订合同一方，由签订合同一方向房地产开发商支付首付款。

由于签订商品房买卖合同时双方没有登记结婚，房屋在办理产权证书时也只会登记在合同签订一方名下，关于双方的法律关系，司法实践中，结合案件的具体情况通常主要有以下三种观点：

一是认为男女双方之间构成借贷关系，由房产登记一方（以下简称登记方）向非房产登记一方（以下简称非登记方）返还首付款出资。二是认为男女双方之间构成赠与关系，登记方无须向非登记方返还首付款出资。三是认为男女双方构成对房屋的共同出资。

在上述三种观点中，非登记方的出资款能否要回？其是否有权分割房产呢？

第一，对于前两种观点，非登记方无权要求分割房屋在认定为借贷关系的情形下，非登记方当然可以要求登记方返还出资款；在认定为赠与关系的情形下，法院一般会认定为双方之间是以结婚为目的的赠与，因为双方没有结婚，非登记方的赠与目的无法实现，非登记方可以撤销赠与并要求登记方返还款项。

这里需要提醒的是，证明赠与是以结婚为目的的责任应由主张方承担。主张方需要证明：

（1）双方存在恋爱关系，且双方有缔结婚姻关系的合意；

（2）该赠与行为真实发生；

（3）该赠与是附解除条件的赠与。

证明恋爱关系较后两者要容易，但通常主张方没有直接证据证明赠与行为附上了没有缔结婚姻即解除的条件，因此需要多个间接证据形成一个完整的证据链来证明。在认定赠与方具有结婚目的后，则可以推定该赠与合同以不能结婚为解除条件。由此，若双方最终缔结婚姻，赠与行为保持其原有效力；若双方最终未能缔结婚姻，赠与行为失效，受赠人应返还受赠财物。

第二，对于第三种观点，因为男女双方没有办理结婚登记，不存在夫妻共同共有或者家庭共同共有的基础，该房产一般可按照出资比例确定归双方按份共有，由取得产权的一方向另一方支付折价补偿款。

【法律依据】

《民法典》第一百五十八条 民事法律行为可以附条件，但是根据其性质不得附条件的除外。附生效条件的民事法律行为，自条件成就时生效。附解除条件的民事法律行为，自条件成就时失效。

《深圳市中级人民法院关于审理婚姻家庭纠纷案件的裁判指引》第二十五条 夫妻一方在婚前购买房产并登记在该方名下，另一方主张其在买房时亦有出资且婚前买房目的即为结婚共同居住，如果并无充分证据显示有关款项属于借款或者赠与等其他性质，人民法院应当认定双方按照各自的出资比例共有房产。

65. 夫妻婚后共同出资购买的房屋，登记在一方名下，现该房屋已经具备了办理产权登记证书的条件，但登记方迟迟不办理产权证书，另一方在起诉离婚时可以要求分割该房产吗？

【律师解答】

该房产是在夫妻双方婚姻关系存续期间购买的，无论登记在哪一方的名下，除有特殊约定外，都应认定为夫妻共同财产。但如果没有办理产权登记，实际上属于没有取得所有权或者完全所有权的情形。

从程序权利上看，一方有权要求分割该房屋，在双方调解时对房屋权属协商一致，可以通过调解书确认房屋归属，对房产进行分割。如果双方无法达成一致调解不成，法院在面对一方要求分割该房产的诉讼请求时，一般不会对房屋的权属和份额作出处理，而是告知当事人在该房屋取得完全产权后另行主张。

不过，由于房屋的所有权和用益物权相互独立，法院可以对该房屋的使用权进行判决，判决由一方暂时使用，在办理产权登记手续后再对产权进行分割。

【法律依据】

《民法典》第一千零七十九条第一款、第二款　夫妻一方要求离婚的，可以由有关组织进行调解或者直接向人民法院提起离婚诉讼。

人民法院审理离婚案件，应当进行调解；如果感情确已破裂，调解无效的，应当准予离婚。

《最高人民法院关于适用〈中华人民共和国民法典〉婚姻家庭编的解释（一）》第七十七条　离婚时双方对尚未取得所有权或者尚未取得完全所有权的房屋有争议且协商不成的，人民法院不宜判决房屋所有权的归属，应当根据实际情况判决由当事人使用。

当事人就前款规定的房屋取得完全所有权后，有争议的，可以另行向人民法院提起诉讼。

66. 诉讼离婚时，双方对于应当分割的房产价值无法达成一致意见，如何处理？

【律师解答】

对于这个问题，需要区分不同情形分别处理：

第一种情形：如果双方都想要房子，并且都同意竞价，人民法院应当准许，由出价高的一方获得房屋的所有权，并给另一方相应的价值补偿。这种由双方竞价、价高者得房屋的情形有两个必要的前提条件，一个条件是双方都想要获得房子的所有权，另一个条件是双方均同意竞价。相反，如果仅仅是双方都想要房子，但是有一方不同意竞价，则只能采用下述第二种分割方式。

第二种情形：如果只有一方想要房子，另一方虽然不想要争议房产，但是对于想要房子一方所出的价款不认同，或者双方都想要房子，但一方不同意竞价，此时法院想要判决房屋的所有权，则需要先委托第三方专业评估机构，对房屋的价值进行评估，从而确定房屋现有的价值，判决由获得房屋所有权的一方给另一方相应的价值补偿。

第三种情形：夫妻双方都不想要房子，则需要单方或共同申请法院对房屋进行拍卖或者变卖，就所得价款再按夫妻共同财产的相关法律规定进行分割。

【法律依据】

《最高人民法院关于适用〈中华人民共和国民法典〉婚姻家庭编的解释（一）》第七十六条 双方对夫妻共同财产中的房屋价值及归属无法达成协议时，人民法院按以下情形分别处理：

（一）双方均主张房屋所有权并且同意竞价取得的，应当准许；

（二）一方主张房屋所有权的，由评估机构按市场价格对房屋作出评估，取得房屋所有权的一方应当给予另一方相应的补偿；

（三）双方均不主张房屋所有权的，根据当事人的申请拍卖、变卖房屋，就所得价款进行分割。

67. 离婚诉讼中，夫妻双方都不想要房屋，需要申请拍卖或变卖房屋，请问拍卖和变卖的区别是什么？

【律师解答】

在离婚诉讼过程中，如果夫妻双方都不主张房屋的所有权，则需要向法院申请依法对涉案房产进行拍卖、变卖，就所得价款进行分割。

拍卖主要是按照《拍卖法》的相关规定，对所拍卖的房屋评估确定底价后，再竞价，价高者取得房屋所有权。变卖一般是拍卖没有卖出去的房屋，由当事人申请，法院可以直接变卖或委托商家变卖，变卖用通俗语言解释一下，就是卖。两者主要区别有以下几点：

第一点是程序不同，拍卖必须先公告，并通知有关人员到场参与拍卖，变卖则不需要。

第二点是期限不同，拍卖对时间要求严格，从公告期到具体拍卖的时间，都有明确的期限规定；而变卖一般没有明确的时间限制。

第三点是确定房产价值的方法不同，拍卖时须对拍卖房产进行估价，确定底价，然后通过竞价确定拍卖房产的价值；变卖只是将评估价或市场价作为参考。

第四点是形式不同，拍卖一般公开进行，以竞争的方式当场成交，而变卖则可直接交商业部门收购或代为出售。

第五点是标的物的范围不同，拍卖的物品既适用于动产又适用于不动产；既适用于一般的财产，也适用于具有特殊价值的财产。但对不动产的变卖和具有特殊价值财产的变卖，大多数国家对其作出了一定的限制，也就是有些财产只能拍卖不能变卖。因此，拍卖的适用范围比变卖更广。

【法律依据】

《最高人民法院关于适用〈中华人民共和国民法典〉婚姻家庭编的解释（一）》第七十六条　双方对夫妻共同财产中的房屋价值及归属无法达成协议时，人民法院按以下情形分别处理：

（一）双方均主张房屋所有权并且同意竞价取得的，应当准许；

（二）一方主张房屋所有权的，由评估机构按市场价格对房屋作出评估，取得房屋所有权的一方应当给予另一方相应的补偿；

（三）双方均不主张房屋所有权的，根据当事人的申请拍卖、变卖房屋，就所得价款进行分割。

《拍卖法》第三条 拍卖是指以公开竞价的形式，将特定物品或者财产权利转让给最高应价者的买卖方式。

68. 双方离婚诉讼期间，一方父母去世，留下房产，另一方可以在离婚诉讼中改变诉讼请求，要求分割该房产吗？

【律师解答】

夫妻双方离婚诉讼过程中，一方父母去世了，自其父母死亡的那一刻起，继承就已经开始了。按照相关法律规定，在婚姻关系存续期间，一方继承或受赠的财产，原则上属于夫妻共同财产。除非遗嘱或赠与合同中确定只赠与一方。

因此，理论上另一方可以要求分割该房屋。但是《民法典》同时还规定，继承人依法可以继承的遗产，在继承人之间尚未实际分割，起诉离婚时另一方请求分割的，人民法院应当告知当事人在继承人之间实际分割遗产后另行起诉。

也就是说，如果一方是其父母的唯一的法定继承人或其父母立遗嘱将房产留给了该方当事人，且在遗嘱中没有确定该房屋只归自己一方子女的，则不存在继承人之间实际分割的前提，另一方可以要求分割。如果存在多个继承人，继承人一方未实际分割遗产时，另一方的诉讼请求会被法院驳回，只能等继承人之间实际分割遗产后另行起诉。

【法律依据】

《民法典》第一千零六十二条　夫妻在婚姻关系存续期间所得的下列财产，为夫妻的共同财产，归夫妻共同所有：

（一）工资、奖金、劳务报酬；

（二）生产、经营、投资的收益；

（三）知识产权的收益；

（四）继承或者受赠的财产，但是本法第一千零六十三条第三项规定的除外；

（五）其他应当归共同所有的财产。

夫妻对共同财产，有平等的处理权。

《最高人民法院关于适用〈中华人民共和国民法典〉婚姻家庭编的解释（一）》第八十一条　婚姻关系存续期间，夫妻一方作为继承人依法可以继承的遗产，在继承人之间尚未实际分割，起诉离婚时另一方请求分割的，人民法院应当告知当事人在继承人之间实际分割遗产后另行起诉。

69. 自己既是投保人，也是被保险人，婚前缴纳完了全部保费，婚后该保险对应的现金价值及生存金是婚前个人财产还是夫妻共同财产？双方离婚时，另一方有权要求分割吗？

【律师解答】

自己既是投保人，也是被保险人的保单，婚前缴纳完全部保费的，婚后保单的现金价值及其增值部分一般认定为婚前个人财产及其自然增值，为自己一方的个人财产，另一方无权要求分割。

但是如果该保单有生存金（这里所讲的生存金的概念是按照

保险合同约定生存到一定年限给付给被保险人的金额，包括年金保险、两全保险等）。在没有特别约定的情况下，婚姻关系存续期间领取的生存金在理论上属于一方个人财产婚后产生的收益，依法应认定为夫妻共同财产；既然是夫妻共同财产，离婚时另一方当然可以要求分割。

【法律依据】

《最高人民法院关于适用〈中华人民共和国民法典〉婚姻家庭编的解释（一）》第二十五条 婚姻关系存续期间，下列财产属于民法典第一千零六十二条规定的“其他应当归共同所有的财产”：

（一）一方以个人财产投资取得的收益；

（二）男女双方实际取得或者应当取得的住房补贴、住房公积金；

（三）男女双方实际取得或者应当取得的基本养老金、破产安置补偿费。

第二十六条 夫妻一方个人财产在婚后产生的收益，除孳息和自然增值外，应认定为夫妻共同财产。

《第八次全国法院民事商事审判工作会议（民事部分）纪要》第五条第二款 婚姻关系存续期间，夫妻一方依据以生存到一定年龄为给付条件的具有现金价值的保险合同获得的保险金，宜认定为夫妻共同财产，但双方另有约定的除外。

70. 自己既是投保人，也是被保险人，婚前缴纳了部分保费，婚后用夫妻共同财产缴纳保费和使用个人财产缴纳保费的现金价值的归属有何区别？

【律师解答】

自己作为保单的投保人和被保险人，婚前未缴纳完保费，婚后用夫妻共同财产继续缴纳余期保费，婚后用夫妻共同财产缴纳的保费对应的现金价值及其增值部分为夫妻共同财产；离婚诉讼中，一方请求法院调取配偶名下保单中离婚时现金价值的，保险公司一般提供的是当年年度现金价值，那么结婚时保单的现金价值可以参照保险合同中现金价值一览表确定。在离婚诉讼中，另一方就婚后用夫妻共同财产所缴纳保费对应的现金价值及其增值部分有权要求依法分割。

如果婚后是用个人财产继续缴纳保费，由于全部保费来源是其婚前个人财产，其现金价值及增值应认定为个人财产，另一方无权要求分割。

【法律依据】

《民法典》第一千零六十二条第一款　夫妻在婚姻关系存续期间所得的下列财产，为夫妻的共同财产，归夫妻共同所有：

（一）工资、奖金、劳务报酬；

（二）生产、经营、投资的收益；

（三）知识产权的收益；

（四）继承或者受赠的财产，但是本法第一千零六十三条第三项规定的除外；

（五）其他应当归共同所有的财产。

《最高人民法院关于适用〈中华人民共和国民法典〉婚姻家庭编的解释（一）》第二十六条　夫妻一方个人财产在婚后产生的收益，除孳息和自然增值外，应认定为夫妻共同财产。

第三十一条　民法典第一千零六十三条规定为夫妻一方的个人财产，不因婚姻关系的延续而转化为夫妻共同财产。但当事人另有约定的除外。

71. 夫妻一方父亲或母亲是投保人，其为被保险人，在父母身故后，其申请变更为新的投保人，该保单现金价值的归属于谁？

【律师解答】

父母当投保人的保单，现金价值及其增值归属于父母；父母去世后，保单的现金价值成为遗产。如果父母死亡有先后顺序，则应在一方死亡后先进行继承分割析产，属于死亡一方的现金价值开始发生继承，如果该继承发生在子女的婚姻关系存续期间，在没有遗嘱明确该保单对应的财产权益只归自己子女一方的情况下，该保单对应的财产权益成为夫妻共同财产。

目前，很多保险公司推出了第二投保人功能，即原投保人可以与保险公司约定，在自己身故后，由另一个人担任该保单新的投保人，这个人就是第二投保人。但需要具备以下条件：

首先，新的投保人需要与被保险人具有保险利益。

其次，新的投保人可以不经继承权公证程序，按照事前原投保人与保险公司的约定申请变更自己成为新的投保人（具体可见保险公司关于第二投保人规则的条款）。

但是，如果保险公司的第二投保人规则本身及其他任何辅助资料都未能明确该保单项下的现金价值及各项权益为第二投保人的个人财产，那么，我们认为新的投保人获得的原投保人的各项财产权益应该是新投保人的夫妻共同财产。

所以，即便有第二投保人规则，也需要遗嘱来明确该保单项下包括现金价值等所有权益是第二投保人的个人财产。否则，离婚时，该保单的现金价值应作为其夫妻共同财产分割。

【法律依据】

《民法典》第一千零六十二条　夫妻在婚姻关系存续期间所得的下列财产，为夫妻的共同财产，归夫妻共同所有：

（一）工资、奖金、劳务报酬；

（二）生产、经营、投资的收益；

（三）知识产权的收益；

（四）继承或者受赠的财产，但是本法第一千零六十三条第三项规定的除外；

（五）其他应当归共同所有的财产。

夫妻对共同财产，有平等的处理权。

第一千零六十三条　下列财产为夫妻一方的个人财产：

（一）一方的婚前财产；

（二）一方因受到人身损害获得的赔偿或者补偿；

（三）遗嘱或者赠与合同中确定只归一方的财产；

（四）一方专用的生活用品；

（五）其他应当归一方的财产。

72. 夫妻一方父或母作为被保险人，父或母死亡后该方依据保险合同领取的保险金归属如何？离婚时另一方是否有权要求分割？

【律师解答】

关于夫妻一方父或母作为被保险人，父母去世后子女领取的保险金是否分割，主要有以下两种情况：

第一，指定了子女当身故金的受益人，这种情况下子女领取的父母的身故保险金具有较强的人身属性。按照最高人民法院的意见，在指定了受益人且该指定有效的情况下，该保险金不作为被保险人的遗产，宜作为子女的个人财产。

第二，保单指定了受益人，但是出现了《保险法》第四十二条及相关司法解释规定的几种保险金作为被保险人遗产的情形，子女领取的保险金的性质就是遗产，如果是遗产，按照《民法典》第一千零六十二条和第一千零六十三条的规定，有遗嘱且明确归子女个人所有而不作为夫妻共同财产的情况下为个人财产，在离婚时不予分割；如果没有遗嘱进行明确，那么就属于子女夫妻共同财产，在离婚时应当予以分割。

【法律依据】

《民法典》第一千零六十二条第一款 夫妻在婚姻关系存续期间所得的下列财产，为夫妻的共同财产，归夫妻共同所有：

（一）工资、奖金、劳务报酬；

（二）生产、经营、投资的收益；

（三）知识产权的收益；

（四）继承或者受赠的财产，但是本法第一千零六十三条第三项规定的除外；

（五）其他应当归共同所有的财产。

第一千零六十三条 下列财产为夫妻一方的个人财产：

（一）一方的婚前财产；

（二）一方因受到人身损害获得的赔偿或者补偿；

（三）遗嘱或者赠与合同中确定只归一方的财产；

（四）一方专用的生活用品；

（五）其他应当归一方的财产。

《第八次全国法院民事商事审判工作会议（民事部分）纪要》

5. 婚姻关系存续期间，夫妻一方作为被保险人依据意外伤害保险合同、健康保险合同获得的具有人身性质的保险金，或者夫妻一方作为受益人依据以死亡为给付条件的人寿保险合同获得的保险金，宜认定为个人财产，但双方另有约定的除外……

《保险法》第四十二条　被保险人死亡后，有下列情形之一的，保险金作为被保险人的遗产，由保险人依照《中华人民共和国继承法》的规定履行给付保险金的义务：

（一）没有指定受益人，或者受益人指定不明无法确定的；

（二）受益人先于被保险人死亡，没有其他受益人的；

（三）受益人依法丧失受益权或者放弃受益权，没有其他受益人的。

受益人与被保险人在同一事件中死亡，且不能确定死亡先后顺序的，推定受益人死亡在先。

《最高人民法院关于适用〈中华人民共和国保险法〉若干问题的解释（三）》第九条　投保人指定受益人未经被保险人同意的，人民法院应认定指定行为无效。

当事人对保险合同约定的受益人存在争议，除投保人、被保险人在保险合同之外另有约定外，按以下情形分别处理：

（一）受益人约定为“法定”或者“法定继承人”的，以民法典规定的法定继承人为受益人；

（二）受益人仅约定为身份关系，投保人与被保险人为同一主体时，根据保险事故发生时与被保险人的身份关系确定受益人；投保人与被保险人为不同主体时，根据保险合同成立时与被保险人的身份关系确定受益人；

（三）约定的受益人包括姓名和身份关系，保险事故发生时身份关系发生变化的，认定为未指定受益人。

73. 一方结婚前的银行存款婚后产生的利息，是否属于夫妻共同财产？

【律师解答】

银行存款系夫妻共同财产中的主要类型，夫妻离婚时对于银行存款的分割也涉及众多问题，其中的一个问题就是一方结婚前的银行存款在婚后产生的利息，是否属于夫妻共同财产。

关于婚前个人财产在婚后产生的收益，可以分为两类：孳息和投资收益。孳息又包括天然孳息和法定孳息：天然孳息是指通过自然规律而产生的收益，而法定孳息则是因法律规定而产生的收益。孳息与投资收益相比最突出的特性在于孳息具有“定期性”，即通常按法律的规定或法律关系即可定期获得收益。往往孳息也不需要行为人有任何积极的行为，如管理、操作。

综上可知，如夫妻一方用其婚前的银行存款投资于公司或企业所产生的收益，是在婚姻关系存续期间取得的，该公司或企业的经营产生的利润如股权分红等，应为夫妻双方共同所有。而婚前存款在婚后取得的利息属于法定孳息，虽然取得时间在婚姻关系存续期间，但仍应属于夫妻一方的个人财产。

【法律依据】

《民法典》第一千零六十二条 夫妻在婚姻关系存续期间所得的下列财产，为夫妻的共同财产，归夫妻共同所有：

（一）工资、奖金、劳务报酬；

（二）生产、经营、投资的收益；

（三）知识产权的收益；

（四）继承或者受赠的财产，但是本法第一千零六十三条第三项规定的除外；

（五）其他应当归共同所有的财产。

夫妻对共同财产，有平等的处理权。

第一千零六十三条　下列财产为夫妻一方的个人财产：

（一）一方的婚前财产；

（二）一方因受到人身损害获得的赔偿或者补偿；

（三）遗嘱或者赠与合同中确定只归一方的财产；

（四）一方专用的生活用品；

（五）其他应当归一方的财产。

《最高人民法院关于适用〈中华人民共和国民法典〉婚姻家庭编的解释（一）》第二十六条　夫妻一方个人财产在婚后产生的收益，除孳息和自然增值外，应认定为夫妻共同财产。

74. 双方在离婚协议中约定，各自名下的银行存款归各自所有，会有哪些法律后果？

【律师解答】

在我们接触过的离婚协议中，有很多协议对于银行存款的处理往往约定为：各自名下的存款归各自所有。那么，这样的约定是否完善？会产生哪些法律后果呢？

简单来说，这样的约定对于当事人来说有利有弊。

这样约定的好处，在于约定内容简单、省心，而且对于名下存款较多的一方有利。

这样约定的不利之处，在于日后很难再要求对另一方的银行存款进行分割。也就是说，如果一方还有对方不知道的银行存款，这样约定后，即使离婚后一方又得知对方还有其他离婚时未发现的银行存款，因难以对当时签协议时并不知道对方有其他存款的事实进行举证，在离婚后，非持有存款一方将很难再要求分割。毕竟，其在签约时已经同意“离婚时各自名下的存款归各自所有”。

综上可知，这样的约定过于笼统，对隐瞒夫妻共同财产的一方有利，但可能会造成夫妻共同财产分割上的不公平。除此以外，还会导致离婚后一方在得知对方还隐藏其他财产时无法分割的困境。

【法律依据】

《民法典》第一千零六十二条 夫妻在婚姻关系存续期间所得的下列财产，为夫妻的共同财产，归夫妻共同所有：

（一）工资、奖金、劳务报酬；

（二）生产、经营、投资的收益；

（三）知识产权的收益；

（四）继承或者受赠的财产，但是本法第一千零六十三条第三项规定的除外；

（五）其他应当归共同所有的财产。

夫妻对共同财产，有平等的处理权。

第一千零九十二条 夫妻一方隐匿、转移、变卖、毁损、挥霍夫妻共同财产，或者伪造夫妻共同债务企图侵占另一方财产的，在离婚分割夫妻共同财产时，对该方可以少分或者不分。离婚后，另一方发现有上述行为的，可以向人民法院提起诉讼，请求再次分割夫妻共同财产。

75. 夫妻双方离婚时，银行存款应该怎么分割？

【律师解答】

夫妻离婚时涉及众多夫妻共同财产的分割，银行存款的分割就是其中重要的一种。那么，银行存款应该怎么分割呢？

关于银行存款，可以分为两类：婚前个人的银行存款和双方婚后共同取得的银行存款。

根据《民法典》第一千零六十三条及《最高人民法院关于适用〈中华人民共和国民法典〉婚姻家庭编的解释（一）》第二十六条的相关规定，因一方婚前财产（含动产、不动产、知识产权、股权、债权等）变现后取得的银行存款；一方因受到人身损害获得的赔偿或者补偿存入银行；遗嘱或者赠与合同中确定只归一方的财产变现后取得银行存款，婚前个人的银行存款及其婚后取得的存款利息均属于夫妻一方的个人财产。

夫妻在婚姻关系存续期间因工资、奖金、劳务报酬；生产、经营、投资的收益；知识产权的收益；继承或者受赠的财产［《民法典》第一千零六十三条第（三）项规定的除外］以及法律规定应属于共同所有的财产所取得的银行存款均为夫妻共同财产。

归属于夫妻一方的个人银行存款在离婚时不予分割；属于夫妻共同的银行存款按照《民法典》第一千零八十七条的相关规定，离婚时由双方协议处理；协议不成的，由人民法院根据财产的具体情况，按照照顾子女、女方和无过错方权益的原则判决。

【法律依据】

《民法典》第一千零六十二条　夫妻在婚姻关系存续期间所得的下列财产，为夫妻的共同财产，归夫妻共同所有：

（一）工资、奖金、劳务报酬；

（二）生产、经营、投资的收益；

（三）知识产权的收益；

（四）继承或者受赠的财产，但是本法第一千零六十三条第三项规定的除外；

（五）其他应当归共同所有的财产。

夫妻对共同财产，有平等的处理权。

第一千零六十三条 下列财产为夫妻一方的个人财产：

（一）一方的婚前财产；

（二）一方因受到人身损害获得的赔偿或者补偿；

（三）遗嘱或者赠与合同中确定只归一方的财产；

（四）一方专用的生活用品；

（五）其他应当归一方的财产。

第一千零八十七条 离婚时，夫妻的共同财产由双方协议处理；协议不成的，由人民法院根据财产的具体情况，按照照顾子女、女方和无过错方权益的原则判决。

对夫或者妻在家庭土地承包经营中享有的权益等，应当依法予以保护。

《最高人民法院关于适用〈中华人民共和国民法典〉婚姻家庭编的解释（一）》第二十六条 夫妻一方个人财产在婚后产生的收益，除孳息和自然增值外，应认定为夫妻共同财产。

76. 离婚时怎样避免个人存款被误作为夫妻共同财产分割？

【律师解答】

如果是个人在婚前所取得的银行存款一直存在银行中没有变动，那么该银行存款属于一方的婚前个人财产，这比较容易鉴别。不过，如果个人的婚前财产用于婚后投资又取得了收益，是不是就很容易将个人财产混同为夫妻共同财产了呢？

鉴于实践中存在个人存款容易被误认为夫妻共同财产分割的情形，笔者将相关情形及相应防范措施予以阐明，以避免个人存款被分割。

第一种情形：使用个人存款在婚后进行生产、经营、投资等，将个人财产与夫妻共同财产进行了混同。为避免混同，应在投资前拟定借条并保留转账记录，将个人财产与投资收益等夫妻共同的财产进行区分。

第二种情形：一方婚前取得的财产，在婚后进行变卖所取得的银行存款，如无相应证据证实款项来源，很容易被视作夫妻共同财产。该情形下，应保留所变卖财产的物权凭证（权益凭证）、交易合同及交易记录等相关证据材料，以证实该银行存款的取得源于婚前财物的变卖。

第三种情形：一方因受到人身损害获得的赔偿或者补偿款，要保留相应赔偿或补偿的材料，以确认款项性质。

第四种情形：遗嘱或者赠与合同中确定只归一方的财产变卖所得的银行存款，要保留遗嘱或赠与合同相关的证据及与财产变卖有关的证据材料，以确定款项来源。

【法律依据】

《民法典》第一千零六十三条　下列财产为夫妻一方的个人财产：

（一）一方的婚前财产；

（二）一方因受到人身损害获得的赔偿或者补偿；

（三）遗嘱或者赠与合同中确定只归一方的财产；

（四）一方专用的生活用品；

（五）其他应当归一方的财产。

《最高人民法院关于适用〈中华人民共和国民法典〉婚姻家庭编的解释（一）》第二十六条 夫妻一方个人财产在婚后产生的收益，除孳息和自然增值外，应认定为夫妻共同财产。

77. 夫妻离婚时要如何查明并确定对方的银行存款情况？

【律师解答】

婚姻关系存续期间，夫妻双方很难知晓对方银行开卡及存款情况，致使离婚时也很难掌握对方银行存款情况。那么，夫妻离婚时要如何查明并确定对方的银行存款情况呢？

首先，还是建议在婚姻存续期间多关注对方的银行开卡及存款情况，尽量了解对方在哪些银行开户，以降低日后查询银行存款的难度。具体可以通过以下途径了解：留意并复制对方留在家中的存折及银行卡，对方的银行卡刷卡消费凭证，对方的银行存、取款凭证以及对方记录在笔记本上的备忘银行账号等。

其次，诉讼过程中可以委托律师向法院申请调查令，调取对方银行存款情况（包括存款余额和一定期限内的存取款明细两个方面）。

最后，在掌握基本情况后，可以申请法院向相关银行调取对方银行存款情况。

【法律依据】

《民法典》第一千零六十二条 夫妻在婚姻关系存续期间所得的下列财产，为夫妻的共同财产，归夫妻共同所有：

（一）工资、奖金、劳务报酬；

（二）生产、经营、投资的收益；

（三）知识产权的收益；

（四）继承或者受赠的财产，但是本法第一千零六十三条第三项规定的除外；

（五）其他应当归共同所有的财产。

夫妻对共同财产，有平等的处理权。

《民事诉讼法》第六十四条 代理诉讼的律师和其他诉讼代理人有权调查收集证据，可以查阅本案有关材料。查阅本案有关材料的范围和办法由最高人民法院规定。

第七十条第一款 人民法院有权向有关单位和个人调查取证，有关单位和个人不得拒绝。

78. 离婚时一方发现另一方有转移银行存款的情形，应如何处理？

【律师解答】

婚姻关系存续期间，如果夫妻感情长期不和，大多会出现一方或双方转移银行存款为离婚做准备的情形。那么，如果离婚时发现对方存在转移银行存款的情形应如何处理呢？以下就常见的转移银行存款的路径及救济措施进行分析。第一种情形：直接使用他人名下的银行卡存储现金；第二种情形：将自己名下银行存款以现金或转账的形式赠与他人或转至他人保管；第三种情形：将自己名下银行存款以消费的名义转移给第三人保管；第四种情形：通过伪造债务还款的路径转移银行存款；第五种情形：将自己名下银行存款分次取现后隐匿。

针对上述离婚前转移财产的情形，可以采取以下方法维权：

（1）被侵犯财产一方可针对上述情形积极调查取证，争取在离婚程序中追回上述隐匿财产或经法院查明事实后达到参与分割的目的；

（2）针对上述未经配偶同意擅自赠与第三方的情形，另一方可以主张赠与无效，要求第三方返还并作为夫妻共同财产进行分割；

（3）一方在取得证据证实婚姻关系存续期间的夫妻共有的银行存款被另一方转移或独占的事实后，可以依据《民法典》第一千零九十二条的相关规定，请求法院在分割财产时对侵害财产的一方少分或不分。

【法律依据】

《民法典》第二百九十九条 共同共有人对共有的不动产或者动产共同享有所有权。

第三百零一条 处分共有的不动产或者动产以及对共有的不动产或者动产作重大修缮、变更性质或者用途的，应当经占份额三分之二以上的按份共有人或者全体共同共有人同意，但是共有人之间另有约定的除外。

第一千零九十二条 夫妻一方隐匿、转移、变卖、毁损、挥霍夫妻共同财产，或者伪造夫妻共同债务企图侵占另一方财产的，在离婚分割夫妻共同财产时，对该方可以少分或者不分。离婚后，另一方发现有上述行为的，可以向人民法院提起诉讼，请求再次分割夫妻共同财产。

79. 离婚分割银行存款时，需要注意哪些事项？

【律师解答】

离婚财产分割中涉及银行存款的，应注意以下事项：

（1）夫妻双方任何一方名下存款原则上都属于夫妻共同财产，

主张为个人财产的，应举证证明。举证材料包括：婚前或者婚后夫妻财产的协议约定、单方面赠与证明、个人财产产生的孳息或自然增值证明。

（2）分割银行存款最重要的问题，不是先确定银行的存款是谁的，而是先要确定银行有多少存款。因为银行存款很容易转移，所以如果起诉离婚，建议先做诉前财产保全；财产保全了，证据也就同时固定了。

（3）多途径查找一方将收入存入其他亲属或者朋友名下银行账户的相关证据。

（4）法院一般仅判决分割现有银行存款余额。建议在离婚调解或自行和解的程序中，不要对对方未知的银行存款也“一揽子”处理，以防日后发现一方有在离婚时未处理的银行存款时，难以另行诉讼维权。

（5）一方对另一方在诉讼过程中或起诉前转移的存款要求分割应为赔偿诉讼。因此，在对转移的银行存款主张权利时，应调查存款余额和一定期限内的存款和取款明细两个方面。一般情况下，对于另一方的银行存款，当事人或律师是不能直接向银行机构申请查询的，只能向人民法院申请律师调查令或直接向人民法院申请调查取证。

【法律依据】

《民法典》第一千零六十三条 下列财产为夫妻一方的个人财产：

（一）一方的婚前财产；

（二）一方因受到人身损害获得的赔偿或者补偿；

（三）遗嘱或者赠与合同中确定只归一方的财产；

（四）一方专用的生活用品；

（五）其他应当归一方的财产。

第一千零九十二条 夫妻一方隐匿、转移、变卖、毁损、挥霍夫妻共同财产，或者伪造夫妻共同债务企图侵占另一方财产的，在离婚分割夫妻共同财产时，对该方可以少分或者不分。离婚后，另一方发现有上述行为的，可以向人民法院提起诉讼，请求再次分割夫妻共同财产。

《最高人民法院关于适用〈中华人民共和国民法典〉婚姻家庭编的解释（一）》第二十六条 夫妻一方个人财产在婚后产生的收益，除孳息和自然增值外，应认定为夫妻共同财产。

80. 结婚登记前，一方父母全额出资购置车辆登记在己方子女名下，离婚时该车辆如何分割？

【律师解答】

一方父母在结婚登记前，全款购买车辆，登记在己方子女名下，该车辆可以视为父母赠与自己子女的个人财产。

该车辆系婚前全款取得并登记在自己子女名下，因子女在取得该车辆时未婚，父母不可能明示涉案车辆为夫妻共同财产，同样无须明示为自己子女的婚前财产，父母用婚前购买并登记这一行为暗示此车为子女的婚前个人财产，非出资方同样无权要求对方父母将该车辆登记在自己名下。所以，依据《民法典》第一千零六十三条第（一）项的规定，该车辆为一方婚前财产，车款视为父母对自己子女的赠与，在诉讼离婚时，应作为一方财产处理，不应被分割。

这与婚后取得车辆的所有权认定形成鲜明对比。如涉案车辆是在婚姻关系存续期间取得的，依据《民法典》第一千零六十二条的规定，原则上为夫妻共同财产，在离婚时夫妻双方应协商分割该涉案车辆；协商不成的，依法分割，取得所有权方补偿另一方折价款。

【法律依据】

《民法典》第一千零六十二条　夫妻在婚姻关系存续期间所得的下列财产，为夫妻的共同财产，归夫妻共同所有：

（一）工资、奖金、劳务报酬；

（二）生产、经营、投资的收益；

（三）知识产权的收益；

（四）继承或者受赠的财产，但是本法第一千零六十三条第三项规定的除外；

（五）其他应当归共同所有的财产。

夫妻对共同财产，有平等的处理权。

第一千零六十三条　下列财产为夫妻一方的个人财产：

（一）一方的婚前财产；

（二）一方因受到人身损害获得的赔偿或者补偿；

（三）遗嘱或者赠与合同中确定只归一方的财产；

（四）一方专用的生活用品；

（五）其他应当归一方的财产。

81. 结婚登记前，一方支付部分购车款，车辆登记在己方名下，婚后双方共同还贷，离婚时该车辆如何分割？

【律师解答】

一方婚前支付的购车款系其婚前个人财产，夫妻双方婚后共同还贷的部分应为夫妻共同财产。理由如下：

依据《民法典》第一千零六十三条第（一）项的规定，一方在结婚前取得的财产应为个人财产，一方婚前的财产不因婚姻关系的持续而转变成夫妻共同财产，婚前支付的首付款为支付方的个人财产。

依据《民法典》第一千零六十二条的规定，夫妻双方未书面约定为婚后夫妻各自所有的前提下，婚后的收入即为夫妻双方共同财产，即夫妻婚姻关系存续期间，用夫妻共同财产偿还另一方的个人债务，实际上偿还的部分是夫妻共同财产的另一种表现形式，离婚时对婚后共同还贷部分进行分割。

【法律依据】

《民法典》第一千零六十二条 夫妻在婚姻关系存续期间所得的下列财产，为夫妻的共同财产，归夫妻共同所有：

（一）工资、奖金、劳务报酬；

（二）生产、经营、投资的收益；

（三）知识产权的收益；

（四）继承或者受赠的财产，但是本法第一千零六十三条第三项规定的除外；

（五）其他应当归共同所有的财产。

夫妻对共同财产，有平等的处理权。

第一千零六十三条 下列财产为夫妻一方的个人财产：

（一）一方的婚前财产；

（二）一方因受到人身损害获得的赔偿或者补偿；

（三）遗嘱或者赠与合同中确定只归一方的财产；

（四）一方专用的生活用品；

（五）其他应当归一方的财产。

82. 结婚登记前，一方父母全额出资购置车辆登记在另一方名下，离婚时该车辆如何分割？

【律师解答】

一方父母全资购买车辆登记在另一方名下，离婚时需要分三种情况进行处理：

一是涉案车辆作为彩礼登记在另一方名下，就不能单纯地依照物权公示的原则认定为登记一方的婚前个人财产，离婚时应依据《最高人民法院关于适用〈中华人民共和国民法典〉婚姻家庭编的解释（一）》第五条第一款第（二）项、第（三）项的规定处理；如果离婚时出现该条第一款第（二）项、第（三）项的情况，一方要求将涉案车辆归还另一方的，人民法院应当支持，判决返还车辆。

二是一方父母出资购车，登记在另一方名下，是出资方的父母为自己子女及其未来配偶在婚后的生活提供帮助，真实的意思表示系赠与双方，以提高日后的家庭生活质量，目的是让夫妻生活过得更舒心。这种情况下，离婚时对车辆如何分割可以协商处理，如协商不成则应按共同财产进行分割。

三是依据物权公示原则，涉案车辆单独登记在另一方名下，依据《民法典》第一千零六十三条第（一）项的规定，认定为个人婚前财产，在离婚时不做处理，需要另案处理。

【法律依据】

《民法典》第一千零四十二条　禁止包办、买卖婚姻和其他干涉婚姻自由的行为。禁止借婚姻索取财物。

禁止重婚。禁止有配偶者与他人同居。

禁止家庭暴力。禁止家庭成员间的虐待和遗弃。

第一千零六十三条 下列财产为夫妻一方的个人财产：

（一）一方的婚前财产；

（二）一方因受到人身损害获得的赔偿或者补偿；

（三）遗嘱或者赠与合同中确定只归一方的财产；

（四）一方专用的生活用品；

（五）其他应当归一方的财产。

《最高人民法院关于适用〈中华人民共和国民法典〉婚姻家庭编的解释（一）》第五条 当事人请求返还按照习俗给付的彩礼的，如果查明属于以下情形，人民法院应当予以支持：

（一）双方未办理结婚登记手续；

（二）双方办理结婚登记手续但确未共同生活；

（三）婚前给付并导致给付人生活困难。

适用前款第二项、第三项的规定，应当以双方离婚为条件。

83. 婚姻关系存续期间，一方出资购买车辆登记在另一方名下，离婚时该车辆如何分割？

【律师解答】

婚姻关系存续期间，一方出资购置车辆，登记在另一方名下的，依据《民法典》第一千零六十二条的规定，婚内购置车辆，只是将婚内的财产形式进行了改变，虽然登记在另一方名下，但是根据婚内夫妻财产法定共同所有制的原则，涉案车辆本就是夫妻共同财产。

无论涉案车辆登记在对方名下，还是登记在自己名下，都不可否认该财产为夫妻共同财产。依据《民法典》第一千零八十七条的规定，离婚时，夫妻的共同财产由双方协议处理；协议不成的，由人民法院根据财产的具体情况，按照照顾子女、女方和无过错方权益的原则判决。

【法律依据】

《民法典》第一千零六十二条　夫妻在婚姻关系存续期间所得的下列财产，为夫妻的共同财产，归夫妻共同所有：

（一）工资、奖金、劳务报酬；

（二）生产、经营、投资的收益；

（三）知识产权的收益；

（四）继承或者受赠的财产，但是本法第一千零六十三条第三项规定的除外；

（五）其他应当归共同所有的财产。

夫妻对共同财产，有平等的处理权。

第一千零八十七条　离婚时，夫妻的共同财产由双方协议处理；协议不成的，由人民法院根据财产的具体情况，按照照顾子女、女方和无过错方权益的原则判决。

对夫或者妻在家庭土地承包经营中享有的权益等，应当依法予以保护。

84. 婚姻关系存续期间，一方父母出全款购买车辆，登记在己方子女名下，离婚时该车辆如何分割？

【律师解答】

婚姻关系存续期间，一方父母全款购买车辆登记在自己子女名下的，在实务中，依据《民法典》第一千零六十二条第一款第（四）项的规定，继承或者受赠的财产，应为夫妻共同财产，但是该法第一千零六十三条第（三）项规定的除外。

父母全款购买车辆，登记在自己子女名下分两种情况：一是父母有明确的意思表示，车辆归自己子女单独所有，即依据《民法典》第一千零六十三条第（三）项的规定，遗嘱或者赠与合同中确定只归一方的财产为个人财产；二是没有特别约定的情况下，婚后所得的财产为夫妻共同财产，不管登记在谁的名下，均为夫妻共同财产。

依据《民法典》第一千零八十七条的规定，离婚时，夫妻的共同财产由双方协议处理；协议不成的，由人民法院根据财产的具体情况，按照照顾子女、女方和无过错方权益的原则判决。

【法律依据】

《民法典》第一千零六十二条 夫妻在婚姻关系存续期间所得的下列财产，为夫妻的共同财产，归夫妻共同所有：

（一）工资、奖金、劳务报酬；

（二）生产、经营、投资的收益；

（三）知识产权的收益；

（四）继承或者受赠的财产，但是本法第一千零六十三条第三项规定的除外；

（五）其他应当归共同所有的财产。

夫妻对共同财产，有平等的处理权。

第一千零六十三条 下列财产为夫妻一方的个人财产：

（一）一方的婚前财产；

（二）一方因受到人身损害获得的赔偿或者补偿；

（三）遗嘱或者赠与合同中确定只归一方的财产；

（四）一方专用的生活用品；

（五）其他应当归一方的财产。

第一千零八十七条 离婚时，夫妻的共同财产由双方协议处理；协议不成的，由人民法院根据财产的具体情况，按照照顾子女、女方和无过错方权益的原则判决。

对夫或者妻在家庭土地承包经营中享有的权益等，应当依法予以保障。

85. 婚姻关系存续期间，一方父母为购车部分出资，登记在己方子女名下，离婚时该车辆如何分割？

【律师解答】

婚姻关系存续期间，一方父母部分出资，车辆登记在己方子女名下时，依据《民法典》第一千零六十二条的规定，父母的该部分出资在没有《民法典》第一千零六十三条第（三）项规定的特殊约定的情况下，系对双方的赠与，为夫妻共同财产。

涉案车辆系夫妻婚姻存续期间取得的共同财产，离婚时原则上应按照夫妻共同财产依法分割，即依据《民法典》第一千零八十七条的规定，由双方协议处理；协议不成的，由人民法院根据财产的具体情况，按照照顾子女、女方和无过错方权益的原则判决。

如父母的该部分出资为借款，该笔借款应认定为夫妻共同债务，原因在于涉案车辆属于夫妻共同财产，用于购买夫妻共同财产的负债，当然也应认定为夫妻共同债务，由夫妻双方共同偿还。

如父母的部分出资明确约定赠与己方子女，依据《民法典》第一千零六十三条第（三）项的规定，遗嘱或者赠与合同中确定只归一方的财产，离婚时对于父母的部分出资认定为己方子女的个人份额，再依据《民法典》第一千零八十七条的规定处理。

【法律依据】

《民法典》第一千零六十二条　夫妻在婚姻关系存续期间所得

的下列财产，为夫妻的共同财产，归夫妻共同所有：

（一）工资、奖金、劳务报酬；

（二）生产、经营、投资的收益；

（三）知识产权的收益；

（四）继承或者受赠的财产，但是本法第一千零六十三条第三项规定的除外；

（五）其他应当归共同所有的财产。

夫妻对共同财产，有平等的处理权。

第一千零六十三条 下列财产为夫妻一方的个人财产：

（一）一方的婚前财产；

（二）一方因受到人身损害获得的赔偿或者补偿；

（三）遗嘱或者赠与合同中确定只归一方的财产；

（四）一方专用的生活用品；

（五）其他应当归一方的财产。

第一千零八十七条 离婚时，夫妻的共同财产由双方协议处理；协议不成的，由人民法院根据财产的具体情况，按照照顾子女、女方和无过错方权益的原则判决。

对夫或者妻在家庭土地承包经营中享有的权益等，应当依法予以保障。

86. 婚姻关系存续期间，夫妻购买的车辆登记在第三人名下，离婚时该车辆如何分割？

【律师解答】

关于婚姻关系存续期间，夫妻购买车辆登记在第三人名下，离婚时涉案车辆如何分割，分两种情况处理：

第一种情况：如果夫妻双方均同意将车辆赠与案外人（包括其子女），并登记在其名下，离婚时，一般依据物权公示的原则，该财产系案外人的财产，离婚诉讼中，法院的通常不会分割该财产，除非可以证明仅仅是车辆由他人代持等特殊情形。

第二种情况：如果车辆实际由夫妻共同财产出资购买，但是一方在未经双方一致同意的情况下赠与案外人，即使车辆登记在他人名下，实质上该财产（或出资款）仍可能被认定为夫妻共同财产，依据《民法典》第一千零八十七条等规定处理，即离婚时，夫妻的共同财产由双方协议处理；协议不成的，由人民法院根据财产的具体情况，按照照顾子女、女方和无过错方权益的原则判决。

【法律依据】

《民法典》第一千零六十二条　夫妻在婚姻关系存续期间所得的下列财产，为夫妻的共同财产，归夫妻共同所有：

（一）工资、奖金、劳务报酬；

（二）生产、经营、投资的收益；

（三）知识产权的收益；

（四）继承或者受赠的财产，但是本法第一千零六十三条第三项规定的除外；

（五）其他应当归共同所有的财产。

夫妻对共同财产，有平等的处理权。

第一千零八十七条　离婚时，夫妻的共同财产由双方协议处理；协议不成的，由人民法院根据财产的具体情况，按照照顾子女、女方和无过错方权益的原则判决。

对夫或者妻在家庭土地承包经营中享有的权益等，应当依法予以保障。

87. 结婚登记前，双方共同出资购买车辆登记在一方名下，离婚时该车辆如何分割？

【律师解答】

笔者认为双方对于一方的出资未约定的情况下，该涉案车辆为婚前个人财产。双方恋爱期间购置车辆，对于购买车辆都有出资，但是车辆登记在一人名下的，基于中国的国情和传统风俗，双方可能无法明确地表达车辆的归属，所以非登记方存在出资款无法主张的风险。对于车辆登记方来说，依据物权公示效力，其为涉案车辆的所有人，因双方对于出资款项未做明确约定，一般实践中推定出资的一方将出资款赠与登记的另一方，所以，双方后期的结婚登记行为并不能改变涉案车辆为婚前财产的性质，依据《民法典》第一千零六十三条第（一）项的规定，一方的婚前财产为个人财产。所以涉案车辆为婚前个人财产，人民法院审理离婚案件时对涉案车辆不做分割，如存在纠纷则需要另案再诉。

若双方婚前对于涉案车辆的出资额进行明确约定，应该尊重双方对份额的约定，离婚时按照约定的份额进行分割，依据《民法典》第二百九十八条的规定，按份共有人对共有的不动产或者动产按照其份额享有所有权。

【法律依据】

《民法典》第二百九十八条 按份共有人对共有的不动产或者动产按照其份额享有所有权。

第一千零六十三条 下列财产为夫妻一方的个人财产：

（一）一方的婚前财产；

（二）一方因受到人身损害获得的赔偿或者补偿；

（三）遗嘱或者赠与合同中确定只归一方的财产；

（四）一方专用的生活用品；

（五）其他应当归一方的财产。

88. 一方婚前购买的理财产品，婚后产生的收益，离婚时应如何分割？

【律师解答】

根据《民法典》第一千零六十三条的规定，一方婚前购买的理财产品，属于一方婚前的个人财产，另一方无权要求分割。但是关于婚后增值的部分，是否属于夫妻共同财产，离婚时能否进行分割，争议较大。目前司法实践的主流观点是：一方婚前用个人财产购买的理财产品，如果婚姻关系存续期间进行了交易，所有人对于这部分理财产品投入了时间、精力去管理，则其增值部分属于“经营性收入”，应认定为夫妻共同财产。如果未对理财产品进行操作，所产生的收益实际上是市场行情的变化而致，与夫妻双方的协作劳动、努力或管理无关，其性质更像是一方婚前财产在婚后的自然增值，根据平等原则和注重保护个人财产原则，该部分收益应认定为一方的个人财产。

综上，夫妻一方个人财产婚后产生的孳息和自然增值仍属于个人财产，但是婚后基于夫妻共同经营行为产生的增值应当视为夫妻共同财产。因此，判断一方婚前购买的理财产品婚后产生的收益离婚时能否分割，关键看增值产生的原因。

【法律依据】

《民法典》第一千零六十二条　夫妻在婚姻关系存续期间所得的下列财产，为夫妻的共同财产，归夫妻共同所有：

（一）工资、奖金、劳务报酬；

（二）生产、经营、投资的收益；

（三）知识产权的收益；

（四）继承或者受赠的财产，但是本法第一千零六十三条第三项规定的除外；

（五）其他应当归共同所有的财产。

夫妻对共同财产，有平等的处理权。

第一千零六十三条 下列财产为夫妻一方的个人财产：

（一）一方的婚前财产；

（二）一方因受到人身损害获得的赔偿或者补偿；

（三）遗嘱或者赠与合同中确定只归一方的财产；

（四）一方专用的生活用品；

（五）其他应当归一方的财产。

《最高人民法院关于适用〈中华人民共和国民法典〉婚姻家庭编的解释（一）》第二十六条 夫妻一方个人财产在婚后产生的收益，除孳息和自然增值外，应认定为夫妻共同财产。

89. 一方婚前购买人身保险合同，婚后取得的保险金，离婚时应如何分割？

【律师解答】

夫妻一方作为被保险人依据意外伤害保险合同、健康保险合同获得的具有人身性质的保险金，或者夫妻一方作为受益人依据以死亡为给付条件的人寿保险合同获得的保险金，除双方另有约定外，应认定为个人财产，离婚时不予分割。从日常生活经验及家庭伦理观念出发，此类保险宜解释为投保人或被保险人的真实意愿为只想让与其具有某种特定人身关系的受益人个人得到该笔保险金。

一方作为受益人以生存到一定年龄为给付条件的具有现金价值的保险合同，主要包括生存保险和两全保险。夫妻一方因这类保险在婚姻期间获得的保险金，宜认定为夫妻共同财产，离婚时应予以分割，但双方另有约定的除外。此类保险具有一定的投资属性，相应地，所获得的保险金属于投资收益。无论保单归属如何，已领取的生存保险金，一般都认定为夫妻共同财产。

【法律依据】

《民法典》第一千零六十三条　下列财产为夫妻一方的个人财产：

（一）一方的婚前财产；

（二）一方因受到人身损害获得的赔偿或者补偿；

（三）遗嘱或者赠与合同中确定只归一方的财产；

（四）一方专用的生活用品；

（五）其他应当归一方的财产。

《第八次全国法院民事商事审判工作会议（民事部分）纪要》第五条　婚姻关系存续期间，夫妻一方作为被保险人依据意外伤害保险合同、健康保险合同获得的具有人身性质的保险金，或者夫妻一方作为受益人依据以死亡为给付条件的人寿保险合同获得的保险金，宜认定为个人财产，但双方另有约定的除外。

婚姻关系存续期间，夫妻一方依据以生存到一定年龄为给付条件的具有现金价值的保险合同获得的保险金，宜认定为夫妻共同财产，但双方另有约定的除外。

90. 离婚时保险合同尚在保险期内，应如何分割？

【律师解答】

对于婚内购买的保险期限届满且已经获得保险金的合同，离婚时可以请求对保险金进行分割。对于离婚时未取得保险金，保单尚在保险期内的保险合同，其财产权益是否属于夫妻共同财产，离婚时如何进行分割，应根据保费的来源判断。

（1）所交保费全部来自个人财产的，保单是个人财产形式的转化，财产属性仍是一方个人财产，离婚时不会被分割。需要特别注意的是，此处的个人财产必须与夫妻共同财产隔离开来，若个人财产与夫妻共同财产发生混同，个人财产已经不能“特定化”，离婚时将面临被分割的风险。

（2）所交保费全部来自夫妻共同财产的，根据《民法典》第一千零六十二条的规定，保单的财产权益应属于夫妻共同财产。离婚时，双方应协商处理。若投保人不愿继续投保，可以通知保险人解除合同；解除保险合同的，保险人退还的保险单现金价值部分应作为夫妻共同财产处理。若投保人选择继续投保，则按照离婚时该保单的现金价值进行分割，由投保人补偿对方一半的补偿款。

（3）所交保费部分来自个人财产，部分来自夫妻共同财产的，则婚姻关系存续期间所交保费对应的现金价值作为夫妻共同财产进行分割。此时就需要考虑婚前、婚后交费的比例，或者参考婚前婚后交费次数、现金价值表、保险种类等因素酌情确定。

【法律依据】

《民法典》第一千零六十二条 夫妻在婚姻关系存续期间所得的下列财产，为夫妻的共同财产，归夫妻共同所有：

（一）工资、奖金、劳务报酬；

（二）生产、经营、投资的收益；

（三）知识产权的收益；

（四）继承或者受赠的财产，但是本法第一千零六十三条第三项规定的除外；

（五）其他应当归共同所有的财产。

夫妻对共同财产，有平等的处理权。

第一千零六十三条　下列财产为夫妻一方的个人财产：

（一）一方的婚前财产；

（二）一方因受到人身损害获得的赔偿或者补偿；

（三）遗嘱或者赠与合同中确定只归一方的财产；

（四）一方专用的生活用品；

（五）其他应当归一方的财产。

《第八次全国法院民事商事审判工作会议（民事部分）纪要》

4. 婚姻关系存续期间以夫妻共同财产投保，投保人和被保险人同为夫妻一方，离婚时处于保险期内，投保人不愿意继续投保的，保险人退还的保险单现金价值部分应按照夫妻共同财产处理；离婚时投保人选择继续投保的，投保人应当支付保险单现金价值的一半给另一方。

91. 婚姻关系存续期间以夫妻共同财产投保含有储蓄功能的人身保险，投保人和被保险人均为夫妻一方的，离婚时应如何分割？

【律师解答】

我们之前处理过一个这样的案件，张某与赵某经人介绍相识，后于2015年登记结婚。2023年1月，张某将赵某诉至法院，请求判令与赵某离婚，并要求分割婚姻关系存续期间共有财产，包括张某于2022年在某人寿保险公司投保保险一份，被保险人为张某，保险期限为5年（期限尚未届满），投保金额30万元。

该保单在离婚时应该如何处理？在婚姻关系存续期间，张某在某人寿保险公司投保了保险一份，该保险虽未到期，但其具有一定的经济价值，应认定为夫妻共同财产，离婚时需要进行分割。主要存在两种方法：

（1）退保。投保人张某不愿意继续投保的，可以通知保险人解除合同，保险人应当自收到解除合同通知之日起30日内，按照合同约定退还保险单的现金价值。保险人退还的保险单现金价值部分应作为夫妻共同财产处理，由双方平分。

（2）继续履行。投保人张某愿意继续投保的，投保人应当支付保险单现金价值的一半给另一方。即该份保单权益归张某享有，由张某给付赵某该保险合同现金价值50%的补偿款。

【法律依据】

《第八次全国法院民事商事审判工作会议（民事部分）纪要》

4. 婚姻关系存续期间以夫妻共同财产投保，投保人和被保险人同为夫妻一方，离婚时处于保险期内，投保人不愿意继续投保的，保险人退还的保险单现金价值部分应按照夫妻共同财产处理；离婚时投保人选择继续投保的，投保人应当支付保险单现金价值的一半给另一方。

《保险法》第四十七条 投保人解除合同的，保险人应当自收到解除合同通知之日起三十日内，按照合同约定退还保险单的现金价值。

92. 婚姻关系存续期间为未成年子女购买的返还型人身保险，离婚时能主张分割吗?

【律师解答】

主流观点认定构成赠与，离婚时不应作为夫妻共同财产进行分割。夫妻在婚姻关系存续期间为未成年子女投保的返还型人身保险，保险合同中约定被保险人和受益人均系未成年子女，离婚时如果为未成年子女投保的人身保险合同尚处于保险有效期，因该保险具有人身依附性，保险的最终利益归属于未成年子女，该份保险应当视为赠与未成年子女的专属性财产。

山东省日照市中级人民法院作出的（2010）日民一终字第904号判决认为：夫妻在婚姻关系存续期间为未成年子女购买了人寿保险，并以自己名义与保险人签订保险合同，系处分夫妻共同财产的行为。该保险合同具有人身属性，系储蓄型的生存保险。夫妻一方向保险公司交纳的保费已经转化为财产利益，不再是夫妻共同财产。合同明确约定，财产利益由被保险人未成年子女享有，在合同尚未到期的情况下，保险单现金价值应当认定为未成年子女的个人财产，不应作为夫妻共同财产进行分割。目前，部分地区法院裁判时均持上述观点。

【法律依据】

《浙江省高级人民法院关于审理婚姻家庭案件若干问题的解答》十五、……婚姻关系存续期间，夫妻一方为子女购买的保险视为双方对子女的赠与，不作为夫妻共同财产分割。

江苏省高级人民法院民一庭《家事纠纷案例审理指南（婚姻家庭部分）》43、（3）为未成年子女购买人身保险的处理

婚姻关系存续期间，夫妻一方或者双方为未成年子女购买的

人身保险获得的保险金，如果未成年子女未死亡，应当专属于未成年子女所有。

离婚时，如果为未成年子女购买的人身保险合同尚处于保险有效期的，因保险的最终利益归属于未成年子女，该保险应当视为对未成年子女的赠与，不再作为夫妻共同财产分割。

93. 夫妻共同财产中的股票、债券等有价证券在离婚时如何分割？

【律师解答】

夫妻共同财产中的股票、债券等有价证券，离婚时应当作为夫妻共同财产进行分割。但股票、债券、投资基金份额等有价证券的价值难以确定且经常处于变动状态，分割难度较大。

《最高人民法院关于适用〈中华人民共和国民法典〉婚姻家庭编的解释（一）》第七十二条对夫妻共同财产中的股票、债券等有价证券的分割作出了指导性规定，人民法院在审理该类案件时，应尽量争取当事人双方协商解决，如协商不成或按市价分配有困难的，人民法院可以根据数量按比例分配。

《最高人民法院民一庭涉及婚姻案件处理分析民事审判实务回答》也对判决生效后具体的操作问题作出了答复："待判决生效后，具体的操作问题由当事人自行决定。对于法律法规限制转让的股票或股份，人民法院不宜分割处理，可告知当事人在符合转让条件后，再向人民法院起诉进行分割。"

也就是说，在分割有价证券时，先由双方当事人协商确定价值；如果协商不成，在查清具体数目后，法院确定一个基准日作价折算成人民币分割；如一方有合理依据坚持按股份分割，或股市涨幅趋势较大时，法院也可以根据数量按比例分配。

【法律依据】

《最高人民法院关于适用〈中华人民共和国民法典〉婚姻家庭编的解释（一）》第二十五条　婚姻关系存续期间，下列财产属于民法典第一千零六十二条规定的“其他应当归共同所有的财产”：

（一）一方以个人财产投资取得的收益；

（二）男女双方实际取得或者应当取得的住房补贴、住房公积金；

（三）男女双方实际取得或者应当取得的基本养老金、破产安置补偿费。

第七十二条　夫妻双方分割共同财产中的股票、债券、投资基金份额等有价证券以及未上市股份有限公司股份时，协商不成或者按市价分配有困难的，人民法院可以根据数量按比例分配。

94. 离婚时如何查询对方名下的理财产品？

【律师解答】

根据《最高人民法院关于民事诉讼证据的若干规定》第二条的规定，夫妻一方起诉离婚要求分割对方名下的理财产品，必须举证证明对方名下有理财产品且属于夫妻共同财产。没有证据或者证据不足以证明的，由负有举证责任的当事人承担不利后果。那么离婚时，该如何查询对方名下的理财产品呢？调查取证主要包括三种形式：一是当事人自行调查收集；二是委托律师调查收集；三是申请法院调查收集。

一般情况下，购买何种理财产品，资金都会经过银行，都能通过查询对方的银行账户找到线索。当事人或律师均无法直接去银行调取对方的银行账户明细，此时需要由律师持法院调查令调取或直接申请法院至银行调取。除此之外，可以根据不同的理财产品的特点采取不同的查询方式。以股票为例，想要“炒股”，除需要银行账户，还需要证券账户及资金账户，因此除通过查询对方银行账户寻找蛛丝马迹，还可以从对方的证券账户及资金账户入手。根据《证券法》的要求，证券账户必须实名制，若当事人不知道具体的账户信息及证券开户公司，可凭对方的身份证号委托律师调查，律师持法院调查令就可至结算公司查询。若当事人知道对方的账户信息及证券公司，律师可以持法院调查令，直接去开户的证券公司要求调取打印对方账号内的股票交易明细及资金账户余额。

【法律依据】

《民事诉讼法》第六十七条 当事人对自己提出的主张，有责任提供证据。

当事人及其诉讼代理人因客观原因不能自行收集的证据，或者人民法院认为审理案件需要的证据，人民法院应当调查收集。

人民法院应当按照法定程序，全面地、客观地审查核实证据。

95. 婚内夫妻双方出资、以一方名义成立的个人独资企业，离婚时双方均主张经营权，应如何处理？

【律师解答】

基于个人独资企业的特点，离婚时对婚内以夫妻共同财产出资、登记在夫妻一方名下的个人独资企业经营权的处理，既要从有利于解决夫妻纠纷的原则出发，又要最大限度地有利于个人独资企业的健康发展，应综合考量夫妻双方对企业的实际需要程度、经营能力等因素。

司法实践中，法院一般围绕以下几种原则处理和分割财产：一是坚持男女平等、照顾子女和女方权益等各项原则；二是自愿协商原则；三是维护其他股东、合伙人合法权益的原则；四是有利于生产和生活原则。

夫妻双方均主张该企业的经营权，可由双方先行协商，就补偿数额达成一致意见的，由取得企业资产所有权的一方按照双方协议约定，给予另一方相应的补偿。双方无法达成一致意见时，法院一般采取竞价方式决定企业资产所有权的归属，即由出价最高一方取得企业资产所有权。取得企业资产所有权的一方，参照企业的最高竞价价格，按均等分割的原则给予另一方相应数额的补偿。

【法律依据】

《民法典》第一千零六十二条 夫妻在婚姻关系存续期间所得的下列财产，为夫妻的共同财产，归夫妻共同所有：

（一）工资、资金、劳务报酬；

（二）生产、经营、投资的收益；

（三）知识产权的收益；

（四）继承或者受赠的财产，但是本法第一千零六十三条第三项规定的除外；

（五）其他应当归共同所有的财产。

夫妻对共同财产，有平等的处理权。

《最高人民法院关于适用〈中华人民共和国民法典〉婚姻家庭编的解释（一）》第七十五条 夫妻以一方名义投资设立个人独资企业的，人民法院分割夫妻在该个人独资企业中的共同财产时，应当按照以下情形分别处理：

（一）一方主张经营该企业的，对企业资产进行评估后，由取得企业资产所有权的一方给予另一方相应的补偿；

（二）双方均主张经营该企业的，在双方竞价基础上，由取得企业资产所有权的一方给予另一方相应的补偿；

（三）双方均不愿意经营该企业的，按照《中华人民共和国个人独资企业法》等有关规定办理。

96. 婚内约定将一方婚前房产归对方所有或共同共有，原房产所有方可否撤销该协议？

【律师解答】

针对这一问题，需要分为“归对方所有”“共同共有”两种情况来分析：（1）“归对方所有”属于房产赠与性质，赠与方在赠与房产变更登记之前可以主张撤销赠与；（2）“共同共有”则存在房产赠与和夫妻财产约定性质之争，根据目前司法裁判观点，如果协议内容是概括性约定财产（协议约定的财产包括房产、车辆、债权债务等）且存在按揭贷款购置房产、婚后夫妻共同还房贷等情形，被认定为夫妻财产约定性质的可能性较大，赠与方无权主张撤销。

需要注意的是，在房产赠与的情况下，只有办理房产变更登记，经过公证或具有救灾、扶贫、助残等公益、道德义务性质的赠与合同不得撤销。夫妻双方在签订相关协议后应根据约定及时办理房屋的权属变更登记；若该房屋暂不具备办理权属变更登记的条件，应及时办理赠与公证。

【法律依据】

《民法典》第六百五十八条 赠与人在赠与财产的权利转移之

前可以撤销赠与。

经过公证的赠与合同或者依法不得撤销的具有救灾、扶贫、助残等公益、道德义务性质的赠与合同，不适用前款规定。

第一千零六十五条第一款、第二款　男女双方可以约定婚姻关系存续期间所得的财产以及婚前财产归各自所有、共同共有或者部分各自所有、部分共同所有。约定应当采用书面形式。没有约定或者约定不明确的，适用本法第一千零六十二条、第一千零六十三条的规定。

夫妻对婚姻关系存续期间所得的财产以及婚前财产的约定，对双方具有法律约束力。

《最高人民法院关于适用〈中华人民共和国民法典〉婚姻家庭编的解释（一）》第三十二条　婚前或者婚姻关系存续期间，当事人约定将一方所有的房产赠与另一方或者共有，赠与方在赠与房产变更登记之前撤销赠与，另一方请求判令继续履行的，人民法院可以按照民法典第六百五十八条的规定处理。

97. 一方在婚前以个人财产出资设立的个人独资企业，另一方离婚时可否要求分割?

【律师解答】

投资人在婚前以个人财产出资设立个人独资企业，企业的财产应为投资人的个人财产。我国实行的夫妻财产制度是法定共同财产制，即便该独资企业是由一方在婚前以个人财产出资设立的，婚姻关系存续期间生产、经营、投资的收益应属于夫妻共同财产；因此，离婚时，另一方可以对婚姻关系存续期间企业经营所得收益进行分割，但不能对企业财产进行分割。

需要注意的是，个人独资企业不具有法人资格，投资人以其个人财产对企业债务承担无限责任。根据司法裁判观点，婚姻关系存续期间夫妻一方投资的个人独资企业产生的收益归夫妻共同所有，该企业所负债务应由投资一方以其个人财产承担责任。因此，从事个人独资企业经营的一方可通过签订婚内财产协议来保护自身权益。

【法律依据】

《民法典》第一千零六十二条 夫妻在婚姻关系存续期间所得的下列财产，为夫妻的共同财产，归夫妻共同所有：

（一）工资、资金、劳务报酬；

（二）生产、经营、投资的收益；

（三）知识产权的收益；

（四）继承或者受赠的财产，但是本法第一千零六十三条第三项规定的除外；

（五）其他应当归共同所有的财产。

夫妻对共同财产，有平等的处理权。

《最高人民法院关于适用〈中华人民共和国民法典〉婚姻家庭编的解释（一）》第二十五条 婚姻关系存续期间，下列财产属于民法典第一千零六十二条规定的“其他应当归共同所有的财产”：

（一）一方以个人财产投资取得的收益；

（二）男女双方实际取得或者应当取得的住房补贴、住房公积金；

（三）男女双方实际取得或者应当取得的基本养老金、破产安置补偿费。

《个人独资企业法》第二条 本法所称个人独资企业，是指依照本法在中国境内设立，由一个自然人投资，财产为投资人个人所有，投资人以其个人财产对企业债务承担无限责任的经营实体。

98. 夫妻以一方名义用夫妻共同财产出资设立个人独资企业，离婚时另一方是否有权要求分割企业名下资产?

【律师解答】

个人独资企业不具有独立的法人资格，个人独资企业资产属于投资人所有，而非企业所有。

在双方没有约定夫妻分别财产制的情况下，婚姻关系存续期间，任何一方投资个人独资企业所产生的收益均属于夫妻共同财产。该企业的资产系双方婚内夫妻共同财产投资产生的收益，属于夫妻共同财产，离婚时一方可以请求分割。

需要注意的是，个人独资企业投资人在申请企业设立登记时明确以其家庭共有财产作为个人出资的，应当依法以家庭共有财产对企业债务承担无限责任。

【法律依据】

《民法典》第一千零六十二条 夫妻在婚姻关系存续期间所得的下列财产，为夫妻的共同财产，归夫妻共同所有：

（一）工资、资金、劳务报酬；

（二）生产、经营、投资的收益；

（三）知识产权的收益；

（四）继承或者受赠的财产，但是本法第一千零六十三条第三项规定的除外；

（五）其他应当归共同所有的财产。

夫妻对共同财产，有平等的处理权。

《个人独资企业法》第二条 本法所称个人独资企业，是指依照本法在中国境内设立，由一个自然人投资，财产为投资人个人所有，投资人以其个人财产对企业债务承担无限责任的经营实体。

第十七条 个人独资企业投资人对本企业的财产依法享有所有权，其有关权利可以依法进行转让或继承。

第十八条 个人独资企业投资人在申请企业设立登记时明确以其家庭共有财产作为个人出资的，应当依法以家庭共有财产对企业债务承担无限责任。

99. 夫妻一方在婚姻关系存续期间获得的股票期权，行权后所得收益归谁？

【律师解答】

随着社会经济的快速发展，人们获得报酬的方式也越来越多样化，股票期权作为社会经济发展产生的新财产类型，在司法实务中越来越常见。

股票期权，是指上市公司授予激励对象在未来一定期限内以预先确定的条件购买本公司一定数量股份的权利。股票期权有以下几个特点：一是具有人身依附性，依附于作为被激励对象的员工，公司往往会限定或者禁止股票期权的转让；二是价值的不确定性，从股票期权的授予到行权，需要经历很长一段时间，导致行权日股票的实际价格无法确定；三是行权的实现具有不确定性，股票行权需要满足诸多条件，如业绩考核、工作年限、员工表现等，即使达到约定的行权条件，基于公司其他因素，也存在权利无法实现的可能性。

通过上述分析，可以看出员工股票期权实际是员工劳务报酬的组成部分，婚姻存续期间通过行使股票期权获得的财产权益，属于在婚姻关系存续期间明确可以取得的财产性收益，行权后所得收益宜认定为夫妻共同财产。

【法律依据】

《民法典》第一千零六十二条　夫妻在婚姻关系存续期间所得的下列财产，为夫妻的共同财产，归夫妻共同所有：

（一）工资、资金、劳务报酬；

（二）生产、经营、投资的收益；

（三）知识产权的收益；

（四）继承或者受赠的财产，但是本法第一千零六十三条第三项规定的除外；

（五）其他应当归共同所有的财产。

夫妻对共同财产，有平等的处理权。

第一千零六十五条第一款、第二款　男女双方可以约定婚姻关系存续期间所得的财产以及婚前财产归各自所有、共同所有或者部分各自所有、部分共同所有。约定应当采用书面形式。没有约定或者约定不明确的，适用本法第一千零六十二条、第一千零六十三条的规定。

夫妻对婚姻关系存续期间所得的财产以及婚前财产的约定，对双方具有法律约束力。

100. 离婚案件中，对于已获得的人身保险合同保险金应当如何处理？

【律师解答】

人身保险合同包含人寿保险合同、意外伤害保险合同和健康保险合同，根据保险合同的种类不同，婚姻关系存续期间所获得的保险金的归属则各有不同。

具体而言：

（1）夫妻一方作为被保险人依据意外伤害保险合同、健康保险合同获得的保险金，主要用于受害人的治疗、购置辅助器具等特定用途，具有明显的人身性质，该部分保险金应当认定为被保险人的个人财产。

（2）关于夫妻一方作为受益人依据以死亡为给付条件的人寿保险合同获得的保险金，该保险合同中受益人的指定本身就表明了投保人与受益人之间的特定关系，体现了保险金的专属性，该保险金应当认定为受益人的个人财产。

需要注意的是，这种情况下获得的赔偿金并非被保险人死亡后产生的遗产，而是投保人指定的受益人的个人财产，不作为被保险人的遗产分配。

（3）关于夫妻一方依据以生存到一定年龄为给付条件的具有现金价值的保险合同获得的保险金，该保险具有一定的投资属性，由此获得的投资收益应当认定为夫妻共同财产，离婚时按照夫妻共同财产分割规定分割。

【法律依据】

《民法典》第一千零六十二条第一款 夫妻在婚姻关系存续期间所得的下列财产，为夫妻的共同财产，归夫妻共同所有：

（一）工资、资金、劳务报酬；

（二）生产、经营、投资的收益；

（三）知识产权的收益；

（四）继承或者受赠的财产，但是本法第一千零六十三条第三项规定的除外；

（五）其他应当归共同所有的财产。

《保险法》第十二条　人身保险的投保人在保险合同订立时，对被保险人应当具有保险利益。

财产保险的被保险人在保险事故发生时，对保险标的应当具有保险利益。

人身保险是以人的寿命和身体为保险标的的保险。

财产保险是以财产及其有关利益为保险标的的保险。

被保险人是指其财产或者人身受保险合同保障，享有保险金请求权的人。投保人可以为被保险人。

保险利益是指投保人或者被保险人对保险标的具有的法律上承认的利益。

101. 离婚案件中，对于尚未获得保险金的人身保险合同应当如何处理？

【律师解答】

离婚案件中，夫妻双方对于婚姻关系存续期间使用夫妻共同财产购得的尚未取得保险金的人身保险合同，在离婚时可以请求分割保险单的现金价值。

如果该人身保险合同的投保人和被保险人均为夫妻一方，离婚时夫妻双方可以协议退保或者继续履行保险合同。投保人不愿意继续履行人身保险合同的，保险人退还的保险单现金价值应当作为夫妻共同财产分割；投保人愿意继续履行的，投保人应当支付该保险单现金价值的一半给夫妻另一方。

如果夫妻一方为投保人，另一方为被保险人，离婚时夫妻双方可以协议退保或者协商继续履行该人身保险合同。夫妻双方协商一致退保的，保险人退还的保险单现金价值应当作为夫妻共同财产分割；协商一致愿意继续履行的，获得保险合同利益一方应当支付保险单现金价值的一半给另一方。如果投保人要求退保，而被保险人要求继续履行，则应该依照被保险人的意愿，该保险合同继续履行，获得保险合同利益一方应当支付保险单现金价值的一半给另一方。

需要特别注意的是，婚姻关系存续期间，夫妻一方或者双方为未成年子女购买人身保险，在夫妻二人离婚时，如果该保险合同尚处于保险有效期，因保险的最终利益归属于未成年子女，该保险应当视为对未成年子女的赠与，不作为夫妻共同财产进行分割。

【法律依据】

《民法典》第一千零六十二条第一款 夫妻在婚姻关系存续期间所得的下列财产，为夫妻的共同财产，归夫妻共同所有：

（一）工资、资金、劳务报酬；

（二）生产、经营、投资的收益；

（三）知识产权的收益；

（四）继承或者受赠的财产，但是本法第一千零六十三条第三项规定的除外；

（五）其他应当归共同所有的财产。

102. 以夫妻共同财产出资、登记一方为有限责任公司的股东，离婚时其不同意与另一方分割股权或者双方无法就股权分割达成一致时，如何处理？另一方能否成为股东？

【律师解答】

基于有限责任公司的资合性和人合性特点，离婚时对于婚姻关系存续期间以夫妻共同财产出资获得的登记在夫妻一方名下的有限责任公司的股权的处理，既要从有利于解决夫妻纠纷的原则出发，又要最大限度地做好与其他利害关系人的利益协调，不能侵害其他股东的权利。

如果夫妻一方不同意与另一方分割股权或者双方无法就股权分割达成一致，可以按照以下情况分别处理：

（1）夫妻双方均主张股权且愿意和对方共同经营，其他股东过半数同意且明确表示放弃优先购买权的，可以按比例分割股权。

（2）夫妻双方均主张股权但不愿与对方共同经营的，可以通过竞价的方式确定最终由谁取得股权。如果原登记股东的配偶要取得股权，应当经其他股东过半数同意且明确表示放弃优先购买权。取得股权的一方，应当给予另一方相应的经济补偿。

（3）一方放弃股权而主张补偿款的，应当在确定股权价值的基础上，由取得股权的一方给予另一方相应的经济补偿。如果原登记股东的配偶要取得股权，应当经其他股东过半数同意且明确表示放弃优先购买权。

（4）夫妻双方均不愿意取得股权的，可以依照《公司法》的相关规定将股权转让给其他股东或者非股东主体，并对转让价款依法分割。向非股东主体转让股权的，应当经其他股东过半数同意且明确表示放弃优先购买权。如果无人受让股权，夫妻双方可以按比例分割股权。

对于该股权对应的财产价值，双方可以协商；协商不成的，可以进行司法评估。

【法律依据】

《最高人民法院关于适用〈中华人民共和国民法典〉婚姻家庭编解释（一）》第七十三条　人民法院审理离婚案件，涉及分割夫妻共同财产中以一方名义在有限责任公司的出资额，另一方不是该公司股东的，按以下情形分别处理：

（一）夫妻双方协商一致将出资额部分或者全部转让给该股东的配偶，其他股东过半数同意，并且其他股东均明确表示放弃优先购买权的，该股东的配偶可以成为该公司股东；

（二）夫妻双方就出资额转让份额和转让价格等事项协商一致后，其他股东半数以上不同意转让，但愿意以同等条件购买该出资额的，人民法院可以对转让出资所得财产进行分割。其他股东半数以上不同意转让，也不愿意以同等条件购买该出资额的，视为其同意转让，该股东的配偶可以成为该公司股东。

用于证明前款规定的股东同意的证据，可以是股东会议材料，也可以是当事人通过其他合法途径取得的股东的书面声明材料。

103.“夫妻公司”在公司登记机关登记的持股比例是否属于夫妻约定财产，离婚时能否据此分割股权？

【律师解答】

“夫妻公司”通常是指仅有夫妻两人为股东的有限责任公司。基于夫妻关系的特殊性，在公司成立之初，夫妻双方根据行政管理部门定式化的规定，填写或提交相应的协议材料，行政管理部门据此登记持股比例。但通常情况下，夫妻双方为了顺利地完成公司设立，所填写或提交的协议材料多是用来应付行政管理部门的设立程序的。夫妻二人填写提交给行政管理部门的持股比例并非双方对夫妻财产约定的真实意思表示，设立公司时登记的持股比例，往往存在极大的随意性和投机性。

在我国现行夫妻法定共同财产制的大背景下，如果夫妻双方未明确约定分别财产制，或者约定不明、约定无效，“夫妻公司”的股权应被视为夫妻二人的婚内共同财产，登记的持股比例不应属于夫妻约定财产，离婚时夫妻一方不能以此作为分割股权的依据。

【法律依据】

《民法典》第一千零六十二条第一款 夫妻在婚姻关系存续期间所得的下列财产，为夫妻的共同财产，归夫妻共同所有：

（一）工资、资金、劳务报酬；

（二）生产、经营、投资的收益；

（三）知识产权的收益；

（四）继承或者受赠的财产，但是本法第一千零六十三条第三项规定的除外；

（五）其他应当归共同所有的财产。

《市场主体登记管理条例》第十六条第一款 申请办理市场主体登记，应当提交下列材料：

（一）申请书；

（二）申请人资格文件、自然人身份证明；

（三）住所或者主要经营场所相关文件；

（四）公司、非公司企业法人、农民专业合作社（联合社）章程或者合伙企业合伙协议；

（五）法律、行政法规和国务院市场监督管理部门规定提交的其他材料。

104. 股权代持的情况下，夫妻离婚时能否分割由他人代持的股权?

【律师解答】

夫妻离婚时，能否分割由他人代持的股权，需要视情况而定。

协议离婚时，若夫妻二人均对他人代持的股权无异议，则可以通过夫妻协商的方式，签订由他人代持股权的财产分割协议，将他人代持股权的数量、价值等明确约定并依照协议进行处置，具体处置流程需要股权代持一方协助完成；若夫妻一方对他人代持的股权不认可，不论是不认可股权被他人代持的事实还是不认可被他人代持股权的价值或数量等，均无法通过离婚协议对该部分股权直接进行处置。

诉讼离婚时，因为股权代持涉及第三人的权利和义务，在一方主张股权代持，另一方不认可股权代持的情况下，法院通常会要求当事人先确认代持关系，明确股东身份之后再进行离婚财产分割。

要求当事人确认代持关系，主要看能否提供足够的证据证明代持关系成立。如果没有充分的证据，通常将工商登记对外公示的股权信息作为认定股东身份的依据。非股东一方举证责任和举证难度大，建议日常注意收集相关代持协议、实际出资的转账记录、实际参与公司经营管理等证据。

【法律依据】

《民法典》第一千零八十七条 离婚时，夫妻的共同财产由双方协议处理；协议不成的，由人民法院根据财产的具体情况，按照照顾子女、女方和无过错方权益的原则判决。

对夫或者妻在家庭土地承包经营中享有的权益等，应当依法

予以保护。

《最高人民法院关于适用〈中华人民共和国公司法〉若干问题的规定（三）》第二十五条 名义股东将登记于其名下的股权转让、质押或者以其他方式处分，实际出资人以其对于股权享有实际权利为由，请求认定处分股权行为无效的，人民法院可以参照民法典第三百一十一条的规定处理。

名义股东处分股权造成实际出资人损失，实际出资人请求名义股东承担赔偿责任的，人民法院应予支持。

105. 婚姻关系存续期间一方取得的知识产权是否属于夫妻共同财产？

【律师解答】

知识产权是基于智力的创造性产生的权利，既具有财产权的属性，也体现人身权的利益。鉴于知识产权权利本身的取得和其财产性权益的取得有时并不同步，且能否实现其财产性权利、何时能够实现等问题，都具有不确定性，故认定该知识产权是否属于夫妻共同财产时，应以该知识产权的财产性收益取得时间是否在婚姻关系存续期间内为判断标准，而不应以该知识产权权利本身取得的时间为判断依据。

如果一方于婚前取得一项知识产权，但婚前并未取得财产性收益，而是婚后才确定了财产性收益的取得问题，则该项财产性收益应当认定为夫妻共同财产。同理，如果一方在婚姻关系存续期间取得了知识产权，但财产性收益并未确定，离婚后才确定并实现了该财产性收益，根据有关规定，这笔收益属于该知识产权人的个人财产，其原来的配偶无权要求分割。如果该知识产权人离婚后又与他人结婚，在无特殊财产约定的情况下，后一个婚姻关系存续期间内取得的知识产权财产性收益，应当认定为属于该知识产权人与后一个婚姻关系中的配偶共同所有。

【法律依据】

《民法典》第一千零六十二条第一款 夫妻在婚姻关系存续期间所得的下列财产，为夫妻的共同财产，归夫妻共同所有：

（一）工资、资金、劳务报酬；

（二）生产、经营、投资的收益；

（三）知识产权的收益；

（四）继承或者受赠的财产，但是本法第一千零六十三条第三项规定的除外；

（五）其他应当归共同所有的财产。

《最高人民法院关于适用〈中华人民共和国民法典〉婚姻家庭编的解释（一）》第二十四条 民法典第一千零六十二条第一款第三项规定的“知识产权的收益”，是指婚姻关系存续期间，实际取得或者已经明确可以取得的财产性收益。

106. 离婚纠纷中，一方持有的境外上市股票能否在境内分割？

【律师解答】

关于离婚纠纷中分割一方持有的境外股票问题，目前在司法实践中，法院判决各有不同。在分割该境外股票时，需要考虑两个因素，首先必须考虑夫妻双方对股票是否分割能否达成一致意见，其次考虑双方是否已经确定待分割的股票价值。如果对以上两个问题无争议，依据民法意思自治的基本原则，通常按照双方的约定处理。

如果夫妻一方明确不同意通过现金补偿的方式进行分割，法院可能根据个案情况，综合考虑双方过错、对取得股票的贡献、家庭整体资产情况，以及股票价值、数量、汇率、照顾子女等因素，核算相应折价款进行判决。

另一种情形是法院在处理境外财产分割时，出现资产无法查明，或者依据境外股票数量分割操作上存在阻碍，同时对于个人从上市公司取得的股票增值权所得和限制性股票所得，计算征收个人所得税有较大争议以及涉及限制性股票在解除限售前不得转让、用于担保或偿还债务等问题，法院可能对于该分割请求不予处理，告知另案处理。

值得注意的是，在个案中，如果夫妻共同财产中待分割的股票涉及《公司法》《证券法》相关规定中的限制转售等情形，则一般采用折价补偿的方式，或待转让条件成就后再次请求数量分割，否则可能会造成发起人或董事、监事、高管假借离婚纠纷规避法律限制。

【法律依据】

《民法典》第一千零八十七条 离婚时，夫妻的共同财产由双方协议处理；协议不成的，由人民法院根据财产的具体情况，按照照顾子女、女方和无过错方权益的原则判决。

对夫或者妻在家庭土地承包经营中享有的权益等，应当依法予以保护。

《最高人民法院关于适用〈中华人民共和国民法典〉婚姻家庭编的解释（一）》第七十二条 夫妻双方分割共同财产中的股票、债券、投资基金份额等有价证券以及未上市股份有限公司股份时，协商不成或者按市价分配有困难的，人民法院可以根据数量按比例分配。

107. 离婚诉讼中，上市公司股票价值如何确定？

【律师解答】

离婚诉讼中待分割股票价值存在争议时，原则上应采取协商一致、评估、竞价、参考市场价等方式予以确定。

如果夫妻双方对待分割股票价值能协商一致，即便双方协商确定的股票价值过分低于或者高于市场交易价，法院一般也会尊重夫妻双方的意见，按照双方协商的价值进行分割。

如果夫妻双方就待分割股票的价值不能达成一致意见，实践中常用以下两种方式来确定股票价值：

第一种方式是由夫妻双方共同委托或者法院指定专业机构进行评估。委托的专业评估机构意见具有较强的权威性，哪怕报送的评估材料不充分，但基于该公司材料形成的评估意见，若夫妻一方不能举证报送的材料以及评估意见存在严重问题，依然会被认定为有效。

第二种方式是由审理法院酌情确定价值，一般采用以下几种标准：一是以该案件受理日的股票市值为准；二是以法庭辩论终结日的股票市值为准；三是以财产申报时的股票市值为准；四是以离婚判决日当天的收盘价为准。上市公司股权价值每日开盘交割，公开透明，夫妻任何一方都可查看，采用该方式确定夫妻待分割的股票价值也有利于双方节省诉讼成本。

值得注意的是，在司法实践中，因企业财务管理混乱、会计账簿不全以及企业经营者拒不提供财务信息等原因导致无法通过评估方式确定股票价值的，人民法院也可以依据该企业在行政主管机关备案的财务资料对财产价值进行认定；或参照当地同行业中经营规模和收入水平相近的企业的营业收入或利润及其他方式来核定其价值。

【法律依据】

《民法典》第一千零六十二条　夫妻在婚姻关系存续期间所得的下列财产，为夫妻的共同财产，归夫妻共同所有：

（一）工资、资金、劳务报酬；

（二）生产、经营、投资的收益；

（三）知识产权的收益；

（四）继承或者受赠的财产，但是本法第一千零六十三条第三项规定的除外；

（五）其他应当归共同所有的财产。

夫妻对共同财产，有平等的处理权。

《最高人民法院关于适用〈中华人民共和国民法典〉婚姻家庭编的解释（一）》第七十二条　夫妻双方分割共同财产中的股票、债券、投资基金份额等有价证券以及未上市股份有限公司股份时，协商不成或者按市价分配有困难的，人民法院可以根据数量按比例分配。

108. 什么样的股票属于夫妻共同财产？离婚时可否依法分割？

【律师解答】

回答这一问题需要依据股票的购买时间、出资来源以及在婚姻关系存续期间是否交割等情形具体分析：

（1）若婚前一方以个人财产购买股票，婚内股票未发生交易，股票本金及自然增值仍属其个人财产，另一方无权分割；（2）若婚前一方以个人财产购买，在婚姻关系存续期间有股票交易行为，该股票收益属于投资收益，依据相关法律规定，投资的收益属于夫妻共同财产，另一方可要求分割；（3）婚姻关系存续期间，若夫妻一方用夫妻共同财产购买股票，该股票及其收益均为夫妻共同财产，离婚时应依法予以分割。

【法律依据】

《民法典》第一千零六十二条第一款 夫妻在婚姻关系存续期间所得的下列财产，为夫妻的共同财产，归夫妻共同所有：

（一）工资、奖金、劳务报酬；

（二）生产、经营、投资的收益；

（三）知识产权的收益；

（四）继承或者受赠的财产，但是本法第一千零六十三条第三项规定的除外；

（五）其他应当归共同所有的财产。

《最高人民法院关于适用〈中华人民共和国民法典〉婚姻家庭编的解释（一）》第二十五条 婚姻关系存续期间，下列财产属于民法典第一千零六十二条规定的“其他应当归共同所有的财产”：

（一）一方以个人财产投资取得的收益；

（二）男女双方实际取得或者应当取得的住房补贴、住房公积金；

（三）男女双方实际取得或者应当取得的基本养老金、破产安置补偿费。

第二十六条 夫妻一方个人财产在婚后产生的收益，除孳息和自然增值外，应认定为夫妻共同财产。

109. 离婚纠纷中，夫妻共同财产中的上市公司限售股票是否可以直接分割？

【律师解答】

限售股票顾名思义是指在一定期限内限制流通的股票。上市公司股东在持有限售股票期间与其配偶发生离婚纠纷，其配偶是否可以要求直接分割该限售股票，涉及审理法院能否对涉案限售股票直接作价处置的问题。

实务中存在两种主流观点。持肯定观点的法院认为，根据上市公司限售流通股、限售条件、解禁条件、案件情况，可选择适用大宗股票司法协助执行方式或网络司法拍卖方式进行变价，且除特定情形，不因强制执行而改变其限售的性质。同时在实际操作中法院对限售流通股进行变卖处置时，也会将处置的股票目前处于限售期的情况，作为披露信息，并要求买受人必须遵守限售规则。

另一种持否定观点的法院认为，依据我国相关法律规定，限售流通股票在解除限售前不得转让、用于担保或偿还债务，人民法院不宜直接分割处理，而会告知起诉方在符合转让条件后，再向人民法院起诉进行分割。

笔者认为，虽然限售股票有交易限制，但是离婚分割股票不属于股票交易行为，因此，在离婚财产分割中，限售流通股可以直接分割。

【法律依据】

《证券法》第三十六条 依法发行的证券，《中华人民共和国公司法》和其他法律对其转让期限有限制性规定的，在限定的期限内不得转让。

上市公司持有百分之五以上股份的股东、实际控制人、董事、监事、高级管理人员，以及其他持有发行人首次公开发行前发行的股份或者上市公司向特定对象发行的股份的股东，转让其持有的本公司股份的，不得违反法律、行政法规和国务院证券监督管理机构关于持有期限、卖出时间、卖出数量、卖出方式、信息披露等规定，并应当遵守证券交易所的业务规则。

110. 一方用婚前个人财产设立的个体工商户，离婚时如何分割？

【律师解答】

我国《民法典》第一千零六十三条规定夫妻一方的婚前财产为一方的个人财产，一方的婚前财产并不因婚姻关系的持续而转化为夫妻共同财产，因此，如果一方用婚前个人财产投资设立个体工商户，其设立个体工商户的婚前个人财产没有与夫妻共同财产混同，则该个体工商户属于设立个体工商户一方的个人财产，设立个体工商户时购置的店铺、机器设备、材料等离婚时不予分割；但夫妻关系存续期间，该个体工商户生产、经营期间获得的收益，在没有特别约定的情况下，是夫妻共同财产，离婚时应当予以分割。

【法律依据】

《民法典》第一千零六十二条　夫妻在婚姻关系存续期间所得的下列财产，为夫妻的共同财产，归夫妻共同所有：

（一）工资、奖金、劳务报酬；

（二）生产、经营、投资的收益；

（三）知识产权的收益；

（四）继承或者受赠的财产，但是本法第一千零六十三条第三项规定的除外；

（五）其他应当归共同所有的财产。

夫妻对共同财产，有平等的处理权。

第一千零六十三条　下列财产为夫妻一方的个人财产：

（一）一方的婚前财产；

（二）一方因受到人身损害获得的赔偿或者补偿；

（三）遗嘱或者赠与合同中确定只归一方的财产；

（四）一方专用的生活用品；

（五）其他应当归一方的财产。

第一千零六十五条第一款、第二款　男女双方可以约定婚姻关系存续期间所得的财产以及婚前财产归各自所有、共同所有或者部分各自所有、部分共同所有。约定应当采用书面形式。没有约定或者约定不明确的，适用本法第一千零六十二条、第一千零六十三条的规定。

夫妻对婚姻关系存续期间所得的财产以及婚前财产的约定，对双方具有法律约束力。

111. 婚后经营的个体工商户所欠债务，由谁偿还?

【律师解答】

《民法典》规定个体工商户的债务，个人经营的，以个人财产承担；家庭经营的，以家庭财产承担；无法区分的，以家庭财产承担。

如果夫妻婚姻关系存续期间，个体工商户由一方经营，生产经营所产生的收益由其个人享有，那么生产经营产生的一系列债务，也应该由其个人承担。

如果夫妻婚姻关系存续期间，个体工商户由家庭共同经营，生产经营产生的收益归家庭共有或用于家庭消费，那么该个体工商户经营期间产生的债务则以家庭财产承担。家庭共有财产是指家庭成员在家庭共同生活关系存续期间，共同创造、共同所得的财产。需要说明的是，有的家庭成员即使参与个体工商户的经营工作，也不一定是共同经营者；根据有关司法实践，有的经营者的家庭成员在经营店铺时具有一定的经营行为，但其没有对外的代表性质，该家庭成员的行为视为在个体工商户的职务行为，不宜认定为共同责任主体。

无法区分个体工商户是个人经营还是家庭经营的，其债务以家庭财产承担。现实中很多个体工商户都无法区分是个人经营还是家庭经营，一些债权人向个体工商户主张权利时将夫妻双方均列为被告，要求夫妻双方共同承担责任。

【法律依据】

《民法典》第五十六条第一款 个体工商户的债务，个人经营的，以个人财产承担；家庭经营的，以家庭财产承担；无法区分的，以家庭财产承担。

第一千零六十四条 夫妻双方共同签名或者夫妻一方事后追认等共同意思表示所负的债务，以及夫妻一方在婚姻关系存续期间以个人名义为家庭日常生活需要所负的债务，属于夫妻共同债务。

夫妻一方在婚姻关系存续期间以个人名义超出家庭日常生活需要所负的债务，不属于夫妻共同债务；但是，债权人能够证明该债务用于夫妻共同生活、共同生产经营或者基于夫妻双方共同意思表示的除外。

112. 个体工商户的经营权及字号在夫妻离婚时能否变更？

【律师解答】

《民法典》第五十四条规定："自然人从事工商业经营，经依法登记，为个体工商户。个体工商户可以起字号。"由此可见，个体工商户营业执照属于市场准入资格，经营权没有分割价值（个人认为营业执照不等同于经营权，经营才会产生收益，经营权还是有价值的）。但是，一些口碑较好的店铺，形成了一定区域的品牌影响力，那么其个体工商户的字号就存在一定价值。

根据原《个体工商户条例》的规定，个体工商户的经营者不能变更，夫妻离婚时如果要变更经营者，要将原来的个体工商户的登记注销，另一方重新申请。但自2022年11月1日起，个体工商户经营权转让规则发生了变化，《促进个体工商户发展条例》第十三条规定，个体工商户可以变更经营者，因此，夫妻离婚时双方如都主张个体工商户的经营权和字号，可以协商解决或是在评估基础上竞价取得。但需要注意，个体工商户的债务由经营者承担，因此在进行个体工商户经营者变更时，一定要将债务承担问题以书面形式约定清楚。

【法律依据】

《民法典》第一千零六十二条　夫妻在婚姻关系存续期间所得的下列财产，为夫妻的共同财产，归夫妻共同所有：

（一）工资、奖金、劳务报酬；

（二）生产、经营、投资的收益；

（三）知识产权的收益；

（四）继承或者受赠的财产，但是本法第一千零六十三条第三项规定的除外；

（五）其他应当归共同所有的财产。

夫妻对共同财产，有平等的处理权。

《促进个体工商户发展条例》第十三条 个体工商户可以自愿变更经营者或者转型为企业。变更经营者的，可以直接向市场主体登记机关申请办理变更登记。涉及有关行政许可的，行政许可部门应当简化手续，依法为个体工商户提供便利。

个体工商户变更经营者或者转型为企业的，应当结清依法应缴纳的税款等，对原有债权债务作出妥善处理，不得损害他人的合法权益。

《最高人民法院关于民事执行中变更、追加当事人若干问题的规定》第十三条第二款 个体工商户的字号为被执行人的，人民法院可以直接执行该字号经营者的财产。

113. 登记在他人名下、实际由自己经营的个体工商户，夫妻离婚时能否分割？

【律师解答】

现实生活中经常存在将半个体工商户登记在他人名下，实际由自己经营的情形。根据我国法律规定，个体工商户的收益与债务均应由合法登记的经营者持有及承担，因此，即使夫妻均认可登记在他人名下经营的个体工商户由夫妻出资设立、经营管理，经营收益也由夫妻享有，在离婚时也不能只根据夫妻双方的主张对个体工商户进行分割。

因为，夫妻双方离婚分割个体工商户的主张已涉及他人的利益，在个体工商户登记经营者没有对夫妻双方的主张予以认可，夫妻也未证明已经与名义经营者就投入、收益、利润进行了对账或者清算的情况下，夫妻双方要求按估算金额分割个体工商户及经营收益的主张是不能获得支持的；但如果个体工商户的名义经营者认可自己是名义经营者，则经过协商或评估确定的婚姻关系存续期间个体工商户的价值及获得的收益应当作为夫妻共同财产予以分割。

【法律依据】

《民法典》第五十六条第一款　个体工商户的债务，个人经营的，以个人财产承担；家庭经营的，以家庭财产承担；无法区分的，以家庭财产承担。

第一千零六十二条　夫妻在婚姻关系存续期间所得的下列财产，为夫妻的共同财产，归夫妻共同所有：

（一）工资、奖金、劳务报酬；

（二）生产、经营、投资的收益；

（三）知识产权的收益；

（四）继承或者受赠的财产，但是本法第一千零六十三条第三项规定的除外；

（五）其他应当归共同所有的财产。

夫妻对共同财产，有平等的处理权。

【参考案例】

（2021）最高法民终700号案。

114. 婚后夫妻一方以夫妻共同财产投资设立一人有限公司，离婚时股权如何分割？

【律师解答】

离婚诉讼中，婚后夫妻以共同财产投资设立的一人有限公司，仅夫妻中一人为有限公司股东，双方就股权分割可先行协商；无法协商一致时，可分为以下几种情形处理：（1）双方均主张股权且愿意和对方共同经营的，可按比例分割股权；（2）双方均主张股权但不愿意和对方共同经营的，可考虑在有利于公司经营的基础上由一方取得公司股权并给予另一方相应经济补偿，或通过竞价方式处理；（3）一方主张公司股权，另一方不主张公司股权的，在确定公司价值基础上，由取得公司股权一方给予另一方相应经济补偿；（4）双方均不愿意取得公司股权的，双方可另行对公司进行拍卖、变卖或解散清算并分割价款。另外需要注意的是，如股权已分割，应及时办理股权变更登记手续。

【法律依据】

《民法典》第一千零六十二条 夫妻在婚姻关系存续期间所得的下列财产，为夫妻的共同财产，归夫妻共同所有：

（一）工资、奖金、劳务报酬；

（二）生产、经营、投资的收益；

（三）知识产权的收益；

（四）继承或者受赠的财产，但是本法第一千零六十三条第三项规定的除外；

（五）其他应当归共同所有的财产。

夫妻对共同财产，有平等的处理权。

《公司法》第五十六条 有限责任公司应当置备股东名册，记载下列事项：

（一）股东的姓名或者名称及住所；

（二）股东认缴和实缴的出资额、出资方式和出资日期；

（三）出资证明书编号；

（四）取得和丧失股东资格的日期。

记载于股东名册的股东，可以依股东名册主张行使股东权利。

第八十四条　有限责任公司的股东之间可以相互转让其全部或者部分股权。

股东向股东以外的人转让股权的，应当将股权转让的数量、价格、支付方式和期限等事项书面通知其他股东，其他股东在同等条件下有优先购买权。股东自接到书面通知之日起三十日内未答复的，视为放弃优先购买权。两个以上股东行使优先购买权的，协商确定各自的购买比例；协商不成的，按照转让时各自的出资比例行使优先购买权。

公司章程对股权转让另有规定的，从其规定。

115. 婚后夫妻二人投资设立有限公司，离婚时股权应如何分割？

【律师解答】

离婚诉讼中，对于婚后以夫妻共同投资设立的有限公司，股东仅为夫妻二人的，双方可就股权分割先行协商；无法协商一致时，分以下几种情形处理：（1）夫妻双方均主张股权的，可按比例分割股权；（2）双方均要求补偿款的，可另行对公司进行拍卖、变卖或解散清算并分割价款；（3）夫妻一方主张股权，另一方主张补偿款的，可在对公司净资产、设备、实物等进行审计、评估后确定股权价值的基础上由获得股权一方给付另一方补偿款，获得补偿的一方即退出公司的生产、经营，并办理相应的股权变更手续。

需要注意的是，有限公司行政登记中注明的夫妻双方股权份额不能当然作为财产所有权份额的依据，并不构成夫妻间约定财产。但设立公司时根据相关规定提交财产分割书面证明或协议的，可构成对财产的约定。

【法律依据】

《民法典》第一千零六十二条 夫妻在婚姻关系存续期间所得的下列财产，为夫妻的共同财产，归夫妻共同所有：

（一）工资、奖金、劳务报酬；

（二）生产、经营、投资的收益；

（三）知识产权的收益；

（四）继承或者受赠的财产，但是本法第一千零六十三条第三项规定的除外；

（五）其他应当归共同所有的财产。

夫妻对共同财产，有平等的处理权。

《公司法》第五十六条 有限责任公司应当置备股东名册，记载下列事项：

（一）股东的姓名或者名称及住所；

（二）股东认缴和实缴的出资额、出资方式和出资日期；

（三）出资证明书编号；

（四）取得和丧失股东资格的日期。

记载于股东名册的股东，可以依股东名册主张行使股东权利。

116. 有限公司股东为夫妻双方及其他股东，离婚时夫妻二人的股权如何分割？

【律师解答】

离婚诉讼中，有限公司股东为夫妻二人及其他股东，双方就股权分割无法协商一致的，有以下几种处理方式：（1）双方均主张股权的，可按比例分割股权。（2）夫妻一方主张股权，另一方主张补偿款的，可在确定股权价值的基础上由获得股权一方给付另一方补偿款。（3）双方均要求补偿款的，可在确定股权价值的基础上向公司其他股东转让二人的股权，夫妻双方按比例分割其他股东支付的股权转让款；如若其他股东半数以上不同意转让，也不愿意以确定的股权价值支付股权转让款，视为其他股东同意夫妻二人向股东以外的人转让股权，受让人可以成为该公司股东，夫妻双方按比例分割受让人支付的股权转让款。

【法律依据】

《民法典》第一千零六十二条　夫妻在婚姻关系存续期间所得的下列财产，为夫妻的共同财产，归夫妻共同所有：

（一）工资、奖金、劳务报酬；

（二）生产、经营、投资的收益；

（三）知识产权的收益；

（四）继承或者受赠的财产，但是本法第一千零六十三条第三项规定的除外；

（五）其他应当归共同所有的财产。

夫妻对共同财产，有平等的处理权。

《公司法》第五十六条　有限责任公司应当置备股东名册，记载下列事项：

（一）股东的姓名或者名称及住所；

（二）股东认缴和实缴的出资额、出资方式和出资日期；

（三）出资证明书编号；

（四）取得和丧失股东资格的日期。

记载于股东名册的股东，可以依股东名册主张行使股东权利。

第八十四条　有限责任公司的股东之间可以相互转让其全部

或者部分股权。

股东向股东以外的人转让股权的，应当将股权转让的数量、价格、支付方式和期限等事项书面通知其他股东，其他股东在同等条件下有优先购买权。股东自接到书面通知之日起三十日内未答复的，视为放弃优先购买权。两个以上股东行使优先购买权的，协商确定各自的购买比例；协商不成的，按照转让时各自的出资比例行使优先购买权。

公司章程对股权转让另有规定的，从其规定。

117. 有限公司股东为夫妻一方及其他股东，离婚时股权如何分割？

【律师解答】

离婚诉讼中，有限公司股东为夫妻中一方及其他股东，夫妻双方就股权分割能够协商一致的，分为以下两种情形：（1）夫妻双方协商一致将出资额部分或者全部转让给夫妻双方中非股东一方，其他股东过半数同意，并且其他股东均明确表示放弃优先购买权的，原非股东一方可以成为该公司股东。（2）夫妻双方就出资额转让份额和转让价格等事项协商一致后，其他股东半数以上不同意转让，但愿意以同等条件购买该出资额的，夫妻双方可以对转让出资所得财产进行分割。其他股东半数以上不同意转让，也不愿意以同等条件购买该出资额的，视为其同意转让，原非股东一方可以成为该公司股东。

如夫妻双方就股权分割无法协商一致，可分以下几种情形：（1）双方均主张股权的，原则上可判决归股东一方所有，并给予非股东一方相应的经济补偿；（2）非股东一方放弃股权主张补偿款的，应在确定公司股权价值的基础上由股东一方给予另一方相应经济补偿；（3）股东一方放弃股权，应在确定公司股权价值的基础上由取得股权方给予另一方相应的经济补偿，但应经其他股东过半数同意且明确表示放弃优先购买权；（4）双方均不愿意取得公司股权的，可以另行按照《公司法》的规定将股权变现，并对价款依法分割。

【法律依据】

《最高人民法院关于适用〈中华人民共和国民法典〉婚姻家庭编的解释（一）》第七十三条　人民法院审理离婚案件，涉及分割夫妻共同财产中以一方名义在有限责任公司的出资额，另一方不是该公司股东的，按以下情形分别处理：

（一）夫妻双方协商一致将出资额部分或者全部转让给该股东的配偶，其他股东过半数同意，并且其他股东均明确表示放弃优先购买权的，该股东的配偶可以成为该公司股东；

（二）夫妻双方就出资额转让份额和转让价格等事项协商一致后，其他股东半数以上不同意转让，但愿意以同等条件购买该出资额的，人民法院可以对转让出资所得财产进行分割。其他股东半数以上不同意转让，也不愿意以同等条件购买该出资额的，视为其同意转让，该股东的配偶可以成为该公司股东。

用于证明前款规定的股东同意的证据，可以是股东会议材料，也可以是当事人通过其他合法途径取得的股东的书面声明材料。

《公司法》第八十四条　有限责任公司的股东之间可以相互转让其全部或者部分股权。

股东向股东以外的人转让股权的，应当将股权转让的数量、价格、支付方式和期限等事项书面通知其他股东，其他股东在同等条件下有优先购买权。股东自接到书面通知之日起三十日内未答复的，视为放弃优先购买权。两个以上股东行使优先购买权的，协商确定各自的购买比例；协商不成的，按照转让时各自的出资比例行使优先购买权。

公司章程对股权转让另有规定的，从其规定。

118. 离婚诉讼中，有限公司股权价值如何确定？

【律师解答】

离婚诉讼中，“折价补偿”往往需要对股权价值进行确认，一般有限公司股权价值的确认有以下几种路径：

（1）双方协商一致或竞价确定股权价值。非股东方在对公司经营及现值有所了解的情况下，尽可能地在对所涉股权市场价值进行充分了解与评估后确定股权价值。

（2）以司法评估的方式确定股权价值，股东所在公司提供申请评估期间的资产负债表、利润表以及相关的财务凭证等财务资料作为评估的参考依据，必要时鉴定人员还需要赴目标公司进行实地勘察以确定目标公司的实物资产价值，继而作出较为公允的资产评估报告。

（3）如果股东所在公司不能提供财务资料，法院可从工商、税务等部门调取该公司年度财务报表、资产负债表、损益表、净资产表等资料，再委托评估确定股权价值。

（4）若无法调取上述财务资料，可参照当地同行业中经营规模和水平近似的公司的营业收入或者利润核定股权价值。

（5）因评估费用较高，双方均不愿意申请司法评估或一方申请后不预交评估费用等多种因素，最终无法确定股权价值时，有的法院亦会结合其他材料，如公司审计报告、企业事业年度报告、实物资产以及实缴资本等相关证据，以确定涉案股权价值。

【法律依据】

《公司法》第四十八条 股东可以用货币出资，也可以用实物、知识产权、土地使用权、股权、债权等可以用货币估价并可以依法转让的非货币财产作价出资；但是，法律、行政法规规定不得作为出资的财产除外。

对作为出资的非货币财产应当评估作价，核实财产，不得高估或者低估作价。法律、行政法规对评估作价有规定的，从其规定。

119. 离婚时，合伙企业中的夫妻共同财产份额如何分割？

【律师解答】

合伙企业具有明显的“人合性”特征，夫妻离婚时对合伙企业中财产份额的转让或处分应受合伙协议约定及法律相关规定的约束和限制。人民法院审理离婚案件，涉及分割夫妻共同财产中以一方名义在合伙企业中的出资，另一方不是该企业合伙人的，当夫妻双方协商一致，将其合伙企业中的财产份额全部或者部分转让给对方时，按以下情形分别处理：

（1）其他合伙人一致同意，该配偶依法取得合伙人地位。

（2）其他合伙人不同意夫妻双方互相转让合伙企业中财产份额时的处理原则：①其他合伙人可以在同等条件下行使优先购买权，夫妻双方对转让财产份额所得的价款进行分割。②其他合伙人既不同意夫妻之间互相转让，又不愿行使优先购买权，但同意夫妻一方退伙或者削减部分财产份额的，应当在退伙或者削减部分财产份额的范围内进行分割和处理。③其他合伙人既不同意夫妻之间互相转让财产份额，也不愿行使优先购买权，又不同意夫妻一方退伙或者削减部分财产份额的，应当视为全体合伙人同意转让，该配偶依法取得合伙人地位。

【法律依据】

《最高人民法院关于适用〈中华人民共和国民法典〉婚姻家庭编的解释（一）》第七十四条 人民法院审理离婚案件，涉及分割夫妻共同财产中以一方名义在合伙企业中的出资，另一方不是该企业合伙人的，当夫妻双方协商一致，将其合伙企业中的财产份额全部或者部分转让给对方时，按以下情形分别处理：

（一）其他合伙人一致同意的，该配偶依法取得合伙人地位；

（二）其他合伙人不同意转让，在同等条件下行使优先购买权的，可以对转让所得的财产进行分割；

（三）其他合伙人不同意转让，也不行使优先购买权，但同意该合伙人退伙或者削减部分财产份额的，可以对结算后的财产进行分割；

（四）其他合伙人既不同意转让，也不行使优先购买权，又不同意该合伙人退伙或者削减部分财产份额的，视为全体合伙人同意转让，该配偶依法取得合伙人地位。

120. 以夫妻共有土地使用权及地上不动产作为合伙企业的出资，离婚时，无法对实物进行分割的，该共有财产应如何分割？

【律师解答】

夫妻一方以夫妻共有土地使用权及地上不动产为合伙企业作价出资的，双方在离婚时，要求分割财产一方提供翔实的证据证明土地及不动产的权属状况，确认该不动产确属夫妻共同财产后，才能要求对该财产进行分割。土地使用权及地上不动产不同于其他易分割的财产，不适宜直接对实物进行分割，要求分割财产一方可申请对土地使用权及地上不动产进行评估，共同委托法院选定专业评估机构作出资产评估报告，确定合伙财产中该出资的财产份额。双方再通过协商，对该共同财产份额进行分割，可以约定归合伙中出资一方所有，对另一方给予补偿；也可以对财产份额进行分割，或者按照相关的法律规定，经过其他全体合伙人一致同意，另一方以重新约定的份额入伙，成为合伙企业新的合伙人。

【法律依据】

《最高人民法院关于适用〈中华人民共和国民法典〉婚姻家庭编的解释（一）》第七十四条 人民法院审理离婚案件，涉及分割夫妻共同财产中以一方名义在合伙企业中的出资，另一方不是该企业合伙人的，当夫妻双方协商一致，将其合伙企业中的财产份额全部或者部分转让给对方时，按以下情形分别处理：

（一）其他合伙人一致同意的，该配偶依法取得合伙人地位；

（二）其他合伙人不同意转让，在同等条件下行使优先购买权的，可以对转让所得的财产进行分割；

（三）其他合伙人不同意转让，也不行使优先购买权，但同意该合伙人退伙或者削减部分财产份额的，可以对结算后的财产进行分割；

（四）其他合伙人既不同意转让，也不行使优先购买权，又不同意该合伙人退伙或者削减部分财产份额的，视为全体合伙人同意转让，该配偶依法取得合伙人地位。

121. 夫妻一方无法证明另一方在合伙企业中的实际出资金额，离婚时，能否分割另一方在合伙企业中的权益？

【律师解答】

夫妻一方以夫妻共有财产在合伙企业出资的，离婚时，要求分割财产一方需要根据“谁主张，谁举证”的原则，明确提供另一方在合伙企业中的财产份额。但由于要求分割财产一方并不实际参与合伙企业经营，对出资情况并不了解，若在离婚诉讼中无法举证另一方实际的出资情况，要求分割财产一方会面临更大的败诉风险。

实务中，分割合伙份额的诉请往往与其他合伙人的利益密切相关，如要求分割财产一方主张分割的房屋、车辆及机器设备等财产涉及案外人利益，法院往往会以涉及案外人利益为由，不予处理，告知其另行主张。这不仅增加了维权成本，也增加了诉累，对当事人极为不利。在此情况下，要求分割财产一方可与法官充分沟通，由法院对另一方进行询问，征求其意见；代理律师也可提前与其他合伙人进行沟通，征求其他合伙人的意见，以书面形式提交给法院。如其他合伙人一致同意非合伙人一方成为合伙人，非合伙人一方即可通过入伙的方式分得合伙企业相应的财产份额。

【法律依据】

《民事诉讼法》第六十七条 当事人对自己提出的主张，有责任提供证据。

当事人及其诉讼代理人因客观原因不能自行收集的证据，或者人民法院认为审理案件需要的证据，人民法院应当调查收集。

人民法院应当按照法定程序，全面地、客观地审查核实证据。

《合伙企业法》第四十三条第一款 新合伙人入伙，除合伙协议另有约定外，应当经全体合伙人一致同意，并依法订立书面入伙协议。

122. 合伙企业仅由夫妻二人出资设立，离婚时双方决定不再经营，如何对合伙企业的资产进行分割？

【律师解答】

如果夫妻双方共同投资成立合伙企业，由一方经营管理，离婚时对合伙企业财产的分割，可以采用转让份额的方式，即经双方协商一致，同意由一方继续经营合伙企业，企业资产评估后，夫妻一方将应得的合伙企业份额转让给另一方所有，另一方给予补偿；如果夫妻双方决定不再经营合伙企业，也可以解散合伙企业，对清算后的合伙企业财产进行分割。

合伙企业仅为夫妻二人出资设立，夫妻离婚导致合伙企业的财产份额被分割，分割的财产份额既包括合伙企业成立时投入的财产，也包括合伙企业经营期间增值的财产，当然还包括合伙企业存续期间产生的债权和债务。根据法律规定，合伙企业经营期间如有亏损，合伙人应对合伙期间的全部债务负连带责任；夫妻离婚时，如果合伙企业中的财产少于合伙企业债务，夫妻双方决定不再经营，应当根据合伙企业对外所负债务的情况分担亏损。

【法律依据】

《合伙企业法》第三十三条　合伙企业的利润分配、亏损分担，按照合伙协议的约定办理；合伙协议未约定或者约定不明确的，由合伙人协商决定；协商不成的，由合伙人按照实缴出资比例分配、分担；无法确定出资比例的，由合伙人平均分配、分担。

合伙协议不得约定将全部利润分配给部分合伙人或者由部分

合伙人承担全部亏损。

第五十一条 合伙人退伙，其他合伙人应当与该退伙人按照退伙时的合伙企业财产状况进行结算，退还退伙人的财产份额。退伙人对给合伙企业造成的损失负有赔偿责任的，相应扣减其应当赔偿的数额。

退伙时有未了结的合伙企业事务的，待该事务了结后进行结算。

第五十四条 合伙人退伙时，合伙企业财产少于合伙企业债务的，退伙人应当依照本法第三十三条第一款的规定分担亏损。

123. 结婚 1 年后离婚，可以要求返还彩礼吗？

【律师解答】

彩礼是我国一种婚嫁习俗。给付彩礼是指以结婚为目的，按照当地风俗习惯，一方或其家庭成员给付另一方礼金及贵重财物的行为。从法律性质上看，给付彩礼是一种以结婚为目的的赠与行为，即附条件的赠与。一方给付彩礼后，若双方最终未结婚，即所附条件未成就，给付彩礼的一方可要求接收彩礼的一方返还彩礼。

结婚 1 年后离婚，一方要求返还彩礼，法院会针对双方“有无共同生活”进行重点调查。若登记结婚后双方没有共同生活，没有相互扶持照顾、共同履行夫妻义务，一方主张要求返还彩礼，法院会予以支持。

实践中，当一方要求返还彩礼时，人民法院一般会根据双方是否办理结婚登记手续、有无共同生活、共同生活的时间、是否生育子女、双方过错情况、彩礼数额并结合当地风俗习惯等因素，确定是否返还以及具体返还的数额，以妥善平衡各方利益，维护社会稳定。

【法律依据】

《民法典》第一千零四十三条　家庭应当树立优良家风，弘扬家庭美德，重视家庭文明建设。

夫妻应当互相忠实，互相尊重，互相关爱；家庭成员应当敬老爱幼，互相帮助，维护平等、和睦、文明的婚姻家庭关系。

《最高人民法院关于适用〈中华人民共和国民法典〉婚姻家庭编的解释（一）》第五条　当事人请求返还按照习俗给付的彩礼的，如果查明属于以下情形，人民法院应当予以支持：

（一）双方未办理结婚登记手续；

（二）双方办理结婚登记手续但确未共同生活；

（三）婚前给付并导致给付人生活困难。

适用前款第二项、第三项的规定，应当以双方离婚为条件。

124. 男女双方已经举行婚礼并且同居生子但是没领结婚证，彩礼还需要返还吗？

【律师解答】

彩礼，有的地方也称为聘礼、纳彩等，是我国的一种婚嫁风俗。按照各地的风俗习惯，男方在迎娶女方之前，应当向女方家下聘礼或彩礼，以表示自己诚心求娶与女方缔结姻缘之意。彩礼的多少，随各地情况、当事人的经济状况等各方面因素而定，数额一般不低。

在男女双方未登记结婚，但已经举行婚礼并且同居生子的情况下，若男女双方分手，男方起诉至人民法院要求女方返还彩礼，此情形符合《最高人民法院关于适用〈中华人民共和国民法典〉

婚姻家庭编的解释（一）》第五条第一款第（一）项“双方未办理结婚登记手续”之规定，法院很可能会支持男方的主张，但鉴于男女双方已同居生子，故女方可以减少返还男方彩礼的数额。

实践中，法院处理未办理结婚登记手续确已共同生活，当事人主张返还彩礼的案件，一般根据未办理结婚登记手续的原因、双方共同生活的时间、彩礼的数额、有无生育子女、财产使用情况、双方经济状况等决定返还彩礼的比例及数额，客观、公平地维护女方的合法权益。

【法律依据】

《民法典》第一千零四十二条第一款 禁止包办、买卖婚姻和其他干涉婚姻自由的行为。禁止借婚姻索取财物。

第一千零四十三条 家庭应当树立优良家风，弘扬家庭美德，重视家庭文明建设。

夫妻应当互相忠实，互相尊重，互相关爱；家庭成员应当敬老爱幼，互相帮助，维护平等、和睦、文明的婚姻家庭关系。

第一千零四十九条 要求结婚的男女双方应当亲自到婚姻登记机关申请结婚登记。符合本法规定的，予以登记，发给结婚证。完成结婚登记，即确立婚姻关系。未办理结婚登记的，应当补办登记。

《最高人民法院关于适用〈中华人民共和国民法典〉婚姻家庭编的解释（一）》第五条 当事人请求返还按照习俗给付的彩礼的，如果查明属于以下情形，人民法院应当予以支持：

（一）双方未办理结婚登记手续；

（二）双方办理结婚登记手续但确未共同生活；

（三）婚前给付并导致给付人生活困难。

适用前款第二项、第三项的规定，应当以双方离婚为条件。

125. 彩礼返还案件中“生活困难”的认定标准是什么？

【律师解答】

在彩礼返还案件中，对于“生活困难”的认定标准，原《最高人民法院关于适用〈中华人民共和国婚姻法〉若干问题的解释（一）》第二十七条第一款、第二款规定：“婚姻法第四十二条所称‘一方生活困难’，是指依靠个人财产和离婚时分得的财产无法维持当地基本生活水平。一方离婚后没有住处的，属于生活困难。”

《最高人民法院关于适用〈中华人民共和国民法典〉婚姻家庭编的解释（一）》自2021年1月1日起施行，其中第五条与上述司法解释内容一致，是对上述司法解释的保留和延续。虽然该解释对“生活困难”的认定标准再未进行规定，但其立法精神及司法解释的精神未发生实质性改变。

彩礼返还案件中“生活困难”是指因给付彩礼导致给付人生活“绝对困难”，而非“相对困难”。“绝对困难”认定标准严格，必须是因为给付彩礼造成彩礼给付方靠自己的力量已经无法维持当地最基本的生活水平。如果男方主张因给付彩礼导致财产减少，生活条件、生活水平与给付彩礼之前相比明显降低，那么这种困难仅仅是“相对困难”，不是“绝对困难”，此时男方以“生活困难”为由诉请返还彩礼将难以得到法院裁判支持。

【法律依据】

《最高人民法院关于适用〈中华人民共和国民法典〉婚姻家庭编的解释（一）》第五条　当事人请求返还按照习俗给付的彩礼的，如果查明属于以下情形，人民法院应当予以支持：

（一）双方未办理结婚登记手续；

（二）双方办理结婚登记手续但确未共同生活；

（三）婚前给付并导致给付人生活困难。

适用前款第二项、第三项的规定，应当以双方离婚为条件。

126.“彩礼”“嫁妆”的性质，是个人财产还是夫妻共同财产？

【律师解答】

彩礼，是指以结婚为目的，按照当地风俗习惯，男方给付女方礼金及贵重财物的行为。从法律性质上看，给付彩礼是一种以结婚为目的的赠与行为，即附条件的赠与。接受彩礼表示女方答应结婚，在男女双方登记结婚后，该赠与行为所附条件生效，彩礼归女方所有。根据《民法典》第一千零六十二条的规定，在婚姻关系存续期间取得的财产才可能是夫妻共同财产，而彩礼一般是结婚登记之前所得，根据《民法典》第一千零六十三条的规定，一方的婚前财产一般认为属于夫妻个人财产。

嫁妆的性质可以通过女方父母赠与的时间来判断。如果是在结婚登记前将嫁妆赠与女方的，则为女方父母对于女方个人的赠与，属于女方的婚前个人财产；如果是在结婚登记之后赠与嫁妆，并且女方父母并未明确表示该嫁妆仅是赠与女方个人的，则是对夫妻双方的赠与，属于夫妻共同财产。

随着社会发展和经济水平的提高，男女双方的“彩礼”“嫁妆”越来越正式，也越来越贵重，为了避免日后因夫妻双方感情破裂导致离婚时对上述财产发生争议，建议男女双方就“彩礼”“嫁妆”的归属及时明确约定，以最终达成物品清单，双方共同签字确认最佳。

【法律依据】

《民法典》第一千零六十二条　夫妻在婚姻关系存续期间所得的下列财产，为夫妻的共同财产，归夫妻共同所有：

（一）工资、奖金、劳务报酬；

（二）生产、经营、投资的收益；

（三）知识产权的收益；

（四）继承或者受赠的财产，但是本法第一千零六十三条第三项规定的除外；

（五）其他应当归共同所有的财产。

夫妻对共同财产，有平等的处理权。

第一千零六十三条　下列财产为夫妻一方的个人财产：

（一）一方的婚前财产；

（二）一方因受到人身损害获得的赔偿或者补偿；

（三）遗嘱或者赠与合同中确定只归一方的财产；

（四）一方专用的生活用品；

（五）其他应当归一方的财产。

127. 彩礼与恋爱期间一般赠与有哪些区别?

【律师解答】

近年来，男女双方在恋爱期间会相互赠与财产，从金钱、首饰到汽车、房屋。随着经济社会的发展，赠与财产的价值也逐步增加，以至于在分手后对于赠与物品的所有权发生争议。彩礼与恋爱期间的一般赠与往往难以分辨定性，但可以通过二者的原因、目的、表现形式及价值、法律后果等方面进行有效区分：

（1）给付财产的原因不同。彩礼的给付一般是基于当地风俗习惯，并非自愿；恋爱期间一般赠与则是基于赠与人的自愿，是赠与人为表达自己的感情，不附加任何条件地将自身财产赠与对方。

（2）给付财产的目的不同。彩礼的给付是为了通过订婚达到缔结婚姻关系的目的；恋爱期间一般赠与则无此明确目的。

（3）给付财产的表现形式及价值不同。彩礼的给付一般包括礼金、“三金”或“五金”等首饰，与恋爱期间的一般赠与相比，价值较大；恋爱期间一般赠与，往往为节日礼物、红包以及为了培养感情产生的正常花费，数额一般不会过高。

（4）给付财产的法律后果不同。彩礼给付后，虽然财产权利发生了转移，但在分手或离婚时的情况若符合《最高人民法院关于适用〈中华人民共和国民法典〉婚姻家庭编的解释（一）》第五条之规定，可以主张返还彩礼；恋爱期间一般赠与在赠与财产权利转移后，财产归于受赠人，分手时赠与人主张返还财产难以得到支持。

【法律依据】

《民法典》第六百五十七条 赠与合同是赠与人将自己的财产无偿给予受赠人，受赠人表示接受赠与的合同。

第六百五十八条 赠与人在赠与财产的权利转移之前可以撤销赠与。

经过公证的赠与合同或者依法不得撤销的具有救灾、扶贫、助残等公益、道德义务性质的赠与合同，不适用前款规定。

第六百六十三条 受赠人有下列情形之一的，赠与人可以撤销赠与：

（一）严重侵害赠与人或者赠与人近亲属的合法权益；

（二）对赠与人有扶养义务而不履行；

（三）不履行赠与合同约定的义务。

赠与人的撤销权，自知道或者应当知道撤销事由之日起一年内行使。

《最高人民法院关于适用〈中华人民共和国民法典〉婚姻家庭编的解释（一）》第五条　当事人请求返还按照习俗给付的彩礼的，如果查明属于以下情形，人民法院应当予以支持：

（一）双方未办理结婚登记手续；

（二）双方办理结婚登记手续但确未共同生活；

（三）婚前给付并导致给付人生活困难。

适用前款第二项、第三项的规定，应当以双方离婚为条件。

128. 为子女购买的保险是否可以视为夫妻共同财产？

【律师解答】

如果是给未成年孩子购买保险，投保人是父母，那么孩子只能是被保险人或者受益人，此时未成年子女并不拥有这张保单的价值处置权。保险是否可以视为夫妻共同财产需要区分不同情形：

（1）因保险性质特殊，不宜作为夫妻共同财产分割。若在婚姻关系存续期间为子女购买人寿保险，该类保险合同因为具有人身属性，在父母向保险公司交纳保险费时就转化为子女的个人财产利益，不再作为夫妻共同财产进行分割。

（2）保单价值可以作为夫妻共同财产分割。若保险合同未明确约定财产利益归被保险人享有，在合同未到期的情况下，保险具有现金价值。如果保费资金来自工资收入，那么属于共同财产，保单价值也属于共同财产；反之，若使用婚前个人财产支付保费，那么保单就与对方无关，保单价值不能作为共同财产进行分割。

（3）财产保险合同约定财产利益由被保险人享有，在购买时就已经转化为子女个人财产，在离婚案件中该保险并不能认定为夫妻共同财产，而是视为对子女的赠与，在离婚时不予分割。

【法律依据】

《保险法》第十二条 人身保险的投保人在保险合同订立时，对被保险人应当具有保险利益。

财产保险的被保险人在保险事故发生时，对保险标的应当具有保险利益。

人身保险是以人的寿命和身体为保险标的的保险。

财产保险是以财产及其有关利益为保险标的的保险。

被保险人是指其财产或者人身受保险合同保障，享有保险金请求权的人。投保人可以为被保险人。

保险利益是指投保人或者被保险人对保险标的具有的法律上承认的利益。

《第八次全国法院民事商事审判工作会议（民事部分）纪要》第四条 婚姻关系存续期间以夫妻共同财产投保，投保人和被保险人同为夫妻一方，离婚时处于保险期内，投保人不愿意继续投保的，保险人退还的保险单现金价值部分应按照夫妻共同财产处理；离婚时投保人选择继续投保的，投保人应当支付保险单现金价值的一半给对方。

129. 指定受益人为夫妻一方的保险利益归属如何？

【律师解答】

现在人们保险意识越来越强，夫妻之间买保险的情况也越来越多了，鉴于每个家庭的经济能力不同，有的家庭只为夫妻单方购买保险，那么，指定受益人为夫妻一方的保险利益归属如何呢？

对于指定受益人为夫妻一方的保险，保险金的请求权属于被保险人或受益人。被保险人或受益人享有的受益权在保险事故发生前或保险期满前只是一种期待权，它可能因保单失效、受益人撤换、受益人先于被保险人死亡或受益人杀害被保险人等特殊情形而变更或消失。

保单上载明的保险金只是一种不确定的可期待利益，而且根据《保险法》的规定，保单上明确指定受益人的，当保险事故发生或期满而发生给付时，若无上述特殊情形，保险金应归该受益人所有。

【法律依据】

《保险法》第十八条第三款、第四款　受益人是指人身保险合同中由被保险人或者投保人指定的享有保险金请求权的人。投保人、被保险人可以为受益人。

保险金额是指保险人承担赔偿或者给付保险金责任的最高限额。

第四十二条　被保险人死亡后，有下列情形之一的，保险金作为被保险人的遗产，由保险人依照《中华人民共和国继承法》的规定履行给付保险金的义务：

（一）没有指定受益人，或者受益人指定不明无法确定的；

（二）受益人先于被保险人死亡，没有其他受益人的；

（三）受益人依法丧失受益权或者放弃受益权，没有其他受益人的。

受益人与被保险人在同一事件中死亡，且不能确定死亡先后顺序的，推定受益人死亡在先。

130. 婚姻关系存续期间一方欠的赌债是否应当由夫妻共同承担？

【律师解答】

赌债是因赌博而产生的债务关系。根据《民法典》第一百五十三条的规定，违反法律、行政法规的强制性规定的民事法律行为无效，赌债属无效法律关系。很多赌债会通过写借条的形式存在，但其实质仍属于违法，因此，这种借贷关系也不受法律保护。

夫妻共同债务主要是基于夫妻家庭共同生活的需要，以及对共有财产的管理、使用、收益和处分而产生的债务。确认婚姻关系存续期间的债务是否属于夫妻共同债务，可以从以下两方面考虑：（1）夫妻有无共同举债的合意。如果夫妻有共同举债的合意，则不论该债务所带来的利益是否为夫妻共享，该债务都被视为共同之债。（2）夫妻是否分享了该债务所带来的利益。尽管夫妻在事先和事后均无共同举债的合意，但该债务发生后，夫妻双方共同享受了该债务所带来的利益，则同样视为共同债务。

一方因赌博产生的债务，由于钱款未使用于夫妻共同生活和家庭生活，属于一方的不合理开支且不受法律的保护，应不属于夫妻共同债务的范围，不应由夫妻共同承担。

【法律依据】

《民法典》第一千零六十四条 夫妻双方共同签名或者夫妻一方事后追认等共同意思表示所负的债务，以及夫妻一方在婚姻关系存续期间以个人名义为家庭日常生活需要所负的债务，属于夫妻共同债务。

夫妻一方在婚姻关系存续期间以个人名义超出家庭日常生活需要所负的债务，不属于夫妻共同债务；但是，债权人能够证明该债务用于夫妻共同生活、共同生产经营或者基于夫妻双方共同意思表示的除外。

131. 未离婚时可以要求分割夫妻共同财产吗?

【律师解答】

我们谈及分割夫妻共同财产，大多是在离婚的情况下。我国实行法定财产制为主、约定财产制为辅的夫妻财产制度，即对夫妻共同财产没有约定的情况下，夫妻双方对于夫妻共同财产享有共同所有权，对夫妻共同财产不分份额地共同享有权利并承担义务。在没有对夫妻共同财产进行约定的情况下，分割夫妻共同财产原则上以离婚为前提条件。

这样规定的出发点之一是保障夫妻中经济能力较弱一方的权益，有利于实现真正的夫妻地位平等，符合我国文化传统和当前绝大多数人对夫妻财产制的要求，有利于维系更加平等、和睦的家庭关系。

那么，夫妻在婚姻关系存续期间能要求分割共同财产吗？可以，夫妻共同财产并不必然遵循民间传统观念所认为的“密不可分”理念，在特殊情况下可以分割，即一方有隐藏、转移、变卖、毁损、挥霍夫妻共同财产或者伪造夫妻共同债务等严重损害夫妻共同财产利益的行为；或者一方负有法定扶养义务的人患重大疾病需要医治，另一方不同意支付相关医疗费用时夫妻一方可以要求分割共同财产。

【法律依据】

《民法典》第一千零六十六条 婚姻关系存续期间，有下列情形之一的，夫妻一方可以向人民法院请求分割共同财产：（一）一方有隐藏、转移、变卖、毁损、挥霍夫妻共同财产或者伪造夫妻共同债务等严重损害夫妻共同财产利益的行为；（二）一方负有法定扶养义务的人患重大疾病需要医治，另一方不同意支付相关医疗费用。

132. 什么是婚前个人财产？如何定义夫妻一方的个人财产？

【律师解答】

婚前财产的界定主要看财产的取得时间。如果在婚前取得就是婚前财产；如果在婚后取得就是婚后财产。

夫妻个人财产，是指夫妻在实行共同财产制的前提下，依照法律的规定或者夫妻之间的约定，各自保留的一定范围的属于个人所有的财产，既包括个人婚前财产，也包括婚姻关系存续期间的个人财产。《民法典》第一千零六十三条确定的夫妻个人财产的范围是：

第一，婚前个人财产。婚前财产是指夫妻在结婚之前各自所有的财产，包括婚前个人劳务所得财产、继承或受赠与的财产以及其他合法财产。除此之外，婚前个人所有的货币及一般的生产资料、生活资料均归个人所有，不属于夫妻共同财产。

第二，一方因受到人身损害获得的赔偿或者补偿。一方因受人身伤害而获得的医疗费、残疾人生活补助费以及其他的赔偿或者补偿，是因受到人身伤害而得到的补偿费中的部分。该种财产具有人身性质，是用于保障受害人生活的基本费用，须归个人所有，不能作为夫妻共有财产。

第三，遗嘱或赠与合同中确定只归一方的财产。赠与人或被继承人明确以赠与、继承给个人为条件，所赠与或者所继承的物品具有鲜明的个人属性，也体现了财产所有人支配财产的真实意志。

第四，一方专用的生活物品。个人衣物、书籍、资料等都是极具个人属性的财产，为个人财产。

第五，其他应当归一方所有的财产，包括：（1）婚前个人财产的增值部分。婚前个人财产在婚后增值，经过夫妻共同管理、经营部分的增值，为夫妻共同财产，其他的为个人财产。（2）复员、转业军人的复员费、转业费、医疗补助费和回乡生产补助费，归个人所有。（3）夫妻一方的人身保险金。人寿保险金、伤害保险金等具有人身性质，只能作为个人财产。（4）与个人身份密切相关的奖品、奖金，国家资助优秀科学工作者的科研津贴，一方创作的手稿、文稿、艺术品设计图、草图等，归个人所有。

【法律依据】

《民法典》第一千零六十三条　下列财产为夫妻一方的个人财产：

（一）一方的婚前财产；

（二）一方因受到人身损害获得的赔偿或者补偿；

（三）遗嘱或者赠与合同中确定只归一方的财产；

（四）一方专用的生活用品；

（五）其他应当归一方的财产。

第五章　与婚姻有关的协议

133. 什么是婚内协议？

【律师解答】

婚内协议是夫妻对婚姻关系存续期间，就财产归属及子女抚养达成的协议。婚内协议本质属于一种合同，应符合合同的一般构成要件，但婚姻的人身专属性，婚后生活的复杂性、多样性赋予婚内协议特殊性。在日常生活中，男女双方签订的协议以下几种居多：分居协议、婚内财产协议、忠诚协议、赠与协议、净身出户协议等。

忠诚协议，是夫妻双方在结婚前后，为保证在婚姻关系存续期间不违反夫妻忠诚义务而以书面形式约定违约金或者赔偿责任金的协议，现实中还可能以“保证书”“承诺书”等形式存在。夫妻之间签订的忠诚协议，应由当事人本着诚信原则自觉履行，法律并不禁止夫妻之间签订此类协议，但一般也不赋予此类协议强制执行力。

婚内财产协议是夫妻对婚姻关系存续期间所得的财产以及婚前财产的归属做出的约定。夫妻可以约定婚姻关系存续期间所得的财产以及婚前财产归各自所有，共同所有，或者部分各自所有、部分共同所有。

夫妻对婚姻关系存续期间所得的财产以及婚前财产的约定，

对双方具有法律约束力。

【法律依据】

《民法典》第四百六十四条第一款　合同是民事主体之间设立、变更、终止民事法律关系的协议。

第一千零六十五条　男女双方可以约定婚姻关系存续期间所得的财产以及婚前财产归各自所有、共同所有或者部分各自所有、部分共同所有。约定应当采用书面形式。没有约定或者约定不明确的，适用本法第一千零六十二条、第一千零六十三条的规定。

夫妻对婚姻关系存续期间所得的财产以及婚前财产的约定，对双方具有法律约束力。

夫妻对婚姻关系存续期间所得的财产约定归各自所有，夫或妻一方对外所负的债务，相对人知道该约定的，以夫或者妻一方的个人财产清偿。

134. 婚内协议可以约定哪些内容？

【律师解答】

婚内协议包括分居协议和婚内财产协议等。

夫妻之间分居协议要写明双方的基本身份信息，双方的相关权利和义务，子女抚养、探望权，分居财产以及债务处理方式，分居期限等主要内容。夫妻双方同意分居并签订分居协议，可以作为分居的证据，有助于日后诉讼时法院查清分居事实。

婚内财产协议可以约定的内容包括：（1）双方基本信息，包括姓名、性别、民族、身份证号码、联系电话等；（2）财产项目的归属，常见的有房产、车辆、存款、股票、贵重物品以及相应财产收益、补偿归属等；（3）将来取得财产的归属，如未来薪资收入，继承、赠与所得财产的归属；（4）债权债务归属以及追偿责任。随着社会的不断发展，越来越多的夫妻也意识到，保护自己的财产和权益非常重要，婚内财产协议成了比较流行的解决方案。

【法律依据】

《民法典》第四百六十四条 合同是民事主体之间设立、变更、终止民事法律关系的协议。

第一千零六十五条 男女双方可以约定婚姻关系存续期间所得的财产以及婚前财产归各自所有、共同所有或者部分各自所有、部分共同所有。约定应当采用书面形式。没有约定或者约定不明确的，适用本法第一千零六十二条、第一千零六十三条的规定。

夫妻对婚姻关系存续期间所得的财产以及婚前财产的约定，对双方具有法律约束力。

夫妻对婚姻关系存续期间所得的财产约定归各自所有，夫或妻一方对外所负的债务，相对人知道该约定的，以夫或者妻一方的个人财产清偿。

135. 婚内协议怎么约定才有法律效力？

【律师解答】

婚内协议需要秉持平等、自愿、公平、诚实信用的原则，双方自愿签订，且不违反法律的禁止性规定，即应当尊重婚姻当事人的意思自治。如果该协议违反了法律的禁止性规定，则对其效力应予否定。

例如，有的协议约定“婚后双方任何一方提出离婚的，向对方予以赔偿”，因违反了婚姻自由的基本原则，限制了当事人离婚自由权的行使，该约定即为无效，不具有法律效力。另外，对

“出轨就净身出户”，很多人认为是理所当然的事实，其实并不然。“净身出户”也不是一个法律概念，在司法实务中，在没有婚内财产约定的情况下，法院不可能判决另一方“净身出户”。现实中没有律师指导签订的婚内财产约定，可能会存在瑕疵。真正到离婚诉讼的时候，有可能达不到预期的分割财产的目的，最终还需要按照法定财产制分割夫妻共同财产。

另外，有的协议还约定“空床费”等，目前在司法实践中，法院一般首先应当审查双方当事人在签订协议时有无欺诈、胁迫的情形，如完全出于自愿，协议内容无违法之处，应当认定协议有效。在离婚诉讼中，一方主张按照协议履行的，人民法院应予以支持。由于我国大部分家庭实行法定共同财产制，故在不解除婚姻关系的前提下，一方要求按照协议的约定判决对方支付补偿款的主张，法院一般不予支持。

【法律依据】

《民法典》第一百四十三条 具备下列条件的民事法律行为有效：

（一）行为人具有相应的民事行为能力；

（二）意思表示真实；

（三）不违反法律、行政法规的强制性规定，不违背公序良俗。

136. 婚内签订的哪些协议可能得不到法律的支持？

【律师解答】

夫妻忠诚协议、夫妻之间的净身出户协议、夫妻双方之间的赠与协议这三种协议，如果签订得不规范，可能存在风险，进入诉讼阶段得不到法院的支持。

（1）忠诚协议是双方夫妻为保证她们在婚姻关系存续期间，不违反夫妻忠实义务，而以书面形式约定违约金或者赔偿金的协议，现实中多以保证书、承诺书等形式存在。法律对忠诚协议的态度是，该类协议的行为属于情感道德范畴，即签署该类协议的行为法律不禁止，若其拒不履行，另一方想通过诉讼的方式要求履行，法律也不支持。

（2）出轨就净身出户的协议是无效的。法院在分割共同财产时，会综合考虑夫妻在婚姻关系中的付出、贡献大小、过错方的过错程度等因素，本着照顾无过错方的原则，对财产进行分割。

（3）夫妻协议约定一方把自己婚前个人财产赠与另一方，认为通过该协议，自己的权利就会得到保障。实际上仅有赠与协议是不行的，在赠与物没有交付的时候，赠与人有任意撤销权，即其若不想赠与了，是可以反悔的。

【法律依据】

《民法典》第一千零四十三条 家庭应当树立优良家风，弘扬家庭美德，重视家庭文明建设。

夫妻应当互相忠实，互相尊重，互相关爱；家庭成员应当敬老爱幼，互相帮助，维护平等、和睦、文明的婚姻家庭关系。

第一千零九十一条 有下列情形之一，导致离婚的，无过错方有权请求损害赔偿：

（一）重婚；

（二）与他人同居；

（三）实施家庭暴力；

（四）虐待、遗弃家庭成员；

（五）有其他重大过错。

137. 婚内财产协议应该什么时候签订?

【律师解答】

婚内财产协议通常在两种情况下签订。(1)如果签订婚内财产协议单纯是为了将双方的财产进行分离,防止一方将夫妻共同财产转给第三方,那么该协议越早签订越好。(2)如果对方已经出轨,想让对方在财产上少分或者不分,建议提前将协议拟定好,可以借助对方出轨时的愧疚之心签订,此时一般相对容易签署。当然双方意思表示要真实,不能采用欺诈、胁迫等不合法的手段来达到签订婚内协议的目的,否则签订的婚内财产协议反而得不到法律的保护。

在日常生活中,很多婚内协议就是因为没有把握好签订时机,导致离婚诉讼时消耗了大量的时间和精力来争夺财产。签订合法有效的婚内财产协议,有助于消除双方的相互猜测,为更好地经营幸福的婚姻助力。

【法律依据】

《民法典》第四百六十四条第一款　合同是民事主体之间设立、变更、终止民事法律关系的协议。

第一千零六十五条　男女双方可以约定婚姻关系存续期间所得的财产以及婚前财产归各自所有、共同所有或者部分各自所有、部分共同所有。约定应当采用书面形式。没有约定或者约定不明确的,适用本法第一千零六十二条、第一千零六十三条的规定。

夫妻对婚姻关系存续期间所得的财产以及婚前财产的约定,对双方具有法律约束力。

夫妻对婚姻关系存续期间所得的财产约定归各自所有,夫或妻一方对外所负的债务,相对人知道该约定的,以夫或妻一方的个人财产清偿。

138. 一方婚内出轨，对非过错方来说，让出轨方写保证书还是婚内财产协议更有利？

【律师解答】

对非过错方来说，最大限度地维护自身合法权益的方式，是婚内财产协议和保证书都写。保证书的作用是固定对方婚外情证据，但是如果想约定财产，最大限度保障自己的合法权益，那么还是要签订婚内财产协议。

婚内财产协议比保证书更重要。对出轨取证的一个目的，就是固定过错方相关证据或者多分财产。婚内财产协议可以约定夫妻共同财产全部或者部分归一方所有，因此若出轨方愿意签订婚内财产协议，直接把财产约定归非过错方就可以达到其维护自己利益的目的。当然，最好的操作方式是保证书与婚内财产协议一起委托律师起草好，同时拿给对方签字。如果对方只愿意签订其中一份的话，建议优先签订婚内财产协议。

【法律依据】

《民法典》第四百六十四条第一款 合同是民事主体之间设立、变更、终止民事法律关系的协议。

第一千零六十五条 男女双方可以约定婚姻关系存续期间所得的财产以及婚前财产归各自所有、共同所有或者部分各自所有、部分共同所有。约定应当采用书面形式。没有约定或者约定不明确的，适用本法第一千零六十二条、第一千零六十三条的规定。

夫妻对婚姻关系存续期间所得的财产以及婚前财产的约定，对双方具有法律约束力。

夫妻对婚姻关系存续期间所得的财产约定归各自所有，夫或妻一方对外所负的债务，相对人知道该约定的，以夫或者妻一方的个人财产清偿。

139. 婚内协议在哪些情况下可以撤销?

【律师解答】

夫妻之间达成的婚内财产约定协议是双方通过订立契约，协商一致对家庭财产内部分配的结果。在不涉及婚姻家庭以外的第三人利益的情况下，应当尊重夫妻之间的真实意思表示，按照双方达成的婚内财产约定协议履行，不能任意撤销。

但是，签订的婚内财产协议具有以下情形时可以撤销：（1）有证据证明该协议系因重大误解订立的；（2）协议系利用对方处于危困状态、没有判断能力的情况下签订的，协议显失公平；（3）协议系一方以欺诈、胁迫的手段或者乘人之危，使对方在违背真实意思的情况下订立的。

【法律依据】

《民法典》第一百四十七条　基于重大误解实施的民事法律行为，行为人有权请求人民法院或者仲裁机构予以撤销。

第一百四十八条　一方以欺诈手段，使对方在违背真实意思的情况下实施的民事法律行为，受欺诈方有权请求人民法院或者仲裁机构予以撤销。

第一百四十九条　第三人实施欺诈行为，使一方在违背真实意思的情况下实施的民事法律行为，对方知道或者应当知道该欺诈行为的，受欺诈方有权请求人民法院或者仲裁机构予以撤销。

第一百五十条　一方或者第三人以胁迫手段，使对方在违背真实意思的情况下实施的民事法律行为，受胁迫方有权请求人民法院或者仲裁机构予以撤销。

第一百五十一条 一方利用对方处于危困状态、缺乏判断能力等情形，致使民事法律行为成立时显失公平的，受损害方有权请求人民法院或者仲裁机构予以撤销。

140. 签了夫妻财产约定书后，一方随即提出离婚诉讼，另一方可以撤销婚内财产约定吗？

【律师解答】

如果签订婚内财产约定协议不久，一方就提出离婚，名为签订婚内财产协议处理夫妻共同财产，实为以该协议达到离婚诉讼中分割夫妻共同财产的目的，使得另一方作出了错误的意思表示，另一方不同意按照该协议处理夫妻共同财产的，可以向法院诉讼撤销该协议，法院则会按照婚内财产协议是否存在法定可撤销的情形进行审理。经案例检索得知，法院一般会综合双方的协议签订背景、目的，双方婚姻关系情况、双方离婚诉讼情况、财产情况等，判定撤销的主张是否合理合法。若判决夫妻财产约定协议有效，不存在可撤销情形，则按照夫妻财产协议进行财产分割；如夫妻财产协议可撤销，撤销后按照离婚时财产分割一般原则进行处理。

【法律依据】

《民法典》第一千零八十七条 离婚时，夫妻的共同财产由双方协议处理；协议不成的，由人民法院根据财产的具体情况，按照照顾子女、女方和无过错方权益的原则判决。

对夫或者妻在家庭土地承包经营中享有的权益等，应当依法

予以保护。

第一千零八十八条　夫妻一方因抚育子女、照料老年人、协助另一方工作等负担较多义务的，离婚时有权向另一方请求补偿，另一方应当给予补偿。具体办法由双方协议；协议不成的，由人民法院判决。

第一千零九十一条　有下列情形之一，导致离婚的，无过错方有权请求损害赔偿：

（一）重婚；

（二）与他人同居；

（三）实施家庭暴力；

（四）虐待、遗弃家庭成员；

（五）有其他重大过错。

第一千零九十二条　夫妻一方隐藏、转移、变卖、毁损、挥霍夫妻共同财产，或者伪造夫妻共同债务企图侵占另一方财产的，在离婚分割夫妻共同财产时，对该方可以少分或者不分。离婚后，另一方发现有上述行为的，可以向人民法院提起诉讼，请求再次分割夫妻共同财产。

141. 撤销离婚协议要注意哪些问题？

【律师解答】

在现实生活中，部分夫妻为了逃避债务、房屋限购、车辆限购或者其他目的，选择通过“假离婚”的方式恢复单身状态，以满足特定的条件需要，在签订离婚协议时，让渡了全部或者部分财产权利，最后，有些夫妻假戏真做，导致人财两空，反过头来要求撤销离婚协议。那么，离婚协议撤销要注意哪些问题？

首先，男女双方只要在民政局办理了离婚登记手续，夫妻关系即解除，即便诉至法院要求撤销离婚协议，也只能就离婚协议中的财产分割条款或者因离婚财产分割达成的协议进行撤销，而不能就人身关系行使撤销权；其次，撤销离婚协议的法定理由是订立财产分割协议时存在欺诈、胁迫等情形，例如，一方以另一方或者其近亲属的生命、身体、健康、名誉、财产等方面造成损害为要挟，迫使另一方签订离婚协议；最后，撤销之诉应当自协议离婚后1年内提出，该时间为除斥期间，除斥期间不发生中止、中断和延长。

【法律依据】

《民法典》第一百五十二条 有下列情形之一的，撤销权消灭：

（一）当事人自知道或者应当知道撤销事由之日起一年内、重大误解的当事人自知道或者应当知道撤销事由之日起九十日内没有行使撤销权；

（二）当事人受胁迫，自胁迫行为终止之日起一年内没有行使撤销权；

（三）当事人知道撤销事由后明确表示或者以自己的行为表明放弃撤销权。

当事人自民事法律行为发生之日起五年内没有行使撤销权的，撤销权消灭。

《最高人民法院关于适用〈中华人民共和国民法典〉婚姻家庭编的解释（一）》第七十条 夫妻双方协议离婚后就财产分割问题反悔，请求撤销财产分割协议的，人民法院应当受理。

人民法院审理后，未发现订立财产分割协议时存在欺诈、胁迫等情形的，应当依法驳回当事人的诉讼请求。

142. 婚内财产协议撤销权的行使期限是多长时间？

【律师解答】

男女双方在平等、自愿、协商一致的情况下签订婚内财产协议，对双方具有法律约束力。如果签订该协议时，有违背对方真实意思表示的情形，或者是在实施欺诈、胁迫的情形下签订协议，另一方享有撤销权。

依据撤销权的情形不同，行使的期限也不尽相同：（1）如果是一方以欺诈手段，在违背对方真实意思表示的情况下签订该协议，受欺诈方自知道或应当知道撤销事由之日起1年内行使撤销权；（2）如果是因重大误解，另一方自知道或者应当知道撤销事由之日起90日内行使撤销权；（3）如果是一方在被胁迫或者处于危困状态下签订该协议，受胁迫方在胁迫行为终止之日起1年内行使撤销权。男女一方在上述任何一种情形下签订的婚内财产协议，受损害方在法律规定的期限内，都可向仲裁机构或人民法院申请撤销相应的民事法律行为。

需要提醒的是，法律不保护躺在权利上睡觉的人，法律赋予的权利要及时行使，以免错过诉讼期限。

【法律依据】

《民法典》第一百四十八条　一方以欺诈手段，使对方在违背真实意思的情况下实施的民事法律行为，受欺诈方有权请求人民法院或者仲裁机构予以撤销。

第一百四十九条　第三人实施欺诈行为，使一方在违背真实意思的情况下实施的民事法律行为，对方知道或者应当知道该欺诈行为的，受欺诈方有权请求人民法院或者仲裁机构予以撤销。

第一百五十条　一方或者第三人以胁迫手段，使对方在违背真实意思的情况下实施的民事法律行为，受胁迫方有权请求人民法院或者仲裁机构予以撤销。

第一百五十一条 一方利用对方处于危困状态、缺乏判断能力等情形，致使民事法律行为成立时显失公平的，受损害方有权请求人民法院或者仲裁机构予以撤销。

143. 签了婚内财产协议，离婚时能反悔吗？

【律师解答】

婚内财产协议是一种具有身份关系属性的合同，目前没有专门适用有关身份关系合同的法律规定，婚内财产协议受《民法典》合同编相关法律规定的调整。因此，婚内财产协议签订时男女双方必须具有完全的民事行为能力，双方应在自愿的前提下签署，协议系双方真实意思表示，内容不违反法律的禁止性规定。如果当事人没有证据证明具有无效或可撤销的法定情形，应当认定协议对双方具有法律约束力。

现实生活中有部分人签订婚内财产协议后，在离婚时反悔，继而主张对己不利的婚内财产协议无效，该主张一般得不到法院的支持。因婚内财产协议大多是在家庭内部签订，该协议的形成具有隐蔽性，当事人一般难以利己的证据佐证该协议存在无效或可撤销的法定情形，因此其主张大多无法得到法院支持。

【法律依据】

《民法典》第一百四十三条 具备下列条件的民事法律行为有效：

（一）行为人具有相应的民事行为能力；

（二）意思表示真实；

（三）不违反法律、行政法规的强制性规定，不违背公序良俗。

第四百六十四条 合同是民事主体之间设立、变更、终止民事法律关系的协议。婚姻、收养、监护等有关身份关系的协议，适用有关该身份关系的法律规定；没有规定的，可以根据其性质参照适用本编规定。

第一千零六十五条第一款、第二款 男女双方可以约定婚姻关系存续期间所得的财产以及婚前财产归各自所有、共同所有或者部分各自所有、部分共同所有。约定应当采用书面形式。没有约定或者约定不明确的，适用本法第一千零六十二条、第一千零六十三条的规定。

夫妻对婚姻关系存续期间所得的财产以及婚前财产的约定，对双方具有法律约束力。

144. 婚内财产协议和离婚协议书有何不同？

【律师解答】

首先，两者订立目的不同。婚内财产协议以夫妻关系存续为前提，主要用以增进双方感情，维持婚姻稳定；而离婚协议是因夫妻感情破裂，以解除夫妻关系为目的订立的。

其次，两者约定内容不同。婚内财产协议多是夫妻对双方婚前和婚后所得的所有或者部分财产的权属进行约定，而离婚协议不仅对婚姻关系存续期间的全部财产进行约定，同时还要对子女抚养、债权债务的享有和承担进行约定。

最后，两者生效条件不同。婚内财产协议并非附条件的协议，只要双方意思表示真实，不违反法律法规的强制性规定，签订时不存在欺诈、胁迫等情形即生效。而离婚协议则需要以办理离婚登记为前提条件，是附条件生效的协议，即以“离婚登记”为生效要件，若双方办理离婚登记则协议生效，否则不发生法律效力。

【法律依据】

《民法典》第一千零六十五条第一款、第二款 男女双方可以约定婚姻关系存续期间所得的财产以及婚前财产归各自所有、共同所有或者部分各自所有、部分共同所有。约定应当采用书面形式。没有约定或者约定不明确的，适用本法第一千零六十二条、第一千零六十三条的规定。

夫妻对婚姻关系存续期间所得的财产以及婚前财产的约定，对双方具有法律约束力。

第一千零七十六条 夫妻双方自愿离婚的，应当签订书面离婚协议，并亲自到婚姻登记机关申请离婚登记。

离婚协议应当载明双方自愿离婚的意思表示和对子女抚养、财产及债务处理等事项协商一致的意见。

第一千零七十八条 婚姻登记机关查明双方确实是自愿离婚，并已经对子女抚养、财产以及债务处理等事项协商一致的，予以登记，发给离婚证。

145. 婚内协议如何签订才能受到法律保护？

【律师解答】

婚内协议的签订需要注意以下几个要件：（1）男女双方必须具备完全民事行为能力；（2）男女双方对协议内容的意思表示必须真实，一方不能通过欺诈、胁迫的手段使对方签订协议，如果对方有证据证明该协议的签订存在被欺诈或者被胁迫的情形，该协议可能会被撤销；（3）婚内协议不能违反法律、行政法律的强制性规定，协议内容尽量只对男女双方的财产进行约定，协议中尽量避免离婚、净身出户等字眼，更不要涉及限制婚姻自由、孩子抚养权等关于人身权限制的约定；（4）婚内协议的内容一定要清晰明确，比如涉及房产的约定，建议完全按照权利证书载明的信息誊写；（5）婚内协议尽量办理公证，尤其是约定一方将婚前财产归另一方所有或者共同所有的情况，若不具备办理公证的条件，建议在协议中增加房产持有方放弃任意撤销权的条款；（6）婚内协议一定要采用书面的形式，口头约定无效。

【法律依据】

《民法典》第一百四十三条 具备下列条件的民事法律行为有效：

（一）行为人具有相应的民事行为能力；

（二）意思表示真实；

（三）不违反法律、行政法规的强制性规定，不违背公序良俗。

第六百五十八条 赠与人在赠与财产的权利转移之前可以撤销赠与。

经过公证的赠与合同或者依法不得撤销的具有救灾、扶贫、助残等公益、道德义务性质的赠与合同，不适用前款规定。

第一千零六十五条第一款、第二款 男女双方可以约定婚姻关系存续期间所得的财产以及婚前财产归各自所有、共同所有或者部分各自所有、部分共同所有。约定应当采用书面形式。没有约定或者约定不明确的，适用本法第一千零六十二条、第一千零六十三条的规定。

夫妻对婚姻关系存续期间所得的财产以及婚前财产的约定，对双方具有法律约束力。

146. 婚内协议可以转化为离婚协议吗？

【律师解答】

婚内协议是指夫妻双方为了解决或预防纠纷，或确立某种法律关系，实现一定的共同利益、愿望，经过协商达成一致后签订的协议，该协议只要内容不违反法律、行政法规的强制性规定，一经签订就生效，司法实践中一般多指婚内财产协议。离婚协议是夫妻双方自愿离婚时对子女抚养、财产及债务处理等事项协商一致而达成的协议。离婚协议强调夫妻双方离婚时的合意。

当合法有效的婚内协议符合离婚时夫妻双方的意思表示时，婚内协议可以转化为离婚协议。一旦有一方对婚内协议的内容反悔，该婚内协议就无法转化为离婚协议。司法实践中，对于合法有效的婚内协议，守约方会通过诉讼离婚的方式让违约方履行。

【法律依据】

《民法典》第一千零六十五条第一款、第二款 男女双方可以约定婚姻关系存续期间所得的财产以及婚前财产归各自所有、共同所有或者部分各自所有、部分共同所有。约定应当采用书面形式。没有约定或者约定不明确的，适用本法第一千零六十二条、第一千零六十三条的规定。

夫妻对婚姻关系存续期间所得的财产以及婚前财产的约定，对双方具有法律约束力。

第一千零七十六条 夫妻双方自愿离婚的，应当签订书面离婚协议，并亲自到婚姻登记机关申请离婚登记。

离婚协议应当载明双方自愿离婚的意思表示和对子女抚养、财产以及债务处理等事项协商一致的意见。

《婚姻登记条例》第十条第一款 内地居民自愿离婚的，男女双方应当共同到一方当事人常住户口所在地的婚姻登记机关办理离婚登记。

第十一条第一款、第三款　办理离婚登记的内地居民应当出具下列证件和证明材料：

（一）本人的户口簿、身份证；

（二）本人的结婚证；

（三）双方当事人共同签署的离婚协议书。

离婚协议书应当载明双方当事人自愿离婚的意思表示以及对子女抚养、财产及债务处理等事项协商一致的意见。

147. 离婚协议只要双方签字就生效吗？

【律师解答】

离婚协议不是双方签字就生效，离婚协议属于附生效条件的协议，即以“离婚”为生效条件；若还没有离婚，条件不成就，协议当然不能生效。

《最高人民法院关于适用〈中华人民共和国民法典〉婚姻家庭编的解释（一）》第六十九条规定：当事人达成的以协议离婚或者到人民法院调解离婚为条件的财产分割协议，如果双方离婚未成，一方在离婚诉讼中反悔的，人民法院应当认定该财产分割协议没有生效，并根据实际情况依法对夫妻共同财产进行分割。

【法律依据】

《民法典》第一千零七十六条　夫妻双方自愿离婚的，应当签订书面离婚协议，并亲自到婚姻登记机关申请离婚登记。

离婚协议应当载明双方自愿离婚的意思表示和对子女抚养、财产及债务处理等事项协商一致的意见。

第一千零七十八条 婚姻登记机关查明双方确实是自愿离婚，并已经对子女抚养、财产以及债务处理等事项协商一致的，予以登记，发给离婚证。

《最高人民法院关于适用〈中华人民共和国民法典〉婚姻家庭编的解释（一）》第六十九条 当事人达成的以协议离婚或者到人民法院调解离婚为条件的财产以及债务处理协议，如果双方离婚未成，一方在离婚诉讼中反悔的，人民法院应当认定该财产以及债务处理协议没有生效，并根据实际情况依照民法典第一千零八十七条和第一千零八十九条的规定判决。

当事人依照民法典第一千零七十六条签订的离婚协议中关于财产以及债务处理的条款，对男女双方具有法律约束力。登记离婚后当事人因履行上述协议发生纠纷提起诉讼的，人民法院应当受理。

148. 夫妻签订“出轨就净身出户”的协议是否有效?

【律师解答】

净身出户一般指夫妻双方决定离婚时，一方要求另一方不得获得夫妻共同财产的行为。如果该协议有“若一方婚内再次出轨，自愿净身出户”的类似表述，本质是对其将来违反夫妻之间忠诚义务而以书面形式约定的财产处分的协议，应属无效协议。而且，夫妻之间的忠诚义务是一种情感道德义务，夫妻之间签订的忠诚协议，应由当事人本着诚信原则自愿履行，法律并不禁止夫妻之间签订此类协议，但也不赋予此类协议强制执行力。

在司法实践中，出轨并不必然导致净身出户。但是该协议能够证明一方曾经存在过错行为，无过错方按照照顾无过错方的原则可以主张多分财产，并且很大程度上能实现这一诉讼主张。

如果想要签订一份具有法律效力的“净身出户协议”，建议签订一份约定清晰的婚内财产协议。

【法律依据】

《民法典》第一千零四十一条　婚姻家庭受国家保护。

实行婚姻自由、一夫一妻、男女平等的婚姻制度。

保护妇女、未成年人、老年人、残疾人的合法权益。

第一千零六十五条第一款、第二款　男女双方可以约定婚姻关系存续期间所得的财产以及婚前财产归各自所有、共同所有或者部分各自所有、部分共同所有。约定应当采用书面形式。没有约定或者约定不明确的，适用本法第一千零六十二条、第一千零六十三条的规定。

夫妻对婚姻关系存续期间所得的财产以及婚前财产的约定，对双方具有法律约束力。

第一千零八十七条第一款　离婚时，夫妻的共同财产由双方协议处理；协议不成的，由人民法院根据财产的具体状况，按照照顾子女、女方和无过错方权益的原则判决。

149. 婚内财产协议未经公证是否有效？

【律师解答】

婚内财产协议具有合同属性，应当采用书面形式，同时需要具备合同生效的构成要件。男女双方均具有民事行为能力、意思表示真实，协议内容不违反法律、行政法规的强制性规定，不违背公序良俗，该协议即合法有效；公证并非婚内财产协议的生效要件。

需要注意的是，如果婚内财产协议包含将一方所有的财产约定为归另一方所有的情形，则该种情形需要通过赠与的方式予以实现。因夫妻赠与在赠与财产的权利转移之前，除法律规定的特殊情况外，赠与人可以撤销赠与，因此建议双方到公证机关对婚内财产协议进行公证，防止赠与方反悔，对赠与行为行使撤销权。

【法律依据】

《民法典》第一百四十三条 具备下列条件的民事法律行为有效：

（一）行为人具有相应的民事行为能力；

（二）意思表示真实；

（三）不违反法律、行政法规的强制性规定，不违背公序良俗。

第六百五十八条 赠与人在赠与财产的权利转移之前可以撤销赠与。

经过公证的赠与合同或者依法不得撤销的具有救灾、扶贫、助残等公益、道德义务性质的赠与合同，不适用前款规定。

第一千零六十五条 男女双方可以约定婚姻关系存续期间所得的财产以及婚前财产归各自所有、共同所有或者部分各自所有、部分共同所有。约定应当采用书面形式。没有约定或者约定不明确的，适用本法第一千零六十二条、第一千零六十三条的规定。

夫妻对婚姻关系存续期间所得的财产以及婚前财产的约定，对双方具有法律约束力。

夫妻对婚姻关系存续期间所得的财产约定归各自所有，夫或者妻一方对外所负的债务，相对人知道该约定的，以夫或者妻一方的个人财产清偿。

150. 起诉离婚前达成的离婚协议书是否可以作为诉讼离婚的依据?

【律师解答】

根据我国法律规定，解除婚姻关系可采取协议离婚或诉讼离婚的方式。有时男女双方在婚姻关系存续期间达成离婚协议，并对子女抚养和财产分割等问题进行了约定，但由于种种原因，双方并未到婚姻登记机关办理协议离婚手续，而是到法院进行诉讼离婚。在这种情形下，往往会出现一方主张原来达成的离婚协议合法有效，要求法院完全按照该离婚协议约定的内容判决解除双方的婚姻关系，并处理财产分割和子女抚养问题；另一方则否认离婚协议的效力，要求法院依法进行判决的情况。

离婚协议书是一种附条件的民事法律行为，该离婚协议书是以双方协议离婚为前提的，一方或者双方为了达到离婚的目的，可能在子女抚养、财产分割等方面作出有条件的让步。因此，在双方未能在婚姻登记机关协议离婚的情况下，该离婚协议书并没有生效，对男女双方均不产生法律约束力，其约定不能当然作为人民法院处理离婚案件的直接依据。

【法律依据】

《最高人民法院关于适用〈中华人民共和国民法典〉婚姻家庭编的解释（一）》第六十九条　当事人达成的以协议离婚或者到人民法院调解离婚为条件的财产以及债务处理协议，如果双方离婚未成，一方在离婚诉讼中反悔的，人民法院应当认定该财产以及债务处理协议没有生效，并根据实际情况依照民法典第一千零八十七条和第一千零八十九条的规定判决。

当事人依照民法典第一千零七十六条签订的离婚协议中关于

财产以及债务处理的条款，对男女双方具有法律约束力。登记离婚后当事人因履行上述协议发生纠纷提起诉讼的，人民法院应当受理。

151. 同时存在的离婚协议和婚内财产协议，哪个有效？

【律师解答】

离婚协议是男女双方自愿解除婚姻关系以及双方对子女抚养问题、财产分割问题及债务处理等事项协商一致而形成的综合协议，只有办理离婚登记后，才发生法律效力。

婚内财产协议是男女双方在婚姻关系存续期间以书面形式对婚内财产以及婚前财产的权属进行的约定，可以约定为各自所有、共同所有或者部分各自所有、部分共同所有。

从两份协议的签订时间来看，婚内财产协议在前、离婚协议签订在后，当两份协议对财产的约定出现矛盾时，应视为男女双方对夫妻共同财产进行了重新分配，是对签订在前的婚内财产协议内容的变更，是双方真实意思的最终表示，但是离婚协议是附条件生效的，只有具备了离婚要件，其内容才会发生效力，如果离婚协议发生效力，应以离婚协议的约定为准。

【法律依据】

《民法典》第一百四十三条 具备下列条件的民事法律行为有效：

（一）行为人具有相应的民事行为能力；

（二）意思表示真实；

（三）不违反法律、行政法规的强制性规定，不违背公序良俗。

第一千零六十五条第一款、第二款　男女双方可以约定婚姻关系存续期间所得的财产以及婚前财产归各自所有、共同所有或者部分各自所有、部分共同所有。约定应当采用书面形式。没有约定或者约定不明确的，适用本法第一千零六十二条、第一千零六十三条的规定。

夫妻对婚姻关系存续期间所得的财产以及婚前财产的约定，对双方具有法律约束力。

《最高人民法院关于适用〈中华人民共和国民法典〉婚姻家庭编的解释（一）》第六十九条第一款　当事人达成的以协议离婚或者到人民法院调解离婚为条件的财产以及债务处理协议，如果双方离婚未成，一方在离婚诉讼中反悔的，人民法院应当认定该财产以及债务处理协议没有生效，并根据实际情况依照民法典第一千零八十七条和第一千零八十九条的规定判决。

152. 婚前协议、婚内协议、离婚协议各有什么用处？

【律师解答】

婚前协议签订的时间通常发生在领取结婚证之前，主要的目的是明确双方婚前个人财产的范围，同时也可以对婚后的财产归属作出约定。这种协议一般在结婚后发生法律效力。

婚内协议主要是指男女双方在自愿、平等的情况下，采用书面形式签订的婚内财产协议，对婚姻关系存续期间所得的财产归属及其财产份额进行约定。婚内协议系男女双方对夫妻财产制形态的合意，系为了排除法定财产制的适用，双方之约定一般是针对全部财产或部分财产，具有普遍性的约束力。

离婚协议是双方综合考虑双方和子女利益及财产归属等内容后协商一致达成的就人身、财产及子女抚养等事项“一揽子”解决的综合协议。离婚协议是一份附条件的协议，只有在领取离婚证后才发生法律效力，如果仅签订离婚协议但未办理离婚登记，离婚协议便不发生法律效力。

【法律依据】

《民法典》第一千零六十五条第一款、第二款 男女双方可以约定婚姻关系存续期间所得的财产以及婚前财产归各自所有、共同所有或者部分各自所有、部分共同所有。约定应当采用书面形式。没有约定或者约定不明确的，适用本法第一千零六十二条、第一千零六十三条的规定。

夫妻对婚姻关系存续期间所得的财产以及婚前财产的约定，对双方具有法律约束力。

《最高人民法院关于适用〈中华人民共和国民法典〉婚姻家庭编的解释（一）》第六十九条第一款 当事人达成的以协议离婚或者到人民法院调解离婚为条件的财产以及债务处理协议，如果双方离婚未成，一方在离婚诉讼中反悔的，人民法院应当认定该财产以及债务处理协议没有生效，并根据实际情况依照民法典第一千零八十七条和第一千零八十九条的规定判决。

153. 复婚后，原离婚协议书是否“作废”？

【律师解答】

复婚，是指已离婚的男女双方自愿恢复夫妻关系，到婚姻登记机关办理结婚登记手续，重新确立婚姻关系的行为，也就是说，复婚是同一对男女之间发生的一段新的婚姻关系。

男女双方办理离婚登记手续时不仅需要提交身份证、户口簿、结婚证等证明身份关系的材料，还需要提交经双方协商一致的离婚协议书，该离婚协议书在双方办理离婚登记手续后即生效。

男女双方复婚后，原离婚协议书是否作废需要具体分析：

第一，原离婚协议中涉及财产分割所达成的内容并不因复婚而失效，除非复婚时双方对原离婚协议分割的财产进行了重新约定，否则男女一方在复婚前所拥有的个人财产仍归于其个人所有。

第二，原离婚协议中涉及子女抚养的相关内容因男女双方复婚而失效，因为复婚使得男女双方恢复到原来的家庭状态中，男女双方有了继续共同抚养子女的环境和条件，原离婚协议中涉及子女抚养的约定因离婚这个前提条件不存在而失效。

【法律依据】

《民法典》第一千零六十二条 夫妻在婚姻关系存续期间所得的下列财产，为夫妻的共同财产，归夫妻共同所有：

（一）工资、资金、劳务报酬；

（二）生产、经营、投资的收益；

（三）知识产权的收益；

（四）继承或者受赠的财产，但是本法第一千零六十三条第三项规定的除外；

（五）其他应当归共同所有的财产。

夫妻对共同财产，有平等的处理权。

《最高人民法院关于适用〈中华人民共和国民法典〉婚姻家庭编的解释（一）》第六十九条第二款 当事人依照民法典第一千零七十六条签订的离婚协议中关于财产以及债务处理的条款，对于男女双方具有法律约束力。登记离婚后当事人因履行上述协议发生纠纷提起诉讼的，人民法院应当受理。

154. 妻子病重期间，夫妻忠诚协议约定“女方去世后，儿子上大学前，男方不得再婚”。该约定有法律效力吗?

【律师解答】

该约定没有法律效力。婚姻自由权是宪法和《民法典》赋予公民的人身权利。

男女婚姻自由、一夫一妻，是我国婚姻制度的重要原则之一。婚姻关系是一种具有严格人身属性的社会关系，男女任何一方自然死亡，婚姻关系的主体之一已不复存在，必然引起夫妻关系的消灭。同时，我国《民法典》规定，被宣告死亡的人与配偶的婚姻关系，自死亡宣告之日起消除。

法律鼓励当事人意思自治，但意思自治必须是在完全自愿的前提下，并且不违反法律强制性、禁止性规定。男女双方有权按照《民法典》的规定，完全自愿决定自己的婚姻问题。在不违反婚姻相关法律法规的前提下，公民享有婚姻的自由，不受他人干涉。显然，夫妻生前签订的附条件或附期限的限制婚姻自由的协议也是无效的。

因此，忠诚协议中关于“女方去世后，儿子上大学前男方不得再婚”的约定，因违反法律强制性规定而无效。

【法律依据】

《民法典》第五十一条　被宣告死亡的人的婚姻关系，自死亡宣告之日起消除。死亡宣告被撤销的，婚姻关系自撤销死亡宣告之日起自行恢复。但是，其配偶再婚或者向婚姻登记机关书面声明不愿意恢复的除外。

第一千零四十一条　婚姻家庭受国家保护。

实行婚姻自由、一夫一妻、男女平等的婚姻制度。

保护妇女、未成年人、老年人、残疾人的合法权益。

第一千零四十二条　禁止包办、买卖婚姻和其他干涉婚姻自由的行为。禁止借婚姻索取财物。

禁止重婚。禁止有配偶者与他人同居。

禁止家庭暴力。禁止家庭成员间的虐待和遗弃。

155. 夫妻忠诚协议约定“若男女任何一方出轨，孩子则由对方抚养”。该约定有法律效力吗？

【律师解答】

该约定没有法律效力。若夫妻任何一方出轨导致离婚，是否存在出轨行为与获得孩子的抚养权没有必然关系。

关于孩子的抚养权归谁，如果协商不成，法院将按照“最有利于未成年子女的原则”来确定，具体如下：

（1）不满2周岁的子女，离婚后以由母亲直接抚养为原则。

（2）按照法律规定，2周岁到8周岁之间的子女，属于无民事行为能力人。《民法典》第一千零八十四条第三款规定，已满2周岁的子女，父母双方对抚养问题协议不成的，由人民法院根据双方的具体情况，按照最有利于未成年子女的原则判决。法院将根据最有利于未成年子女的原则来决定抚养权归属，这意味着法院会全面衡量父母的抚养条件和抚养能力，选择最适合孩子成长生活的一方，来直接抚养孩子。

《民法典》第一千零八十四条第三款规定：“子女已满八周岁的，应当尊重其真实意愿。”在法律上，8周岁到18周岁之间的子女为限制民事行为能力人（16周岁以上的未成年人，以自己的劳动收入为主要生活来源的视为完全民事行为能力人），一般能够表达自己的意愿。如果他们父母对抚养权争执不下，法院会征询子女的意见，并尊重其真实意愿。

【法律依据】

《民法典》第一千零八十四条 父母与子女间的关系，不因父母离婚而消除。离婚后，子女无论由父或者母直接抚养，仍是父母双方的子女。

离婚后，父母对于子女仍有抚养、教育、保护的权利和义务。

离婚后，不满两周岁的子女，以由母亲直接抚养为原则。已满两周岁的子女，父母双方对抚养问题协议不成的，由人民法院根据双方的具体情况，按照最有利于未成年子女的原则判决。子女已满八周岁的，应当尊重其真实意愿。

156. 夫妻协议约定“若一方出轨，另一方提出离婚，出轨方就必须同意离婚”。该约定有法律效力吗？

【律师解答】

该约定没有法律效力。“出轨”并非法律术语，而是人们对于违背夫妻忠实义务的各种情形统称，常见的比如“单方出轨”“双方出轨”“精神出轨”“肉体出轨”等。离婚的判定标准是“夫妻感情破裂”，但是，“出轨”并不必然导致“夫妻感情破裂”。

《民法典》第一千零七十九条规定具有重婚或者与他人同居情形的，若调解无效，应当准予离婚。但偶然的出轨甚至嫖娼，都不能算作重婚或者同居。通过司法大数据检索，对于偶然性出轨的案件，即便原告方提供了类似于被告方的开房记录、捉奸在床的视频资料、嫖娼的行政处罚决定书等证据，法官也很可能会驳回原告离婚的诉讼请求。

但也并不是说只有有重婚、与他人同居这种行为的，法院才判决离婚，别的出轨的情形法院都不判离。对于多次嫖娼、长期出轨等严重过错行为最终导致感情破裂的，法院也可能会判决离婚。

【法律依据】

《民法典》第一千零七十六条　夫妻双方自愿离婚的，应当签订书面离婚协议，并亲自到婚姻登记机关申请离婚登记。

离婚协议应当载明双方自愿离婚的意思表示和对子女抚养、财产以及债务处理等事项协商一致的意见。

第一千零七十八条　婚姻登记机关查明双方确实是自愿离婚，并已经对子女抚养、财产以及债务处理等事项协商一致的，予以登记，发给离婚证。

第一千零七十九条　夫妻一方要求离婚的，可以由有关组织进行调解或者直接向人民法院提起离婚诉讼。

人民法院审理离婚案件，应当进行调解；如果感情确已破裂，调解无效的，应当准予离婚。

有下列情形之一，调解无效的，应当准予离婚：

（一）重婚或者与他人同居；

（二）实施家庭暴力或者虐待、遗弃家庭成员；

（三）有赌博、吸毒等恶习屡教不改；

（四）因感情不和分居满二年；

（五）其他导致夫妻感情破裂的情形。

一方被宣告失踪，另一方提起离婚诉讼的，应当准予离婚。

经人民法院判决不准离婚后，双方又分居满一年，一方再次提起离婚诉讼的，应当准予离婚。

157. 夫妻之间签订的忠诚协议有法律效力吗?

【律师解答】

目前理论界对于夫妻“忠诚协议”是否有效存在争议，但是实践层面，最高人民法院在《中华人民共和国民法典婚姻家庭编继承编理解与适用》中明确：夫妻之间签订忠诚协议，应由当事人本着诚信原则自觉自愿履行，法律并不禁止夫妻之间签订此类协议，但也不赋予此类协议强制执行力。这种观点在司法实务中各地作出的判决中也有所体现。

忠诚协议实质上是属于情感、道德范畴，违反忠诚协议一方心甘情愿净身出户，为自己的出轨行为付出经济上的代价，法律并不禁止；但是如果一方不愿履行，法律并不强迫其履行忠诚协议。一言以蔽之，违反忠诚协议一方自愿履行约定金钱给付义务的，法律不禁止；若其拒不履行，另一方通过诉讼要求履行的，法律也不支持。

【法律依据】

《民法典》第一千零四十三条 家庭应当树立优良家风，弘扬家庭美德，重视家庭文明建设。

夫妻应当互相忠实，互相尊重，互相关爱；家庭成员应当敬老爱幼，互相帮助，维护平等、和睦、文明的婚姻家庭关系。

第一千零六十五条 男女双方可以约定婚姻关系存续期间所得的财产以及婚前财产归各自所有、共同所有或者部分各自所有、部分共同所有。约定应当采用书面形式。没有约定或者约定不明确的，适用本法第一千零六十二条、第一千零六十三条的规定。

夫妻对婚姻关系存续期间所得的财产以及婚前财产的约定，对双方具有法律约束力。

夫妻对婚姻关系存续期间所得的财产约定归各自所有，夫或者妻一方对外所负的债务，相对人知道该约定的，以夫或者妻一方的个人财产清偿。

第一千零八十七条　离婚时，夫妻的共同财产由双方协议处理；协议不成的，由人民法院根据财产的具体情况，按照照顾子女、女方和无过错方权益的原则判决。

对夫或者妻在家庭土地承包经营中享有的权益等，应当依法予以保护。

158. 夫妻协议约定“出轨方须赔偿对方精神损害抚慰金100万元”。该约定有法律效力吗？

【律师解答】

本问题涉及的约定类似忠诚协议。夫妻之间签订忠诚协议，应由当事人本着诚信原则自觉自愿履行，法律并不禁止夫妻之间签订此类协议，但也不赋予此类协议强制执行力，该约定是否有法律效力需要综合考虑，理由如下：

第一，此类忠诚协议，主张按忠诚协议赔偿的一方当事人，既要证明协议内容是真实的，没有欺诈、胁迫的情形，又要证明对方具有违反忠诚协议的行为，可能为了举证而去捉奸，为获取证据窃听电话、私拆信件，甚至对个人隐私权更为恶劣的侵犯情形都可能发生，夫妻之间的感情纠葛可能演变为刑事犯罪案件，其负面效应不可低估。

第二，赋予忠诚协议法律强制力的后果，就是鼓励当事人在婚前签订一个可以“拴住”对方的忠诚协议，这不仅会加大婚姻成本，而且也会使建立在双方情感和信任基础上的婚姻关系变质。

第三，忠诚协议实质上属于情感、道德范畴，当事人自觉自愿履行当然好，如违反忠诚协议一方心甘情愿净身出户或赔偿对方，为自己的出轨行为付出经济上的代价。但是如果一方不愿履行，不应强迫其履行忠诚协议。

【法律依据】

《民法典》第一千零四十三条 家庭应当树立优良家风，弘扬家庭美德，重视家庭文明建设。

夫妻应当互相忠实，互相尊重，互相关爱；家庭成员应当敬老爱幼，互相帮助，维护平等、和睦、文明的婚姻家庭关系。

第一千零六十五条 男女双方可以约定婚姻关系存续期间所得的财产以及婚前财产归各自所有、共同所有或者部分各自所有、部分共同所有。约定应当采用书面形式。没有约定或者约定不明确的，适用本法第一千零六十二条、第一千零六十三条的规定。

夫妻对婚姻关系存续期间所得的财产以及婚前财产的约定，对双方具有法律约束力。

夫妻对婚姻关系存续期间所得的财产约定归各自所有，夫或者妻一方对外所负的债务，相对人知道该约定的，以夫或者妻一方的个人财产清偿。

第一千零八十七条 离婚时，夫妻的共同财产由双方协议处理；协议不成的，由人民法院根据财产的具体情况，按照照顾子女、女方和无过错方权益的原则判决。

对夫或者妻在家庭土地承包经营中享有的权益等，应当依法予以保护。

159. 夫妻协议约定“离婚时共同共有的房产归子女所有”。该约定有法律效力吗？夫妻任意一方可以撤销吗？

【律师解答】

本问题涉及的约定类似忠诚协议。夫妻之间签订忠诚协议，应由当事人本着诚信原则自觉自愿履行，法律并不禁止夫妻之间签订此类协议，但也不赋予此类协议强制执行力。

离婚时，将共同共有的房产约定归子女所有，是父母作为完全民事行为能力人对其享有所有权的不动产的合法行为，具有照顾、保护子女利益的目的，此约定合法有效。不论子女是否成年，均可以为其办理房屋过户登记。

离婚协议书中对案涉房屋的约定虽然不直接产生物权变动的法律效力，但案涉房屋作为夫妻共同财产，二人将房屋赠与子女具有生活保障功能，子女办理过户的请求具有特定指向性，优先于普通债权人的利益。法律没有规定过夫妻共同财产离婚后归女方所有，离婚时，双方对共同财产有平等的处置权，除非双方有其他的财产约定。

【法律依据】

《民法典》第一千零六十五条 男女双方可以约定婚姻关系存续期间所得的财产以及婚前财产归各自所有、共同所有或者部分各自所有、部分共同所有。约定应当采用书面形式。没有约定或者约定不明确的，适用本法第一千零六十二条、第一千零六十三条的规定。

夫妻对婚姻关系存续期间所得的财产以及婚前财产的约定，对双方具有法律约束力。

夫妻对婚姻关系存续期间所得的财产约定归各自所有，夫或者妻一方对外所负的债务，相对人知道该约定的，以夫或者妻一方的个人财产清偿。

第一千零八十七条 离婚时，夫妻的共同财产由双方协议处理；协议不成的，由人民法院根据财产的具体情况，按照照顾子女、女方和无过错方权益的原则判决。

对夫或者妻在家庭土地承包经营中享有的权益等，应当依法予以保护。

第一千零九十二条 夫妻一方隐藏、转移、变卖、毁损、挥霍夫妻共同财产，或者伪造夫妻共同债务企图侵占另一方财产的，在离婚分割夫妻共同财产时，对该方可以少分或者不分。离婚后，另一方发现有上述行为的，可以向人民法院提起诉讼，请求再次分割夫妻共同财产。

160. 夫妻婚内协议约定“将夫妻共同财产归一方所有，夫妻共同债务由另一方承担”。该约定有法律效力吗？

【律师解答】

婚内财产协议应该建立在平等协商的基础上，且在双方自愿的情况下签订。订立合同显失公平或者一方以欺诈、胁迫的手段使对方在违背意愿的情况下签订的，协议可撤销。如果此类协议以离婚为条件，会被认定为以离婚为目的的婚内财产协议，不符合法律规定。如果涉及离婚诉讼，夫妻一方反悔，则无法根据协议进行财产分割。

婚姻关系存续期间签订此类协议，如果离婚时承担债务的一方提出异议，法院也可能会因为显失公平对该协议不予认可。有时夫妻双方签订这类协议是为了躲避债务，在协议上约定将财产归属于一方，债务归属于另一方，极易损害债权人利益。这类协议即使在夫妻之间有效，也无法对抗债权人。

另外，如果以离婚为条件进行此类约定，很容易被认定为夫妻忠诚协议。夫妻忠诚协议，应当由夫妻双方本着诚实信用的原则自觉履行，法律并不禁止签订此类协议，但也不赋予其强制执行效力。最高人民法院对此类夫妻忠诚协议纠纷不予受理。

【法律依据】

《民法典》第一千零六十五条　男女双方可以约定婚姻关系存续期间所得的财产以及婚前财产归各自所有、共同所有或者部分各自所有、共同所有或者部分各自所有、部分共同所有。约定应当采用书面形式。没有约定或者约定不明确的，适用本法第一千零六十二条、第一千零六十三条的规定。

夫妻对婚姻关系存续期间所得的财产以及婚前财产的约定，对双方具有法律约束力。

夫妻对婚姻关系存续期间所得的财产约定归各自所有，夫或者妻一方对外所负的债务，相对人知道该约定的，以夫或者妻一方的个人财产清偿。

161. 忠诚协议是否适用于非婚姻关系（如同居关系）的伴侣？

【律师解答】

男女双方未领取结婚证而以夫妻名义同居生活，此时双方属于同居关系。

关于情侣二人的财产，情侣二人同居期间一方的工资、奖金、生产经营收益以及通过继承、赠与所获得的合法收入，原则上归本人所有。双方同居期间共同购买的财产或者共同经营所得，如果属于按份共有，按照各自的出资额比例分享权利；如果属于共同共有，则二人对共有财产共同享有权利；如果无法确定是按份共有还是共同共有，视为按份共有，不能确定出资额比例的，视为等额共有。但二人在平等协商且双方自愿的基础上约定财产归属的除外。

关于子女抚养，非婚生子女与婚生子女享有同等权利，非婚生子女不因父母解除同居关系而消除父母子女关系，抚养权和抚养费问题仍可参照婚生子女的规定处理。若双方协商同意按照“忠诚协议”分配子女的抚养权，法院可按照此协议进行调解；若其中一方不同意按照“忠诚协议”分配子女的抚养权，法院会综合考虑双方的抚养能力和抚养条件，从有利于子女身心健康的角度出发，判决子女归一方抚养或者由双方共同抚养。

【法律依据】

《最高人民法院关于适用〈中华人民共和国民法典〉婚姻家庭编的解释（一）》第三条 当事人提起诉讼请求解除同居关系的，人民法院不予受理；已经受理的，裁定驳回起诉。

当事人因同居期间财产分割或者子女抚养纠纷提起诉讼的，人民法院应当受理。

《民法典》第一千零七十一条第一款 非婚生子女享有与婚生子女同等的权利，任何组织或个人不得加以危害和歧视。

162. 签订夫妻忠诚协议时，满足哪些条件的协议才有效?

【律师解答】

如果忠诚协议约定：若一方出轨，则净身出户，夫妻共同财产（甚至婚前财产）全部归无过错方所有，此类协议的效力实践中存在争议，可能会被法院认定为无效。因此，尽量以夫妻财产协议的形式对财产进行约定。

签订该协议时，应注意：

（1）双方在平等协商且双方自愿的基础上签订，不存在一方以欺诈、胁迫等手段使对方违背意愿的情况，否则协议无效。

（2）对财产的归属进行明确约定。对于婚内共同所有的房产等不动产，明确约定归一方所有，并将该不动产过户至其名下；对于婚姻关系存续期间，各方继承、受赠所获得的财产归属进行约定。

（3）债务约定。可以对双方的债务作出明确约定，但是不能对违反忠实义务施以严苛的条件，比如“净身出户”“巨额赔偿”等条款，该类约定容易不被法院认可。

（4）协议切勿违反法律法规的强制性规定。不要以协议约定的形式剥夺和限制一方的人身权利，比如，必须离婚、必须放弃对孩子的监护权、不得探视子女等，因为涉及身份的约定属无效约定。

【法律依据】

《民法典》第四百六十四条　合同是民事主体之间设立、变更、终止民事法律关系的协议。

婚姻、收养、监护等有关身份关系的协议，适用有关该身份关系的法律规定；没有规定的，可以根据其性质参照适用本编规定。

第一千零六十五条 男女双方可以约定婚姻关系存续期间所得的财产以及婚前财产归各自所有、共同所有或者部分各自所有、共同所有或者部分各自所有、部分共同所有。约定应当采用书面形式。没有约定或者约定不明确的，适用本法第一千零六十二条、第一千零六十三条的规定。

夫妻对婚姻关系存续期间所得的财产以及婚前财产的约定，对双方具有法律约束力。

夫妻对婚姻关系存续期间所得的财产约定归各自所有，夫或者妻一方对外所负的债务，相对人知道该约定的，以夫或者妻一方的个人财产清偿。

第一千零八十六条第一款 离婚后，不直接抚养子女的父或者母，有探望子女的权利，另一方有协助的义务。

163. 夫妻忠诚协议何时签订最好？

【律师解答】

夫妻忠诚协议，是指夫妻双方婚前或者婚后在平等协商的基础上约定的，两人要对家庭、配偶、子女等有道德感和责任感，若违背约定时则承担支付赔偿金等责任的协议。在现实生活中，夫妻忠诚协议常见的多用三段论来表述：第一，夫妻应当忠诚；第二，不忠诚则离婚；第三，离婚时过错方按照协议约定赔偿损失、分割财产或子女归忠诚方等。

对于忠诚协议的签订时间，忠诚协议可以订立于婚前，也可以订立于婚后。如果是婚前订立的忠诚协议，应当以婚姻关系的缔结为生效时间。

根据多个司法判例，法院不反对双方签订婚前协议、忠诚协议，但是不会赋予其强制执行力，即履行主要凭自觉，签订方是可以反悔的。

但是，还是建议在发现对方出轨前就签订忠诚协议，事先做好准备工作；等到发现对方出轨时再签订，离婚时对方可能会以签订协议是因为受到胁迫而签下的为由，主张不能表达自己的真实意愿，因此可能被认定为无效。

【法律依据】

《民法典》第一千零四十三条　家庭应当树立优良家风，弘扬家庭美德，重视家庭文明建设。

夫妻应当互相忠实，互相尊重，互相关爱；家庭成员应当敬老爱幼，互相帮助，维护平等、和睦、文明的婚姻家庭关系。

《最高人民法院关于适用〈中华人民共和国民法典〉婚姻家庭编的解释（一）》第四条　当事人仅以民法典第一千零四十三条为依据提起诉讼的，人民法院不予受理；已经受理的，裁定驳回起诉。

第六章　离婚损害赔偿、经济补偿与经济帮助

164. 哪些情况下，离婚时可以主张损害赔偿？

【律师解答】

《民法典》第一千零九十一条规定了五种可以要求离婚损害赔偿的情形：

第一种情形即重婚。“重婚”是指有配偶者与他人同居，在与他人同居时，还办理了婚姻登记或虽未登记但举行结婚仪式或对外以夫妻名义同居，损害一夫一妻制。

第二种情形是与他人同居。“与他人同居”是指与婚外异性持续、稳定地共同居住，但并不以夫妻之名，不办理婚姻登记，而以保姆、兄妹等名义同居的行为。

第三种情形是一方有家庭暴力。“家庭暴力”是指发生在家庭成员之间的暴力。它包括在家庭关系中发生的身体、性、情感等方面的暴力，同时包括威胁施以暴力的行为。家庭暴力不仅发生在配偶之间，还发生在父母子女、兄弟姐妹、祖孙等家庭成员之间。

第四种情形即虐待、遗弃家庭成员。持续性、经常性的家庭暴力即为“虐待”。“遗弃”则是指有抚养、赡养义务的人，不履行义务，导致家庭成员伤亡等严重后果的行为，配偶之间未发生暴力行为，而配偶中一方对其他家庭成员实施了暴力的，另一方

亦可提出损害赔偿。

第五种情形是有其他重大过错。实务中其他过错行为还包括精神出轨、卖淫、嫖娼、赌博、吸毒等，为使无过错方权利得以获得救济，《民法典》还规定了“有其他重大过错”作为兜底。法院在处理具体案件时，通常会考虑情节严重程度、损失后果等，对是否存在“重大过错”进行认定。

【法律依据】

《民法典》第一千零九十一条　有下列情形之一，导致离婚的，无过错方有权请求损害赔偿：

（一）重婚；

（二）与他人同居；

（三）实施家庭暴力；

（四）虐待、遗弃家庭成员；

（五）有其他重大过错。

165. 婚姻关系存续期间，一方与他人同居，另一方不想离婚，能否在婚内向过错方主张损害赔偿？

【律师解答】

“与他人同居”属于《民法典》第一千零九十一条规定在离婚时可向过错方主张损害赔偿的五种情形之一，根据《最高人民法院关于适用〈中华人民共和国民法典〉婚姻家庭编的解释（一）》的规定，当事人不起诉离婚，单独依《民法典》第一千零九十一条提起损害赔偿请求的，人民法院不予受理。可以离婚时一并提出来或在离婚后提出。如果发现配偶将婚姻关系存续期间的共同财产转移给同居的第三者，则可以在婚内要求同居第三者返还财产。而且，根据《民法典》第一千零九十二条规定，若双方离婚诉讼时，一方存在转移财产的行为，可以不分或少分财产。

【法律依据】

《最高人民法院关于适用〈中华人民共和国民法典〉婚姻家庭编的解释（一）》第八十七条 承担民法典第一千零九十一条规定的损害赔偿责任的主体，为离婚诉讼当事人中无过错方的配偶。

人民法院判决不准离婚的案件，对于当事人基于民法典第一千零九十一条提出的损害赔偿请求，不予支持。

在婚姻关系存续期间，当事人不起诉离婚而单独依据民法典第一千零九十一条提起损害赔偿请求的，人民法院不予受理。

《民法典》第一千零九十二条 夫妻一方隐藏、转移、变卖、毁损、挥霍夫妻共同财产，或者伪造夫妻共同债务企图侵占另一方财产的，在离婚分割夫妻共同财产时，对该方可以少分或者不分。离婚后，另一方发现有上述行为的，可以向人民法院提起诉讼，请求再次分割夫妻共同财产。

166. 法院在确定离婚损害赔偿的具体金额时，会考虑哪些因素？

【律师解答】

《民法典》第一千零九十一条规定的“离婚损害赔偿”，包括物质损害赔偿和精神损害赔偿。物质损害赔偿，指的是过错方给无过错方造成的物质损害，如遭受家庭暴力时就医产生的医疗费、误工费、护理费等直接经济损失，通常指无过错方的实际损失，过错方应当全部赔偿，赔偿数额依赖于无过错方提供的证据来确定。而离婚的精神损害赔偿，是指针对过错方行为给无过错方造成的精神伤害进行的赔偿。关于精神损害赔偿的数额通常情况下，法院会考虑过错程度、造成的后果、当地生活水平等因素确定，法律上对此没有明确统一标准，各地区判决差异较大。例如，家庭暴力及虐待、遗弃家庭成员的过错行为导致离婚的，无过错方作为受害方既可要求物质损害赔偿，也可要求精神损害赔偿。

【法律依据】

《民法典》第一千零九十一条　有下列情形之一，导致离婚的，无过错方有权请求损害赔偿：

（一）重婚；

（二）与他人同居；

（三）实施家庭暴力；

（四）虐待、遗弃家庭成员；

（五）有其他重大过错。

《最高人民法院关于确定民事侵权精神损害赔偿责任若干问题的解释》第五条　精神损害的赔偿数额根据以下因素确定：

（一）侵权人的过错程度，但是法律另有规定的除外；

（二）侵权行为的目的、方式、场合等具体情节；

（三）侵权行为所造成的后果；

（四）侵权人的获利情况；

（五）侵权人承担责任的经济能力；

（六）受理诉讼法院所在地的平均生活水平。

167. 在夫妻双方都存在过错导致离婚的情况下，双方是否有权向对方主张损害赔偿？

【律师解答】

按照《民法典》第一千零九十一条的规定，离婚时向对方主张损害赔偿的适用前提是一方有过错，另一方没有过错。基于过错方的行为给无过错方造成了身体或精神上的伤害，为使无过错方的权利得以保护，物质或者精神上的损失得以弥补，无过错方可向另一方主张损害赔偿，既包括物质损害也包括精神损害。但是，如果夫妻双方都存在过错，则与离婚损害赔偿的法律规定不符，双方均无权向对方主张损害赔偿。

【法律依据】

《民法典》第一千零九十一条 有下列情形之一，导致离婚的，无过错方有权请求损害赔偿：

（一）重婚；

（二）与他人同居；

（三）实施家庭暴力；

（四）虐待、遗弃家庭成员；

（五）有其他重大过错。

《最高人民法院关于确定民事侵权精神损害赔偿责任若干问题的解释》第五条 精神损害的赔偿数额根据以下因素确定：

（一）侵权人的过错程度，但是法律另有规定的除外；

（二）侵权行为的目的、方式、场合等具体情节；

（三）侵权行为所造成的后果；

（四）侵权人的获利情况；

（五）侵权人承担责任的经济能力；

（六）受理诉讼法院所在地的平均生活水平。

《最高人民法院关于适用〈中华人民共和国民法典〉婚姻家庭编的解释（一）》第九十条　夫妻双方均有民法典第一千零九十一条规定的过错情形，一方或者双方向对方提出离婚损害赔偿请求的，人民法院不予支持。

168. 妻子不想要孩子，偷偷流产，丈夫能否向妻子主张损害赔偿？

【律师解答】

在婚姻中男女地位平等，但无疑生育可能对身体健康、生命造成损害的风险实际上是全部由女性承担的。男性的生育权受法律保护，女性不生育的权利同样也应当受到法律保护。如果夫妻双方对是否生育子女存在分歧，男性权利应当为女性权利作出让步，不得违背女性的意愿。依据《最高人民法院关于适用〈中华人民共和国民法典〉婚姻家庭编的解释（一）》第二十三条的规定，男性不能因此获得损害赔偿。

男性的生育权又该如何得到保障呢？《最高人民法院关于适用〈中华人民共和国民法典〉婚姻家庭编的解释（一）》第二十三条对此给出了答案，如因此双方感情破裂，男方可提出离婚。但需要注意的是，男方需要等到女方在终止妊娠后6个月内才可以提出离婚的主张。

【法律依据】

《妇女权益保障法》第二十一条　妇女的生命权、身体权、健康权不受侵犯。禁止虐待、遗弃、残害、买卖以及其他侵害女性生命健康权益的行为。

禁止进行非医学需要的胎儿性别鉴定和选择性别的人工终止妊娠。

医疗机构施行生育手术、特殊检查或者特殊治疗时，应当征得妇女本人同意；在妇女与其家属或者关系人意见不一致时，应当尊重妇女本人意愿。

《最高人民法院关于适用〈中华人民共和国民法典〉婚姻家庭编的解释（一）》第二十三条 夫以妻擅自终止妊娠侵犯其生育权为由请求损害赔偿的，人民法院不予支持；夫妻双方因是否生育发生纠纷，致使感情确已破裂，一方请求离婚的，人民法院经调解无效，应依照民法典第一千零七十九条第三款第五项的规定处理。

《民法典》第一千零七十九条 夫妻一方要求离婚的，可以由有关组织进行调解或者直接向人民法院提起离婚诉讼。

人民法院审理离婚案件，应当进行调解；如果感情确已破裂，调解无效的，应当准予离婚。

有下列情形之一，调解无效的，应当准予离婚：

（一）重婚或者与他人同居；

（二）实施家庭暴力或者虐待、遗弃家庭成员；

（三）有赌博、吸毒等恶习屡教不改；

（四）因感情不和分居满二年；

（五）其他导致夫妻感情破裂的情形。

一方被宣告失踪，另一方提起离婚诉讼的，应当准予离婚。

经人民法院判决不准离婚后，双方又分居满一年，一方再次提起离婚诉讼的，应当准予离婚。

169. 家务补偿、经济帮助、损害赔偿的适用条件有哪些区别?

【律师解答】

家务补偿，是家庭尽到更多义务、对家庭贡献较大的一方，在离婚时获得的补偿，对家庭照顾较多的一方牺牲了其个人继续教育深造、提升职业能力、获取工作报酬等的机会，导致可期待的工资收入以及劳动力市场价值减损，遵循了权利义务对等的原则。

经济帮助，是无论哪一方，在离婚时存在疾病、生活困难不足以维持正常生活等情况下，可以向对方请求经济帮助。

损害赔偿，是因一方存在过错，给另一方带来身体或精神上的伤害，为使无过错方的权利得以保护，无过错方可向另一方要求损害赔偿，既包括物质损害也包括精神损害。

关于家务补偿和经济帮助的具体数额，法院会考虑双方的收入和财产状况，双方工作就业能力，抚养子女所要付出的时间、金钱，婚姻期间的生活水平等因素合理确定；而损害赔偿通常法院还要考虑过错严重程度、带来的损害后果等因素来确定。

【法律依据】

《民法典》第一千零七十九条 夫妻一方要求离婚的，可以由有关组织进行调解或者直接向人民法院提起离婚诉讼。

人民法院审理离婚案件，应当进行调解；如果感情确已破裂，调解无效的，应当准予离婚。

有下列情形之一，调解无效的，应当准予离婚：

（一）重婚或者与他人同居；

（二）实施家庭暴力或者虐待、遗弃家庭成员；

（三）有赌博、吸毒等恶习屡教不改；

（四）因感情不和分居满二年；

（五）其他导致夫妻感情破裂的情形。

一方被宣告失踪，另一方提起离婚诉讼的，应当准予离婚。

经人民法院判决不准离婚后，双方又分居满一年，一方再次提起离婚诉讼的，应当准予离婚。

第一千零八十八条 夫妻一方因抚育子女、照料老年人、协助另一方工作等负担较多义务的，离婚时有权向另一方请求补偿，另一方应当给予补偿。具体办法由双方协议；协议不成的，由人民法院判决。

第一千零九十条 离婚时，如果一方生活困难，有负担能力的另一方应当给予适当帮助。具体办法由双方协议；协议不成的，由人民法院判决。

170. 双方通过诉讼离婚后，妻子发现丈夫在婚姻关系存续期间与他人同居并生育子女，妻子还能否向丈夫主张损害赔偿？

【律师解答】

妻子在离婚前发现丈夫与他人同居，并且掌握丈夫出轨的证据，在离婚时可以提出精神损害赔偿，《民法典》第一千零九十一条对此有明确规定，一方以另一方“与他人同居”作为离婚原因时，有权请求损害赔偿。

如果妻子压根没有发现丈夫早已出轨，在提起离婚诉讼时就不会以“与他人同居”作为离婚原因而进一步要求离婚损害赔偿。更多的情况是，离婚前妻子虽然怀疑丈夫出轨，但并未掌握明确的证据，因为证据不充分无法提起离婚损害赔偿。那么在离婚之后，妻子发现并掌握了丈夫在婚姻存续期间与他人同居并生育子女的证据，还能否主张损害赔偿呢?

夫妻之间有相互忠诚的义务，这种义务是夫妻之间独有的人身利益，诚信、忠诚的夫妻关系有利于构建和谐的家庭氛围。一方不顾另一方的感受，婚外与他人同居并生育子女的行为违背夫妻忠诚义务，即便另一方不知情或不掌握证据，仍影响家庭的和谐稳定，违背公序良俗，伤害后果早已形成，即便在离婚后才知情，并不当然减轻当事人的精神痛苦，此时虽然不能提起离婚损害赔偿的诉讼，但是可以向过错方主张精神损害赔偿责任。

笔者认为，此处的精神损害赔偿责任不同于《民法典》第一千零九十一条规定的离婚损害赔偿责任，而是因违背《民法典》第一千零四十三条忠诚义务这一独有人身利益，承担的侵权责任。当事人依据《最高人民法院关于确定民事侵权精神损害赔偿责任若干问题的解释》第一条的规定，仍然能够主张精神损害赔偿。

但是如果双方是在婚姻登记机关办理的离婚登记，只要未在离婚协议中放弃对损害赔偿的权利主张，在离婚登记办理后发现另一方存在《民法典》第一千零九十一条情形的，仍然有权提起诉讼要求对方进行损害赔偿。

【法律依据】

《民法典》第一千零四十三条　家庭应当树立优良家风，弘扬家庭美德，重视家庭文明建设。

夫妻应当互相忠实，互相尊重，互相关爱；家庭成员应当敬老爱幼，互相帮助，维护平等、和睦、文明的婚姻家庭关系。

《最高人民法院关于确定民事侵权精神损害赔偿责任若干问题的解释》第一条　因人身权益或者具有人身意义的特定物受到侵

害，自然人或者其近亲属向人民法院提起诉讼请求精神损害赔偿的，人民法院应当依法予以受理。

《最高人民法院关于适用〈中华人民共和国民法典〉婚姻家庭编的解释（一）》第八十八条 人民法院受理离婚案件时，应当将民法典第一千零九十一条等规定中当事人的有关权利义务，书面告知当事人。在适用民法典第一千零九十一条时，应当区分以下不同情况：

（一）符合民法典第一千零九十一条规定的无过错方作为原告基于该条规定向人民法院提起损害赔偿请求的，必须在离婚诉讼的同时提出。

（二）符合民法典第一千零九十一条规定的无过错方作为被告的离婚诉讼案件，如果被告不同意离婚也不基于该条规定提起损害赔偿请求的，可以就此单独提起诉讼。

（三）无过错方作为被告的离婚诉讼案件，一审时被告未基于民法典第一千零九十一条规定提出损害赔偿请求，二审期间提出的，人民法院应当进行调解；调解不成的，告知当事人另行起诉。双方当事人同意由第二审人民法院一并审理的，第二审人民法院可以一并裁判。

第八十九条 当事人在婚姻登记机关办理离婚登记手续后，以民法典第一千零九十一条规定为由向人民法院提出损害赔偿请求的，人民法院应当受理。但当事人在协议离婚时已经明确表示放弃该项请求的，人民法院不予支持。

171. 双方在婚姻登记机关办理离婚手续后，无过错方能否以前妻/前夫与他人长期保持不正当关系为由，提起损害赔偿请求？

【律师解答】

长期与他人保持不正当关系违背了夫妻忠实义务，是违背伦理道德的重大过错行为，依据《民法典》第一千零四十三条、第一千零九十一条，无过错方具有损害赔偿请求权。在法院诉讼离婚时可一并提出损害赔偿；在婚姻登记机关办理离婚登记手续的，同样保护其相应权利。双方在婚姻登记机关办理离婚登记手续后，无过错方有权就损害赔偿单独起诉，但需要注意的是，该权利在协议离婚时已经放弃的，法院将不予支持。所以，离婚协议要慎重对待，如果在婚姻登记机关办理协议离婚时，只是笼统地就孩子抚养权、抚养费、财产分割或其他权利的让渡达成“一揽子”协议，甚至为了达到离婚的目的作出妥协让步并预先放弃了损害赔偿的权利，则即便离婚后发现另一方存在《民法典》第一千零九十一条规定的五种情形而提起损害赔偿的诉讼，法院也将不予支持。

【法律依据】

《民法典》第一千零七十九条 夫妻一方要求离婚的，可以由有关组织进行调解或者直接向人民法院提起离婚诉讼。

人民法院审理离婚案件，应当进行调解；如果感情确已破裂，调解无效的，应当准予离婚。

有下列情形之一，调解无效的，应当准予离婚：

（一）重婚或者与他人同居；

（二）实施家庭暴力或者虐待、遗弃家庭成员；

（三）有赌博、吸毒等恶习屡教不改；

（四）因感情不和分居满二年；

（五）其他导致夫妻感情破裂的情形。

一方被宣告失踪，另一方提起离婚诉讼的，应当准予离婚。

经人民法院判决不准离婚后，双方又分居满一年，一方再次提起离婚诉讼的，应当准予离婚。

《最高人民法院关于适用〈中华人民共和国民法典〉婚姻家庭编的解释（一）》第八十九条 当事人在婚姻登记机关办理离婚登记手续后，以民法典第一千零九十一条规定为由向人民法院提出损害赔偿请求的，人民法院应当受理。但当事人在协议离婚时已经明确表示放弃该项请求的，人民法院不予支持。

172. 只有全职主妇（夫）才能主张家务劳动补偿吗？

【律师解答】

2021年2月，北京市房山区人民法院首次审结一起适用《民法典》的新规判决支持家务补偿的案件，这是一起“全职太太”离婚请求对方支付家务劳动补偿的案件，该案件一经报道就受到社会的广泛关注，一度冲上了微博热搜，让“全职太太离婚时可以主张家务补偿”的观念深入人心。

那么，是否只有全职主妇（夫）才能主张家务劳动补偿呢？

首先需要明确的是，司法实践中，家务劳动补偿确实更常见于一方全职照顾家庭的情形，因为全职照顾家庭一方不仅提供了更多家务劳动价值，还因此牺牲了其个人继续教育深造、提升职业能力、获取工作报酬等的机会，导致其可期待的工资收入以及劳动力市场价值减损。但家务劳动补偿并非以一方全职照顾家庭为必要条件，换句话说，不是只有全职主妇（夫），才能主张家务劳动补偿的。

《民法典》第一千零八十八条明确规定，夫妻一方因抚育子女、照料老年人、协助另一方工作等负担较多义务的，离婚时有权向另一方请求补偿。也就是说，就算是双方都有工作，只要是相对而言，一方能够提供证据证明其常年操持家务，家务劳动付出明显多于另一方，双方即可协商在离婚时进行补偿，法院亦可根据案件实际情况，酌情支持一方要求家务劳动补偿的诉讼请求。

【法律依据】

《中华人民共和国民法典》第一千零八十八条 夫妻一方因抚育子女、照料老年人、协助另一方工作等负担较多义务的，离婚时有权向另一方请求补偿，另一方应当给予补偿。具体办法由双方协议；协议不成的，由人民法院判决。

173.“家务”具体包括哪些内容?

【律师解答】

根据《民法典》第一千零八十八条的规定，我们可以将“家务”大致分为以下三类：

(1) 抚育子女。众所周知，孩子从出生开始，就需要成年人细致地照料。母爱和父爱的天性，更让这种照料细致入微，无微不至，这也让父母在子女的抚养、教育过程中付出了更多的劳动。该劳动不但包括喂养上的体力劳动，还表现在亲子陪伴上付出的时间、情感和精力，因为这些付出也是在子女身心健康成长的过程中不可缺失的部分。

(2) 照料老年人。子女对父母有赡养的义务，该义务在行为上主要表现为经济上供养、生活上照料和精神上慰藉，以及照顾老年人的特殊需要，具体到日常生活中，例如提供老年人衣食住行，生病就医时的陪伴和照顾，在不同住的情况下，日常的电话联系，节假日的探望等也属于照料老年人的范畴。

（3）协助另一方工作。在婚龄较短或者没有养育子女的家庭中，一方全职照顾家庭，或者在工作的同时，承担了家里大部分的洗衣服、做饭、清理住所环境、整理衣物等劳动，或者对另一方的工作起到辅助作用的。

笔者个人认为，对家务的理解不应当限定在体力劳动层面，其实除去这些家政人员、护工可以替代的工作，抚育子女、照顾老人更多指的是一方付出的时间、情感和精力。一方因为这些事情耗费了大量的时间和精力，从而导致投入个人成长和提升的时间势必减少，由此给这一方带来的是一种无形的损失，进而在离婚时有补偿的必要。

【法律依据】

《民法典》第一千零五十八条 夫妻双方平等享有对未成年子女抚养、教育和保护的权利，共同承担对未成年子女抚养、教育和保护的义务。

第一千零六十七条 父母不履行抚养义务的，未成年子女或者不能独立生活的成年子女，有要求父母给付抚养费的权利。

成年子女不履行赡养义务的，缺乏劳动能力或者生活困难的父母，有要求成年子女给付赡养费的权利。

第一千零八十八条 夫妻一方因抚育子女、照料老年人、协助另一方工作等负担较多义务的，离婚时有权向另一方请求补偿，另一方应当给予补偿。具体办法由双方协议；协议不成的，由人民法院判决。

《老年人权益保障法》第十四条 赡养人应当履行对老年人经

济上供养、生活上照料和精神上慰藉的义务，照顾老年人的特殊需要。

赡养人是指老年人的子女以及其他依法负有赡养义务的人。

赡养人的配偶应当协助赡养人履行赡养义务。

第十五条　赡养人应当使患病的老年人及时得到治疗和护理；对经济困难的老年人，应当提供医疗费用。

对生活不能自理的老年人，赡养人应当承担照料责任；不能亲自照料的，可以按照老年人的意愿委托他人或者养老机构等照料。

第十八条　家庭成员应当关心老年人的精神需求，不得忽视、冷落老年人。

与老年人分开居住的家庭成员，应当经常看望或者问候老年人。

用人单位应当按照国家有关规定保障赡养人探亲休假的权利。

174. 主张家务劳动补偿款需要提供证据吗？具体需要什么证据？

【律师解答】

根据《民事诉讼法》的规定，当事人对自己提出的主张，有责任提供证据，所以，主张家务劳动补偿款也是需要提供证据的。虽然绝大多数人明白一个家庭的维系肯定需要一方从事家务劳动，但仅凭当庭陈述，难免有请求不被法庭支持的风险。例如，在（2021）皖17民终926号案中，法院判决：关于吴某诉求胡某1支付家务补偿，无相关证据证明，故对其此项诉求亦不予支持。因此，在离婚纠纷中，如果主张家务劳动补偿款，建议当事人根据自身情况提供相应证据。

具体的证据可以参考以下情形：

（1）抚育子女：平日与孩子生活的照片、视频；接送孩子上下学的记录；学校及培训机构微信群、钉钉群内提交的各项作业、各类打卡的截图；孩子身体不适陪同去医院看病的病例、医疗费转账记录。

（2）照料老年人：给老年人购买衣物、食品、日常生活用品、保健品、营养品、药品等物品的消费记录；陪同老年人就医的病历、支付费用的证明、自身的请假证明；与老年人的通话记录、微信聊天记录等。

（3）协助另一方工作：另一方长期出差、晚归或应酬的微信聊天记录或通话记录等能证明另一方在家庭生活时间较少的证据。

【法律依据】

《民事诉讼法》第六十六条 证据包括：

（一）当事人的陈述；

（二）书证；

（三）物证；

（四）视听资料；

（五）电子数据；

（六）证人证言；

（七）鉴定意见；

（八）勘验笔录。

证据必须查证属实，才能作为认定事实的根据。

第六十七条 当事人对自己提出的主张，有责任提供证据。

当事人及其诉讼代理人因客观原因不能自行收集的证据，或者人民法院认为审理案件需要的证据，人民法院应当调查收集。

人民法院应当按照法定程序，全面地、客观地审查核实证据。

《民法典》第一千零八十八条 夫妻一方因抚育子女、照料老年人、协助另一方工作等负担较多义务的，离婚时有权向另一方请求补偿，另一方应当给予补偿。具体办法由双方协议；协议不成的，由人民法院判决。

175. 是否只有财产“AA 制”的夫妻，才能主张家务劳动补偿？

【律师解答】

《民法典》实施以前，在 2001 年修正的《婚姻法》第四十条就有家务劳动补偿的规定，但前提条件是：夫妻书面约定婚姻关系存续期间所得的财产归各自所有；简单说来就是夫妻签订书面协议，约定结婚之后，自己赚的钱归自己所有，在离婚的时候，一方因为照顾老人孩子承担了更多家务的，有权要求另一方给予补偿。该条款限定了一方主张离婚家务补偿必须以夫妻双方书面约定婚姻关系存续期间所得的财产归各自所有为前提。但我国绝大部分家庭实行的是夫妻共同财产制，一般不会在婚前签订夫妻财产“AA 制”的协议。于是，这条规定实际上长期处于休眠状态。

《民法典》将原《婚姻法》中关于“家务补偿款”规定的前提条件删除，也就意味着在夫妻共同财产制的情况下，一方也可以向另一方主张家务劳动补偿。

对比《民法典》和原《婚姻法》的规定，从两部法律条文的不同表述中，可以看出《民法典》的规定更加人性化，在我国现有的婚姻关系状态下，为家庭付出较多一方在离婚时能获得相应权益的保障。

【法律依据】

《民法典》第一千零八十八条 夫妻一方因抚育子女、照料老年人、协助另一方工作等负担较多义务的，离婚时有权向另一方请求补偿，另一方应当给予补偿。具体办法由双方协议；协议不成的，由人民法院判决。

176. 不离婚的情况下，可以要求配偶支付家务劳动补偿吗？

【律师解答】

这是一个很现实的问题，一方因为抚育子女、照料老年人、协助另一方工作付出了较多的时间和精力，进而导致自身的成长和价值体现受限，是否可以要求对方在婚内给予一定的补偿？

这个问题可以分为两种情况：

（1）如果对按月支付家务劳动补偿的要求，能协商一致，并主动履行，是完全可以的，可以就此事项签订书面协议。这份协议只要不存在欺诈、胁迫等法律规定的情形，就是具有法律效力的。

（2）如果双方不能协商一致，或者协商一致后对方不履行，在不起诉离婚的情况下，是不能单独就支付家务劳动补偿提起诉讼的。《民法典》第一千零六十六条规定了在婚内分割共同财产的情形，家务补偿不属于分割共同财产，它是对家务劳动价值的肯定性评价，就像无过错方有权请求的损害赔偿一样，是对过错方过错行为的否定性评价，是共同财产之外的范畴，但是，最后在判决的金额上，会与分割的财产金额合并计算。

因此，根据《民法典》第一千零八十八条的规定，不论是协议离婚还是诉讼离婚，家务劳动补偿都应当在离婚时提出。但是在婚姻关系存续期间，一方起诉另一方支付家务劳动补偿的，无法得到法院的支持。

【法律依据】

《民法典》第一千零六十六条　婚姻关系存续期间，有下列情形之一的，夫妻一方可以向人民法院请求分割共同财产：

（一）一方有隐藏、转移、变卖、毁损、挥霍夫妻共同财产或者伪造夫妻共同债务等严重损害夫妻共同财产利益的行为；

（二）一方负有法定扶养义务的人患重大疾病需要医治，另一方不同意支付相关医疗费用。

第一千零八十八条　夫妻一方因抚育子女、照料老年人、协助另一方工作等负担较多义务的，离婚时有权向另一方请求补偿，另一方应当给予补偿。具体办法由双方协议；协议不成的，由人民法院判决。

第一千零九十一条　有下列情形之一，导致离婚的，无过错方有权请求损害赔偿：

（一）重婚；

（二）与他人同居；

（三）实施家庭暴力；

（四）虐待、遗弃家庭成员；

（五）有其他重大过错。

177. 起诉离婚时没有主张家务劳动补偿款，判决离婚后可以再就家务劳动补偿款进行主张吗？

【律师解答】

现行法律法规中，对家务劳动补偿款的规定，有且仅有一条，就是《民法典》第一千零八十八条的规定。按照对该条款的理解，家务劳动补偿应当在离婚时提出。如果离婚时没有提出这一要求，离婚后是否可以再就这一事项另行主张呢？笔者认为应当分以下情况区别对待：

（1）离婚时仅判决离婚，未分割共同财产。在一方下落不明或者缺席审理，法院无法查明共同财产的情况下，可能单独就离婚和子女抚养事项作出判决，不处理财产问题。这种情况下，离婚后，一方提起离婚后财产纠纷的诉讼中，要求对方支付家务劳动补偿款的，笔者认为，法院应当一并审理，并根据事实和证据情况作出判决。

（2）离婚时已经分割共同财产，离婚后发现对方转移、隐匿财产，起诉要求再次分割共同财产。

虽然从案由规定上看，第二种情况与第一种情况都是离婚后财产纠纷，但二者最大的区别是财产分割问题是否处理过。鉴于法院在处理财产问题的时候，一般会根据财产的具体情况，按照照顾子女、女方和无过错方权益的原则进行判决。所以，在首次判决离婚时，法院已经对一方对家庭的付出进行了考量，在财产分割时予以照顾，只是未以“家务劳动补偿款”的名义体现。所以在就另外发现的未分割的财产再次提起诉讼时，法院仅分割共同财产，无法再处理家务劳动补偿问题。

【法律依据】

《民法典》第一千零八十八条 夫妻一方因抚育子女、照料老年人、协助另一方工作等负担较多义务的，离婚时有权向另一方请求补偿，另一方应当给予补偿。具体办法由双方协议；协议不成的，由人民法院判决。

第一千零九十二条 夫妻一方隐藏、转移、变卖、毁损、挥霍夫妻共同财产，或者伪造夫妻共同债务企图侵占另一方财产的，在离婚分割夫妻共同财产时，对该方可以少分或者不分。离婚后，另一方发现有上述行为的，可以向人民法院提起诉讼，请求再次分割夫妻共同财产。

178. 家务劳动补偿款的支付标准有规定吗？

【律师解答】

法律对家务劳动补偿款的支付标准没有明确的规定。在司法实践中，每个地方的法院的裁判金额也差距较大。具体而言，法院会根据双方结婚的时间、家务劳动付出的程度、当地的经济水平、对方的支付能力等因素综合考量，根据庭审查明的事实，合理、合情、合法地行使自由裁量权。

就此，笔者检索了各地法院发布的典型案例，提供给读者参考。

2023 年 3 月 7 日，湖北法院发布妇女儿童权益保护十大典型案例的案例三中，法院认定：周某婚后基本没有工作，更多地承担了抚养孩子及操持家庭等义务，周某作为家庭妇女为家庭所付出的辛劳应予肯定。故结合家庭经济情况、易某的经济能力等因素，酌情认定易某向周某支付经济补偿 2 万元。

2022 年 5 月 31 日，山东省高级人民法院发布十起妇女和未成年人合法权益司法保护典型案例之九中，法院认定：结合刘某承担义务较多，且目前没有工作的实际情况，综合双方的经济水平及抚养子女的正常开销，法院除判决离婚、子女抚养及财产分割事宜外，酌定董某向刘某支付经济帮助金 1 万元。

2022 年天津高院发布十起保护妇女合法权益典型案例的案例三中，法院认定：马某多年来与闫某共同抚育闫某与前妻之子，承担了较多义务，有权请求经济补偿。法院根据双方实际情况，酌定由闫某支付马某经济补偿款 5 万元。

2021 年 11 月 25 日，广东省高级人民法院发布八起贯彻实施民法典典型案例的案例八中，法院认定：李某芳在结婚前与母亲一起经营餐饮店，婚后因怀孕和抚育子女负担较多家庭义务未再继续工作而无经济收入，梁某乐应当给予适当补偿。结合双方婚姻关系存续的时间、已分居的时间及梁某乐的收入情况等因素，酌定梁某乐一次性支付给李某芳家务补偿款 1 万元。

【法律依据】

《民法典》第一千零八十八条 夫妻一方因抚育子女、照料老年人、协助另一方工作等负担较多义务的，离婚时有权向另一方请求补偿，另一方应当给予补偿。具体办法由双方协议；协议不成的，由人民法院判决。

179. 一方已承担家庭日常生活开支，是否可因此不支付家务劳动补偿款?

【律师解答】

离婚诉讼中，面对一方主张家务劳动补偿，另一方总会提出自己已承担家庭日常生活开支，提供为孩子缴纳学费或者向另一方支付家用的转账凭证等证据，证明自己工作所得已用于家庭及被认定为共同财产予以分割，不应当再支付家务劳动补偿款。

笔者认为，所谓“家务劳动补偿”，从表面上看，补偿的是一方因抚育子女、照料老年人、协助另一方工作承担较多家务的行为，但本质上，补偿的是一方因为把时间放在家务上而丧失的自我成长、自我提升的无形财产价值。试想，在全职主妇的辛勤付出下，丈夫事业有成后提出离婚，平等地分割丈夫创造的共同财产后，丈夫可以凭借这些年的工作经验继续工作，创造价值，积累财富，但全职主妇虽获得了分割来的“鱼”，却丧失了继续创造财富的“渔”，而家务劳动补偿就是在这一情景下对丧失“渔”的补偿。

这么理解，不难得出结论：一方已承担家庭日常生活开支，也不得据此免除支付家务劳动补偿款的义务。

笔者还是要呼吁，步入婚姻后，双方都要学会平衡家庭和自我成长的关系，女性切不可放弃自我提升，一定要珍惜工作机会，保持经济独立，在平等关系中，婚姻关系才能持久稳固。

【法律依据】

《民法典》第一千零八十八条　夫妻一方因抚育子女、照料老年人、协助另一方工作等负担较多义务的，离婚时有权向另一方请求补偿，另一方应当给予补偿。具体办法由双方协议；协议不成的，由人民法院判决。

第七章　人身安全

180. 可能会被法院认可的家庭暴力的证据类型一般有哪些?

【律师解答】

家庭暴力的核心是权力和控制，家暴的发生具有长期性、反复性、隐蔽性、形式多样等特征。大多数家庭暴力行为不同程度地造成受害人身体或心理伤害的后果，导致受害一方因为恐惧而屈服于加害方的意愿或被对方控制。家庭暴力行为屡见不鲜，但离婚诉讼中最终认定家庭暴力的判例却相对较少。如何把握家庭暴力的证据和构成，这是决定案件审判结果的关键所在。相关证据主要有以下几类。

(1) 报警记录、验伤报告。派出所接到报警电话后，一般会在第一时间赶到现场。如果暴力正在进行，他们会出手阻止暴力；如果暴力已经结束，警察会将双方当事人带回派出所，详细询问事发的具体情况并将双方的陈述记录下来，这就是报警记录。这份报警记录是反映存在家庭暴力最好的证据，由于是公权力机关作出的，证据效力比较高。如果施暴时，受害者无法报警，可以在施暴结束后的最短时间内，拨打“110”或者自己到派出所去报警，制作报警记录。遭受家庭暴力报警后，警方一般会给受害方开具专门的验伤申请单，到指定的司法鉴定医院进行伤情鉴定。如果没有报警，受害方也可以自己去医院验伤，将伤情报告作为遭受家庭暴力的证据。另外，当事人也可以把自己受伤情况拍成照片保存。

（2）视频、录音、照片等证据。如果受害人和施暴者之间发生纠纷，曾有过通话录音或视频，那么这个通话录音也可以作为证据，或者是双方在谈到协议离婚或者是赔偿事项时，对方在谈论当中对施暴的行为并不否认的也可以作为通话录音。被对方殴打后如果拍摄过相关照片的或者有视频录像资料，也可以作为证据。

（3）证人证言。可以请知情且愿意作证的邻居到法庭上作证，该证人证言会成为指认家庭暴力很好的证据。经历家庭暴力的受害方一般还会寻求居民委员会等调解组织的帮助，该调解组织的人员可以出庭证明家庭暴力的存在。

（4）认错书、悔过书、保证等。家庭暴力施暴者施暴后，在"蜜月期"通常会有一个悔过的表现。这时，他们可能会写下悔过书，保证不再动手，来乞求受害方的原谅。认错书中，最好让施暴方写清楚家庭暴力的次数和时间，这样更加方便法院认定家庭暴力的存在。

（5）告诫书。家庭暴力情节较轻，依法不给予治安管理处罚的，公安机关对加害人给予批评教育或者出具告诫书，也可以证明家庭暴力的存在。

【法律依据】

《民法典》第一千零四十二条 禁止包办、买卖婚姻和其他干涉婚姻自由的行为。禁止借婚姻索取财物。

禁止重婚。禁止有配偶者与他人同居。

禁止家庭暴力。禁止家庭成员间的虐待和遗弃。

《反家庭暴力法》第三条 家庭成员之间应当互相帮助，互相关爱，和睦相处，履行家庭义务。

反家庭暴力是国家、社会和每个家庭的共同责任。

国家禁止任何形式的家庭暴力。

《妇女权益保障法》第六十五条 禁止对妇女实施家庭暴力。

县级以上人民政府有关部门、司法机关、社会团体、企业事业单位、基层群众性自治组织以及其他组织，应当在各自的职责范围内预防和制止家庭暴力，依法为受害妇女提供救助。

181. 人身安全保护令是什么?

【律师解答】

人身安全保护令是一种民事强制措施，是人民法院为了保护家庭暴力受害人及其子女和特定亲属的人身安全、确保婚姻案件诉讼程序的正常进行而作出的民事裁定。许多人在面对家暴时都选择了隐忍，可隐忍的结果往往是家暴愈演愈烈。我们不倡导在体型悬殊的情况下与对方硬碰硬，但是面对家暴，停止不作为，惩戒不作为，受害方必须通过合法途径来保护自己，在对方第一次动手时就要“立规则”，勇敢说不。

人身安全保护令制度实行之初，其申请主体仅限于家庭成员之间。自2023年1月1日起实施的《妇女权益保障法》扩大了人身安全保护令的适用范围，不限制在家庭成员之间，在终止恋爱关系和离婚后，妇女遭受对方纠缠、骚扰以及泄露、传播妇女隐私和个人信息的，可以向人民法院申请人身安全保护令。上述条款扩展了《反家庭暴力法》所规定的人身安全保护令申请主体的范围，解决了现实生活中出现的在终止恋爱关系或离婚后对妇女进行骚扰的问题，而且对比原来的身体或者精神侵害行为，增加了泄露、传播妇女隐私和个人信息的侵害行为，进一步保障了广大妇女的合法权益不受侵犯。

人身安全关系每个人的基本人权，任何人都有可能成为家暴的受害者，人身安全保护令并非只保护某一类人，无论性别、年龄、职业等，只要合法权益受到了家暴的侵害，都应当得到法律的保护。目前的人身安全保护令作为“家暴的防火墙”，举证要求低、申请周期短、措施内容灵活，对于正在遭受家庭暴力的受害者来说，是身体的避风港和精神的慰藉剂。

【法律依据】

《妇女权益保障法》第二十九条　禁止以恋爱、交友为由或者在终止恋爱关系、离婚之后，纠缠、骚扰妇女，泄露、传播妇女隐私和个人信息。

妇女遭受上述侵害或者面临上述侵害现实危险的，可以向人民法院申请人身安全保护令。

182. 违反人身安全保护令有哪些法律后果？

【律师解答】

家庭暴力是人性之恶、家庭之痛、社会之患、文明之殇，人身安全保护令的出现反映了立法者顺应时代潮流、推动社会发展的先进理念。

被申请人违反人身安全保护令，主要是指被申请人违反上述人身安全保护令的措施，如继续实施家庭暴力的；以殴打、捆绑、残害、强行限制人身自由以及经常性谩骂、恐吓等方式侵害申请人的；或者骚扰、跟踪、接触申请人及其相关近亲属的；或者拒不迁出申请人住所的等。对被申请人违反人身安全保护令的，法律区分两类情况，分别规定了被申请人的法律责任。

一是被申请人违反人身安全保护令，构成违法犯罪的，依法追究刑事责任，由公安机关立案侦查。人身安全保护令是由人民法院以裁定形式作出，一经作出即发生法律效力的裁定。为了维护人民法院的正常工作秩序和国家司法权的权威和严肃性，保证人民法院判决、裁定的执行，我国《刑法》规定了拒不执行判决、裁定罪。对人民法院的判决、裁定有能力执行而拒不执行，情节严重的，处3年以下有期徒刑、拘役或者罚金。

二是被申请人违反人身安全保护令，尚不构成犯罪的，人民法院应当给予训诫，可以根据情节轻重处以1000元以下罚款、15日以下拘留。

实践中，被申请人实施违反人身安全保护令的行为，比如继续实施家庭暴力，以殴打、捆绑、残害、强行限制人身自由以及经常性谩骂、恐吓等方式侵害申请人，或者骚扰申请人的，也可以对其进行治安管理处罚。对此，公安机关和人民法院应当相互配合，做好行政执法与司法的衔接，根据案件实际情况和违法情节的轻重，依照《刑法》或《治安管理处罚法》的规定，择一对施暴人进行处罚。

【法律依据】

《反家庭暴力法》第二十三条 当事人因遭受家庭暴力或者面临家庭暴力的现实危险，向人民法院申请人身安全保护令的，人民法院应当受理。

当事人是无民事行为能力人、限制民事行为能力人，或者因受到强制、威吓等原因无法申请人身安全保护令的，其近亲属、公安机关、妇女联合会、居民委员会、村民委员会、救助管理机构可以代为申请。

第二十九条　人身安全保护令可以包括下列措施：

（一）禁止被申请人实施家庭暴力；

（二）禁止被申请人骚扰、跟踪、接触申请人及其相关近亲属；

（三）责令被申请人迁出申请人住所；

（四）保护申请人人身安全的其他措施。

第三十四条　被申请人违反人身安全保护令，构成犯罪的，依法追究刑事责任；尚不构成犯罪的，人民法院应当给予训诫，可以根据情节轻重处以一千元以下罚款、十五日以下拘留。

《刑法》第三百一十三条　对人民法院的判决、裁定有能力执行而拒不执行，情节严重的，处三年以下有期徒刑、拘役或者罚金；情节特别严重的，处三年以上七年以下有期徒刑，并处罚金。

单位犯前款罪的，对单位判处罚金，并对其直接负责的主管人员和其他直接责任人员，依照前款的规定处罚。

《最高人民法院关于办理人身安全保护令案件适用法律若干问题的规定》第十二条　被申请人违反人身安全保护令，符合《中华人民共和国刑法》第三百一十三条规定的，以拒不执行判决、裁定罪定罪处罚；同时构成其他犯罪的，依照刑法有关规定处理。

183. “冷暴力”属于家庭暴力吗?

【律师解答】

家庭“冷暴力”一般指的是当夫妻之间产生矛盾或者争执的时候，一方表现出的漠不关心、轻视、放任，并且将语言、日常生活交流等降到最低限度或者无任何沟通，实际上属于一种精神虐待。

家庭“冷暴力”往往表现在夫妻之间矛盾虽不诉诸武力，但却通过暗示的威胁，言语上、神态上的攻击，在经济、性生活方面进行控制，有意用精神折磨来摧残对方心理底线，使婚姻处于一种长期的畸形状态。这种精神上的折磨和摧残，往往比肉体打击更可怕。处于家庭冷暴力中的女性大多有委屈感、无助感、被控制感，感情、精神变得脆弱易激动，心理上常常处于孤独、崩溃的状态。

《反家庭暴力法》第二条明确规定："本法所称家庭暴力，是指家庭成员之间以殴打、捆绑、残害、限制人身自由以及经常性谩骂、恐吓等方式实施的身体、精神等侵害行为。"

《反家庭暴力法》的规定明确了“经常性谩骂、恐吓等方式实施的身体、精神等侵害行为”属于家庭暴力，这就是将我们常说的“冷暴力”纳入了家庭暴力保护的范畴。截至目前，这是我国在法律层面对“冷暴力”首次且唯一的法律规定，《反家庭暴力法》这一专门法的颁布实施，有力地弥补了法律空白。

遇到此类情况时，首先要分析夫妻感情是否破裂，问一问自己是否主动改变态度来挽救婚姻，如果证实所有的努力都是徒劳，那么一定要果断结束婚姻。思考双方有没有心理问题，不能一味指责对方，给彼此留下空间来思考，不可消极、被动、软弱地面对问题。

【法律依据】

《反家庭暴力法》第三条 家庭成员之间应当互相帮助，互相关爱，和睦相处，履行家庭义务。

反家庭暴力是国家、社会和每个家庭的共同责任。

国家禁止任何形式的家庭暴力。

《妇女权益保障法》第六十五条 禁止对妇女实施家庭暴力。

县级以上人民政府有关部门、司法机关、社会团体、企业事业单位、基层群众性自治组织以及其他组织，应当在各自的职责范围内预防和制止家庭暴力，依法为受害妇女提供救助。

184. 遭遇家庭暴力时，如何申请人身安全保护令？

【律师解答】

2015 年 12 月 27 日，为了预防和制止家庭暴力，保护家庭成员的合法权益，维护平等、和睦、文明的家庭关系，促进家庭和谐、社会稳定，我国出台了《反家庭暴力法》。这部法律首次推出“人身安全保护令”这一法律武器，为遭受家庭暴力者提供了有力的保护。那么，如何申请人身安全保护令呢？

第一，人身安全保护令的申请机关为申请人或被申请人居住地、家庭暴力发生地的基层人民法院。申请人身安全保护令不收取诉讼费。

第二，在申请主体方面，遭遇家庭暴力或面临家庭暴力现实危险的当事人本人均可以向人民法院申请，当事人因客观原因没有能力申请时，其近亲属、公安机关、妇女联合会、居民委员会、村民委员会、救助管理机构可以代为申请。

第三，申请方式方面，须申请人提交书面人身安全保护令申请书，写明申请人、被申请人、申请事项、事实和理由；书面申请确有困难的，可以口头申请，由人民法院记入笔录。

第四，申请材料方面，须提供遭遇或即将遭遇家庭暴力的相关证据，包括但不限于出警记录、医院病历、聊天记录、录音录像、证人证言等。

【法律依据】

《反家庭暴力法》第二十三条 当事人因遭受家庭暴力或者面临家庭暴力的现实危险，向人民法院申请人身安全保护令的，人民法院应当受理。

当事人是无民事行为能力人、限制民事行为能力人，或者因受到强制、威吓等原因无法申请人身安全保护令的，其近亲属、公安机关、妇女联合会、居民委员会、村民委员会、救助管理机构可以代为申请。

第二十四条 申请人身安全保护令应当以书面方式提出；书面申请确有困难的，可以口头申请，由人民法院记入笔录。

第二十五条 人身安全保护令案件由申请人或者被申请人居住地、家庭暴力发生地的基层人民法院管辖。

第二十六条 人身安全保护令由人民法院以裁定形式作出。

第二十七条 作出人身安全保护令，应当具备下列条件：

（一）有明确的被申请人；

（二）有具体的请求；

（三）有遭受家庭暴力或者面临家庭暴力现实危险的情形。

185. 人身安全保护令可以在离婚案件中证明家庭暴力事实吗？

【律师解答】

实务中，许多当事人因遭受家庭暴力，或对家庭成员长期侮辱、诽谤、威胁、跟踪、骚扰行为不堪其扰，从而选择结束婚姻。其中，有部分当事人在遭受家庭暴力或面临家庭暴力的现实危险时已向人民法院申请了人身安全保护令，并在离婚案件中将人身安全保护令作为证据提交，以求家庭暴力事实得到法院认定。

但是，并非所有人身安全保护令都可以达到证明家庭暴力事实的标准，因为人身安全保护令所保护的家庭暴力行为与离婚案件中构成夫妻感情破裂的家庭暴力行为并不完全一致。即使未遭受家庭暴力，仅存在家庭暴力的现实危险，即可以申请人身安全保护令，且遭遇长期侮辱、诽谤、威胁、跟踪、骚扰，亦可以申请人身安全保护令，但以上能够被人身安全保护令保护的家庭暴力行为与离婚案件中认定的家庭暴力行为未必一致。人身安全保护令的内容是否能够达到离婚等案件中“存在家庭暴力”的标准，需要人民法院结合具体案情，审查相关证据作出综合认定。

【法律依据】

《最高人民法院关于办理人身安全保护令案件适用法律若干问题的规定》第九条　离婚等案件中，当事人仅以人民法院曾作出人身安全保护令为由，主张存在家庭暴力事实的，人民法院应当根据《最高人民法院关于适用〈中华人民共和国民事诉讼法〉的解释》第一百零八条的规定，综合认定是否存在该事实。

《最高人民法院关于适用〈中华人民共和国民事诉讼法〉的解释》第一百零八条　对负有举证证明责任的当事人提供的证据，人民法院经审查并结合相关事实，确信待证事实的存在具有高度可能性的，应当认定该事实存在。

对一方当事人为反驳负有举证证明责任的当事人所主张事实而提供的证据，人民法院经审查并结合相关事实，认为待证事实真伪不明的，应当认定该事实不存在。

法律对于待证事实所应达到的证明标准另有规定的，从其规定。

186. 遭遇家暴时，如何有效收集证据？

【律师解答】

在日常生活中，许多受害者遭受家庭暴力时缺乏收集、保存证据的意识和能力，导致自己的权益在本就遭受侵害的同时，亦无法得到法律的进一步保护，甚至在离婚等案件中因举证不能而难以获得自己应得的份额与赔偿。要在遭受家庭暴力的第一时间勇敢地拿起法律的武器，对家庭暴力说“不”。以下证据均为证明家庭暴力事实的有效证据。

第一，遭遇家庭暴力时，应当第一时间报警。公安机关的出警记录、告诫书、伤情鉴定意见等。公安机关出警后制作的受害人的询问记录、施暴人的讯问笔录、报警回执、公安机关对受害人进行伤情鉴定后出具的报告均是证明家庭暴力事实的有力证据，且因系公权力机关制作，具有更高的证明力。

第二，收集村（居）民委员会、妇联组织、反家暴社会组织、双方用人单位等机构的求助接访记录、调解记录等。受害人如果曾经到这些机构投诉，可以申请查阅调取详细记录，也可以向法院申请调取投诉记录。

第三，收集病历资料、诊疗花费票据。因家庭暴力就医时，保存好就医的病历资料、诊疗花费票据等。

第四，收集加害人实施家庭暴力的录音、录像。在保证人身安全的情况下，可以对加害人实施家庭暴力的过程进行录音、录像。

第五，收集身体伤痕和打砸现场的照片、录像。对家庭暴力造成的身体伤痕和打砸现场拍照、录像。

第六，收集加害人写的保证书、承诺书、悔过书。如果加害人有悔过的表现，可以要求加害人写保证书等，并签署姓名及日期。

第七，收集证人证言、未成年子女证言。请目睹或听到家庭暴力发生情况的邻居、同事、未成年子女等作证。

第八，做好受害人的陈述。受害人详细叙述遭受家庭暴力的情况。

【法律依据】

《反家庭暴力法》第二条　本法所称家庭暴力，是指家庭成员之间以殴打、捆绑、残害、限制人身自由以及经常性谩骂、恐吓等方式实施的身体、精神等侵害行为。

《最高人民法院关于办理人身安全保护令案件适用法律若干问题的规定》第六条　人身安全保护令案件中，人民法院根据相关证据，认为申请人遭受家庭暴力或者面临家庭暴力现实危险的事实存在较大可能性的，可以依法作出人身安全保护令。

前款所称“相关证据”包括：

（一）当事人的陈述；

（二）公安机关出具的家庭暴力告诫书、行政处罚决定书；

（三）公安机关的出警记录、讯问笔录、询问笔录、接警记录、报警回执等；

（四）被申请人曾出具的悔过书或者保证书等；

（五）记录家庭暴力发生或者解决过程等的视听资料；

（六）被申请人与申请人或者其近亲属之间的电话录音、短信、即时通讯信息、电子邮件等；

（七）医疗机构的诊疗记录；

（八）申请人或者被申请人所在单位、民政部门、居民委员会、村民委员会、妇女联合会、残疾人联合会、未成年人保护组织、依法设立的老年人组织、救助管理机构、反家暴社会公益机构等单位收到投诉、反映或者求助的记录；

（九）未成年子女提供的与其年龄、智力相适应的证言或者亲友、邻居等其他证人证言；

（十）伤情鉴定意见；

（十一）其他能够证明申请人遭受家庭暴力或者面临家庭暴力现实危险的证据。

187. 因遭遇家庭暴力报案后，做报警笔录时需要注意哪些问题？

【律师解答】

夫妻日常生活中，如果一方遭遇家庭暴力，受害方应当及时报警，此时公安机关往往会做相关记录，包括询问笔录、讯问笔录等。受害方可能会出于顾及脸面或者畏惧加害者等原因，对加害者的家暴过程几句话带过，没有进行详细描述。为了明确加害者的加害行为，建议受害者对过程进行仔细描述，提供相应的照片、录音录像等作为辅助证据，并要求公安机关进行记录。

加害方为了减轻自己的责任，往往会对加害过程避重就轻，甚至将责任推到受害方身上。此时建议受害方督促加害方明确承认自己的家暴行为以及过错，否则不对其进行谅解，同时最好能获得公安机关的结论性意见或者对加害方的告诫书等，以佐证加害方的过错行为，避免日后其对自己的过错进行否认。另外也可以据此向人民法院申请人身安全保护令。

对于加害程度较重的情形，建议受害者及时进行伤情鉴定，并在笔录中予以明确，同时请求公安机关根据受害方的受伤害程度追究其行政责任，对其进行拘留、罚款、警告等，必要时追究其刑事责任。

【法律依据】

《反家庭暴力法》第三十三条　加害人实施家庭暴力，构成违反治安管理行为的，依法给予治安管理处罚；构成犯罪的，依法追究刑事责任。

第三十六条　负有反家庭暴力职责的国家工作人员玩忽职守、滥用职权、徇私舞弊的，依法给予处分；构成犯罪的，依法追究刑事责任。

《最高人民法院关于办理人身安全保护令案件适用法律若干问题的规定》第六条　人身安全保护令案件中，人民法院根据相关证据，认为申请人遭受家庭暴力或者面临家庭暴力现实危险的事实存在较大可能性的，可以依法作出人身安全保护令。

前款所称“相关证据”包括：

（一）当事人的陈述；

（二）公安机关出具的家庭暴力告诫书、行政处罚决定书；

（三）公安机关的出警记录、讯问笔录、询问笔录、接警记录、报警回执等；

……

188. 申请人身保护令后，对方如有违反，申请人应该如何处理？

【律师解答】

实施人身安全保护令是人民法院依据当事人的申请作出的适度干预家庭暴力的做法。此做法一定程度上可以有效地预防家庭暴力再次发生，使得当事人及时消除因处于家庭暴力的阴影中而受到的影响，保障申请人的合法权益不受侵害。

一般情况下，人身安全保护令中会载明，要求被申请人（家庭暴力加害人）禁止实施家庭暴力，禁止骚扰、跟踪、接触申请人及其亲属，禁止前往申请人的住所，禁止被申请人以电话、短信、即时通信工具威胁被申请人等。

如果被申请人实施违反保护令的行为，申请人应当及时固定相应证据，并提供给出具保护令的法院，要求对被申请人进行相应的处罚等，处罚措施包括拘留、罚款、训诫等；情节严重的，应当追究其刑事责任。同时申请人应当尽量减少与被申请人可能的接触，避免再次受到伤害。

【法律依据】

《反家庭暴力法》第二十九条 人身安全保护令可以包括下列措施：

（一）禁止被申请人实施家庭暴力；

（二）禁止被申请人骚扰、跟踪、接触申请人及其相关近亲属；

（三）责令被申请人迁出申请人住所；

（四）保护申请人人身安全的其他措施。

第三十四条 被申请人违反人身安全保护令，构成犯罪的，依法追究刑事责任；尚不构成犯罪的，人民法院应当给予训诫，可以根据情节轻重处以一千元以下罚款、十五日以下拘留。

《最高人民法院关于办理人身安全保护令案件适用法律若干问题的规定》第十二条 被申请人违反人身安全保护令，符合《中华人民共和国刑法》第三百一十三条规定的，以拒不执行判决、裁定罪定罪处罚；同时构成其他犯罪的，依照刑法有关规定处理。

189. 申请人身安全保护令被拒后，应该如何应对？

【律师解答】

申请人身安全保护令，不以提起离婚等民事诉讼为条件，主要考虑是否存在申请人遭受家庭暴力或者面临家庭暴力的现实危险，包括家庭成员之间以殴打、捆绑、残害、限制人身自由以及经常性谩骂、恐吓等方式实施的身体、精神等侵害行为；如果符合上述情形，人民法院应当受理。

司法实践中，部分家庭成员遭受了较为严重的家庭暴力，但是没有及时留存相关的证据，或者法院经审查认为没有现实的危险等情形，拒绝开具人身安全保护令。遇到该种情形时，申请人一方面可以自被驳回裁定生效之日起5日内向作出裁定的人民法院申请复议一次。另一方面应当在保护好自身安全的同时，注意留存家庭暴力的相关证据，比较常见的如双方之间的电话录音、短信，医疗机构的诊断证明，公安机关的出警记录、讯问笔录、询问笔录、接警记录、报警回执，妇联组织收到的求助记录等；如果自行收集确有困难，可以申请人民法院调查收集。

相对来说，申请人提供的证据种类越丰富、越客观，法院出具保护令的可能性越大。如果第一次申请被拒，申请人不应当整日处于过度恐惧或失望的心态中，而应当以积极的态度多角度、全方位进行复议和收集证据，争取早日得到法院的支持。

【法律依据】

《反家庭暴力法》第二十七条　作出人身安全保护令，应当具备下列条件：

（一）有明确的被申请人；

（二）有具体的请求；

（三）有遭受家庭暴力或者面临家庭暴力现实危险的情形。

第三十一条 申请人对驳回申请不服或者被申请人对人身安全保护令不服的，可以自裁定生效之日起五日内向作出裁定的人民法院申请复议一次。人民法院依法作出人身安全保护令的，复议期间不停止人身安全保护令的执行。

《最高人民法院关于办理人身安全保护令案件适用法律若干问题的规定》第五条 当事人及其代理人对因客观原因不能自行收集的证据，申请人民法院调查收集，符合《最高人民法院关于适用〈中华人民共和国民事诉讼法〉的解释》第九十四条第一款规定情形的，人民法院应当调查收集。

人民法院经审查，认为办理案件需要的证据符合《最高人民法院关于适用〈中华人民共和国民事诉讼法〉的解释》第九十六条规定的，应当调查收集。

190. 夫妻间经常性谩骂、侮辱构成家庭暴力吗？

【律师解答】

家庭暴力的本质是通过暴力手段达到控制对方的目的，结果上造成对方人身或精神层面的伤害。因此，夫妻一方通过言语恐吓、威胁等行为来实现对另一方的精神控制，给另一方造成精神伤害，应当属于家庭暴力范畴。

根据《最高人民法院关于办理人身安全保护令案件适用法律若干问题的规定》第三条的规定，冻饿以及经常性侮辱、诽谤、威胁、跟踪、骚扰等均属于家庭暴力。正如法律规定，夫妻间经常性的谩骂侮辱应当属于家庭暴力行为。虽然谩骂、侮辱的行为不会产生伤害对方身体健康的严重后果，但频繁的言语谩骂、训斥足以使对方在共同生活中精神紧张，心理产生屈辱和恐惧感，带来的伤害不亚于身体暴力。

遭受家庭暴力或者面临家庭暴力的现实危险，可以依法向人民法院申请人身安全保护令，且申请人身安全保护令不以提起离婚等民事诉讼为条件。切记，家暴不是“家务事”，暴力被披上“家”的外衣仍然是暴力！拒绝沉默！运用法律，向家暴勇敢说不！

【法律依据】

《反家庭暴力法》第二条　本法所称家庭暴力，是指家庭成员之间以殴打、捆绑、残害、限制人身自由以及经常性谩骂、恐吓等方式实施的身体、精神等侵害行为。

《最高人民法院关于办理人身安全保护令案件适用法律若干问题的规定》第三条　家庭成员之间以冻饿或者经常性侮辱、诽谤、威胁、跟踪、骚扰等方式实施的身体或者精神侵害行为，应当认定为反家庭暴力法第二条规定的“家庭暴力”。

191. 申请人身安全保护令应具备哪些条件?

【律师解答】

人身安全保护令的法律术语为人身安全保护裁定，是一种由人民法院作出的民事强制措施，旨在保护家庭暴力受害人及其子女或特定亲属的人身安全，防止暴力发生或再次发生的民事裁定。

申请人身安全保护令应当以书面方式提出，具体应包含以下内容：

（1）有明确的申请人、被申请人（一般应当写明申请人、被申请人的姓名、性别、出生年月、民族或国籍、住所地、联系方式）；

（2）有具体的请求（如禁止被申请人实施家庭暴力，禁止被申请人骚扰、跟踪申请人及其家属，责令被申请人迁出申请人住所等）；

（3）有事实及理由，即遭受家庭暴力或者面临家庭暴力现实危险的情形（申请人应当提供比如出警记录、讯问笔录、家庭暴力惩戒书、就医记录、伤情照片、聊天记录等文字记录、录音录像等证据用以佐证发生了家庭暴力或有遭受家庭暴力的现实危险）。

【法律依据】

《反家庭暴力法》第二十三条 当事人因遭受家庭暴力或者面临家庭暴力的现实危险，向人民法院申请人身安全保护令的，人民法院应当受理。

当事人是无民事行为能力人、限制民事行为能力人，或者因受到强制、威吓等原因无法申请人身安全保护令的，其近亲属、公安机关、妇女联合会、居民委员会、村民委员会、救助管理机构可以代为申请。

第二十七条 作出人身安全保护令，应当具备下列条件：

（一）有明确的被申请人；

（二）有具体的请求；

（三）有遭受家庭暴力或者面临家庭暴力现实危险的情形。

192. 遭遇家庭暴力的受害方有哪些救济途径？

【律师解答】

家暴不是“家务事”。反家庭暴力是国家、社会和每个家庭的共同责任。遭遇家庭暴力时，受害方主要有以下救济途径：

（1）社会救助。依法向加害方或者受害方所在单位、居民委员会、村民委员会、妇女联合会等单位投诉、反映。

（2）行政救助。依法向当地公安机关报案，由公安机关出警进行处理。对家庭暴力情节相对轻微的，依法可以不给予治安管理处罚，由公安机关对加害方给予批评教育或者出具告诫书；如果构成违反治安管理的行为，依法给予治安处罚。

（3）民事救助。受害方可以选择向法院申请人身安全保护令。对于发生在夫妻之间的家庭暴力，受害方可以向法院提起离婚诉讼，并且可以在离婚诉讼中提出损害赔偿（包括物质损害赔偿和精神损害赔偿）。

（4）刑事救助。对于已经构成犯罪（如虐待罪、故意伤害罪、故意杀人罪、侮辱罪）的家庭暴力行为，受害方可以依法向人民法院起诉或向公安机关报案，要求追究对方的刑事责任。

【法律依据】

《反家庭暴力法》第十三条　家庭暴力受害人及其法定代理人、近亲属可以向加害人或者受害人所在单位、居民委员会、村民委员会、妇女联合会等单位投诉、反映或者求助。有关单位接到家庭暴力投诉、反映或者求助后，应当给予帮助、处理。

家庭暴力受害人及其法定代理人、近亲属也可以向公安机关报案或者依法向人民法院起诉。单位、个人发现正在发生的家庭暴力行为，有权及时劝阻。

第二十三条第一款　当事人因遭受家庭暴力或者面临家庭暴力的现实危险，向人民法院申请人身安全保护令的，人民法院应当受理。

第八章　其　他

193. 精神出轨算不算出轨？

【律师解答】

“出轨”，一般是指已婚者与配偶之外的人发生恋情，俗称“婚外情”，但“出轨”一词并非法律用语，目前我国施行的法律中并没有规定。但法律上主要规定了三种夫妻不忠行为，即通奸、同居、重婚。这三种行为，都指向与婚外异性之间的性行为，因此，从严格意义上讲，“精神出轨”只是在言语沟通、情感寄托上与婚外异性关系密切，并不属于法律规定的不忠行为。但是根据既有判例，如果一方长期对配偶和家庭不闻不问，不尽家庭的责任，这种对家庭不负责任的态度也理应受到谴责，其精神上的出轨虽不同于身体上的出轨，但仍然严重破坏了夫妻之间的感情，而屡教不改、变本加厉的行为更是会导致夫妻感情破裂，从而被法院依法判决准许离婚。

【法律依据】

《民法典》第一千零四十三条　家庭应当树立优良家风，弘扬家庭美德，重视家庭文明建设。

夫妻应当互相忠实，互相尊重，互相关爱；家庭成员应当敬老爱幼，互相帮助，维护平等、和睦、文明的婚姻家庭关系。

第一千零七十九条 夫妻一方要求离婚的，可以由有关组织进行调解或者直接向人民法院提起离婚诉讼。

人民法院审理离婚案件，应当进行调解；如果感情确已破裂，调解无效的，应当准予离婚。

有下列情形之一，调解无效的，应当准予离婚：

（一）重婚或者与他人同居；

（二）实施家庭暴力或者虐待、遗弃家庭成员；

（三）有赌博、吸毒等恶习屡教不改；

（四）因感情不和分居满二年；

（五）其他导致夫妻感情破裂的情形。

一方被宣告失踪，另一方提起离婚诉讼的，应当准予离婚。

经人民法院判决不准离婚后，双方又分居满一年，一方再次提起离婚诉讼的，应当准予离婚。

194. 一方出轨，另一方是否可以主张精神抚慰金？

【律师解答】

前一问答已介绍了“出轨”的基本含义。如果一方的出轨行为达到了与他人同居或重婚的状态，另一方则可以主张损害赔偿。需要注意的是，在婚姻关系存续期间，一方出轨，另一方不起诉离婚而是单独主张损害赔偿的，人民法院不予受理。但如果出轨行为达成重婚或者与他人同居的情况，并且双方因为该出轨行为而诉讼离婚，在离婚诉讼时，无过错方可以请求离婚损害赔偿，包括精神损害赔偿。

【法律依据】

《民法典》第一千零七十九条 夫妻一方要求离婚的，可以由有关组织进行调解或者直接向人民法院提起离婚诉讼。

人民法院审理离婚案件，应当进行调解；如果感情确已破裂，调解无效的，应当准予离婚。

有下列情形之一，调解无效的，应当准予离婚：

（一）重婚或者与他人同居；

（二）实施家庭暴力或者虐待、遗弃家庭成员；

（三）有赌博、吸毒等恶习屡教不改；

（四）因感情不和分居满二年；

（五）其他导致夫妻感情破裂的情形。

一方被宣告失踪，另一方提起离婚诉讼的，应当准予离婚。

经人民法院判决不准离婚后，双方又分居满一年，一方再次提起离婚诉讼的，应当准予离婚。

第一千零九十一条 有下列情形之一，导致离婚的，无过错方有权请求损害赔偿：

（一）重婚；

（二）与他人同居；

（三）实施家庭暴力；

（四）虐待、遗弃家庭成员；

（五）有其他重大过错。

195. 能否委托私人侦探进行“婚外情”取证？

【律师解答】

审理涉及出轨的离婚案件时，法官会对出轨证据的合法性、关联性、证明力进行严格的审查。委托私人侦探所取得的证据往往会被认为证据的取得方式因侵犯他人隐私而不合法，认定不能作为有效证据使用。但是配偶方自行收集的另一方的出轨证据，因夫妻双方之间的忠诚义务，配偶方对对方的生活享有知情权，则一般不存在侵犯他人隐私的问题，可能会被认定为有效证据。

在日常生活中，建议通过收集出轨方的通信记录、手机短信、微信聊天记录、电子邮件等方式来收集出轨证据。同时，每种证据单独出现时其证明力有限，但如果同时具备以上几种证据，并且不存在合法性问题，对方又无法提供相反证据，就能在诉讼中形成完整的证据链条，取得证据优势，从而成功证明对方婚外情的存在。

同时需要注意的是，并不是一方存在出轨行为，法院就一定判决离婚，只有一方出轨达到与他人同居或者重婚的情况，才属于应当判决离婚的情形。

【法律依据】

《民事诉讼法》第六十六条 证据包括：

（一）当事人的陈述；

（二）书证；

（三）物证；

（四）视听资料；

（五）电子数据；

（六）证人证言；

（七）鉴定意见；

（八）勘验笔录。

证据必须查证属实，才能作为认定事实的根据。

《民法典》第一千零七十九条 夫妻一方要求离婚的，可以由有关组织进行调解或者直接向人民法院提起离婚诉讼。

人民法院审理离婚案件，应当进行调解；如果感情确已破裂，调解无效的，应当准予离婚。

有下列情形之一，调解无效的，应当准予离婚：

（一）重婚或者与他人同居；

（二）实施家庭暴力或者虐待、遗弃家庭成员；

（三）有赌博、吸毒等恶习屡教不改；

（四）因感情不和分居满二年；

（五）其他导致夫妻感情破裂的情形。

一方被宣告失踪，另一方提起离婚诉讼的，应当准予离婚。

经人民法院判决不准离婚后，双方又分居满一年，一方再次提起离婚诉讼的，应当准予离婚。

196. 一方婚内出轨，离婚财产分割时是否会少分或不分？

【律师解答】

按照人们朴素的道德观，一般认为只要出轨了就属于过错方，在离婚分割夫妻共同财产时对导致离婚的过错方应当少分，甚至让其净身出户。但这样的观点在司法实践中并不一定会得到法院支持。现行法律规定，离婚时，对于夫妻共同财产，由人民法院根据财产情况、按照照顾子女、女方和无过错方的原则判决。实践中，法院要考虑出轨方的过错程度综合认定。

【法律依据】

《民法典》第一千零八十七条第一款 离婚时，夫妻的共同财产由双方协议处理；协议不成的，由人民法院根据财产的具体情况，按照照顾子女、女方和无过错方权益的原则判决。

第一千零九十一条 有下列情形之一，导致离婚的，无过错方有权请求损害赔偿：

（一）重婚；

（二）与他人同居；

（三）实施家庭暴力；

（四）虐待、遗弃家庭成员；

（五）有其他重大过错。

第一千零九十二条 夫妻一方隐藏、转移、变卖、毁损、挥霍夫妻共同财产，或者伪造夫妻共同债务企图侵占另一方财产的，在离婚分割夫妻共同财产时，对该方可以少分或者不分。离婚后，另一方发现有上述行为的，可以向人民法院提起诉讼，请求再次分割夫妻共同财产。

197. 一方出轨，离婚时对争取子女抚养权是否有影响？

【律师解答】

通常情况下，人民法院从有利于子女身心健康、保障子女的合法权益的角度出发，综合考虑未成年子女的年龄、与父母的感情、父母双方的经济情况等各方面的因素来判决抚养权归属。若一方出轨，法院在评判孩子抚养权归属时，也会将该行为作为评判的要素之一。但是，法院并不会因一方存在出轨就直接否定其抚养权，出轨方作为法定抚养人之一，同样可以争取孩子的抚养权，这时候法院要根据双方现状综合认定由哪一方抚养对孩子更有利；孩子年龄在8周岁以上的，还应当尊重其自己的意愿。

【法律依据】

《民法典》第一千零八十四条 父母与子女间的关系，不因父母离婚而消除。离婚后，子女无论由父或者母直接抚养，仍是父母双方的子女。

离婚后，父母对于子女仍有抚养、教育、保护的权利和义务。

离婚后，不满两周岁的子女，以由母亲直接抚养为原则。已满两周岁的子女，父母双方对抚养问题协议不成的，由人民法院根据双方的具体情况，按照最有利于未成年子女的原则判决。子女已满八周岁的，应当尊重其真实意愿。

《最高人民法院关于适用〈中华人民共和国民法典〉婚姻家庭编的解释（一）》第四十六条 对已满两周岁的未成年子女，父母均要求直接抚养，一方有下列情形之一的，可予优先考虑：

（一）已做绝育手术或者因其他原因丧失生育能力；

（二）子女随其生活时间较长，改变生活环境对子女健康成长明显不利；

（三）无其他子女，而另一方有其他子女；

（四）子女随其生活，对子女成长有利，而另一方患有久治不愈的传染性疾病或者其他严重疾病，或者有其他不利于子女身心健康的情形，不宜与子女共同生活。

第四十七条 父母抚养子女的条件基本相同，双方均要求直接抚养子女，但子女单独随祖父母或者外祖父母共同生活多年，且祖父母或者外祖父母要求并且有能力帮助子女照顾孙子女或者外孙子女的，可以作为父或者母直接抚养子女的优先条件予以考虑。

198. 一方出轨了，法院是否一定会判决离婚？

【律师解答】

一方出轨，离婚诉讼中法院并不必然会判决离婚。人民法院判决离婚的标准是夫妻感情是否彻底破裂、是否还有挽回余地，如果在诉讼中，出轨的一方过错较小，坚持不离婚并且表示愿意悔改，那么法官会综合考虑双方当事人的感情基础是否深厚、感情矛盾是否突出，夫妻关系的现状是否有和好可能等因素综合进行评判。

当然，如果一方属于多次出轨、经教育后仍无悔改，那么人民法院会从保障另一方离婚自由权利的角度出发，认定夫妻感情确已破裂，从而判决离婚。

同时需要注意的是，一旦一方出轨程度达到重婚或者与他人同居的程度，则属于法律规定的应当准予离婚的情形。

【法律依据】

《民法典》第一千零七十九条 夫妻一方要求离婚的，可以由有关组织进行调解或者直接向人民法院提起离婚诉讼。

人民法院审理离婚案件，应当进行调解；如果感情确已破裂，调解无效的，应当准予离婚。

有下列情形之一，调解无效的，应当准予离婚：

（一）重婚或者与他人同居；

（二）实施家庭暴力或者虐待、遗弃家庭成员；

（三）有赌博、吸毒等恶习屡教不改；

（四）因感情不和分居满二年；

（五）其他导致夫妻感情破裂的情形。

一方被宣告失踪，另一方提起离婚诉讼的，应当准予离婚。

经人民法院判决不准离婚后，双方又分居满一年，一方再次提起离婚诉讼的，应当准予离婚。

199. 军婚夫妻什么情况下可以离婚？

【律师解答】

军婚是与现役军人形成婚姻关系的婚姻。退役军人、复员军人、转业军人和军事单位中不具有军籍的职工，均为非现役军人，其婚姻关系均不能按军婚办理。现役军人的婚姻受国家法律的特别保护，法律对军婚的结婚、离婚等问题均有特别规定。

那么，军婚受保护，是否意味着一旦跟现役军人结婚，就不能离婚呢？当然不是，特定情况下，军婚也可以离婚。一种情况是夫妻双方自愿离婚，可以到婚姻登记机关申请离婚登记；另一种情况是军人一方有重大过错的可以支持离婚，而重大过错则主要指重婚或者与他人同居，实施家庭暴力或者虐待、遗弃家庭成员，有赌博、吸毒等恶习且屡教不改。

【法律依据】

《民法典》第一千零七十六条 夫妻双方自愿离婚的，应当签订书面离婚协议，并亲自到婚姻登记机关申请离婚登记。

离婚协议应当载明双方自愿离婚的意思表示和对子女抚养、财产以及债务处理等事项协商一致的意见。

第一千零七十九条 夫妻一方要求离婚的，可以由有关组织进行调解或者直接向人民法院提起离婚诉讼。

人民法院审理离婚案件，应当进行调解；如果感情确已破裂，调解无效的，应当准予离婚。

有下列情形之一，调解无效的，应当准予离婚：

（一）重婚或者与他人同居；

（二）实施家庭暴力或者虐待、遗弃家庭成员；

（三）有赌博、吸毒等恶习屡教不改；

（四）因感情不和分居满二年；

（五）其他导致夫妻感情破裂的情形。

一方被宣告失踪，另一方提起离婚诉讼的，应当准予离婚。

经人民法院判决不准离婚后，双方又分居满一年，一方再次提起离婚诉讼的，应当准予离婚。

第一千零八十一条 现役军人的配偶要求离婚，应当征得军人同意，但是军人一方有重大过错的除外。

《最高人民法院关于适用〈中华人民共和国民法典〉婚姻家庭编的解释（一）》第六十四条 民法典第一千零八十一条所称的“军人一方有重大过错”，可以依据民法典第一千零七十九条第三款前三项规定及军人有其他重大过错导致夫妻感情破裂的情形予以判断。

200. 军婚夫妻要起诉离婚时，应向哪个法院起诉？

【律师解答】

军婚夫妻起诉离婚的管辖法院分为以下几种情况：

第一，夫妻双方都是军人的，其离婚诉讼由被告住所地或者被告所在的团级以上单位驻地的人民法院管辖。

第二，夫妻双方有一方是军人，另一方为非军人的：

（1）军人对非军人提出离婚诉讼的，由被告住所地人民法院管辖，也就是非军人的住所地或经常居住地的法院管辖。

（2）非军人对军人提出离婚诉讼，军人一方为文职军人的，即军队文职人员，由被告住所地人民法院管辖，即军人的住所地或经常居住地的法院管辖。

（3）非军人对军人提出的离婚诉讼，如果军人一方为非文职军人，由原告住所地人民法院管辖，即非军人住所地管辖。

【法律依据】

《最高人民法院关于适用〈中华人民共和国民事诉讼法〉的解释》第十一条 双方当事人均为军人或者军队单位的民事案件由军事法院管辖。

第十二条 夫妻一方离开住所地超过一年，另一方起诉离婚的案件，可以由原告住所地人民法院管辖。

夫妻双方离开住所地超过一年，一方起诉离婚的案件，由被告经常居住地人民法院管辖；没有经常居住地的，由原告起诉时被告居住地人民法院管辖。

201. 现役军人的配偶出轨，其配偶和第三者承担什么法律责任？

【律师解答】

实践中，对于出轨行为的定性其实比较模糊，只有在出轨比较严重，达到法律规定的条件时才可能会被认定为重婚，而有些时候可能只会按照与他人同居进行处理。

（1）在现役军人配偶出轨行为构成重婚的时候，此时现役军人配偶可能构成重婚罪，根据法律规定，应当判处 2 年以下有期徒刑或者拘役。第三者可能构成重婚罪与破坏军婚罪。

（2）现役军人配偶出轨行为仅仅认定为同居行为的，现役军人配偶不构成刑事犯罪，但第三者明知是现役军人配偶而与之同居，可能会构成破坏军婚罪，面临 3 年以下有期徒刑或者拘役。

上述是现役军人配偶一方出轨的刑事责任，而在民事责任方面，现役军人一方是可以提出离婚的，并且在离婚的同时，还可以要求对方进行离婚损害赔偿。

【法律依据】

《刑法》第二百三十六条 以暴力、胁迫或者其他手段强奸妇女的，处三年以上十年以下有期徒刑。

奸淫不满十四周岁的幼女的，以强奸论，从重处罚。

强奸妇女、奸淫幼女，有下列情形之一的，处十年以上有期徒刑、无期徒刑或者死刑：

（一）强奸妇女、奸淫幼女情节恶劣的；

（二）强奸妇女、奸淫幼女多人的；

（三）在公共场所当众强奸妇女、奸淫幼女的；

（四）二人以上轮奸的；

（五）奸淫不满十周岁的幼女或者造成幼女伤害的；

（六）致使被害人重伤、死亡或者造成其他严重后果的。

第二百五十八条　有配偶而重婚的，或者明知他人有配偶而与之结婚的，处二年以下有期徒刑或者拘役。

第二百五十九条　明知是现役军人的配偶而与之同居或者结婚的，处三年以下有期徒刑或者拘役。

利用职权、从属关系，以胁迫手段奸淫现役军人的妻子的，依照本法第二百三十六条的规定定罪处罚。

《民法典》第一千零七十九条　夫妻一方要求离婚的，可以由有关组织进行调解或者直接向人民法院提起离婚诉讼。

人民法院审理离婚案件，应当进行调解；如果感情确已破裂，调解无效的，应当准予离婚。

有下列情形之一，调解无效的，应当准予离婚：

（一）重婚或者与他人同居；

（二）实施家庭暴力或者虐待、遗弃家庭成员；

（三）有赌博、吸毒等恶习屡教不改；

（四）因感情不和分居满二年；

（五）其他导致夫妻感情破裂的情形。

一方被宣告失踪，另一方提起离婚诉讼的，应当准予离婚。

经人民法院判决不准离婚后，双方又分居满一年，一方再次提起离婚诉讼的，应当准予离婚。

202. 什么是重婚罪？

【律师解答】

重婚罪有两种情形，一种是有配偶的人在婚姻存续期间，又与配偶以外的异性登记结婚或者以夫妻名义同居生活的行为；另一种是无配偶的人明知他人有配偶，仍然与他人登记结婚或以夫妻名义同居生活的行为。重婚犯罪属于故意犯罪，过失不构成犯罪。

【法律依据】

《刑法》第二百五十八条 有配偶而重婚的，或者明知他人有配偶而与之结婚的，处二年以下有期徒刑或者拘役。

第一千零四十一条 婚姻家庭受国家保护。

实行婚姻自由、一夫一妻、男女平等的婚姻制度。

保护妇女、未成年人、老年人、残疾人的合法权益。

第一千零四十二条 禁止包办、买卖婚姻和其他干涉婚姻自由的行为。禁止借婚姻索取财物。

禁止重婚。禁止有配偶者与他人同居。

禁止家庭暴力。禁止家庭成员间的虐待和遗弃。

203. 重婚和《民法典》规定的“与他人同居”有什么不同？

【律师解答】

我国《民法典》中的“与他人同居”是指有配偶的人与婚外

异性，不以夫妻名义，持续、稳定地共同居住，这种同居关系不受法律保护。单纯的同居关系并不一定构成重婚，但如果一方或双方都有配偶，与另外的异性男女以夫妻名义长期共同居住生活，有配偶的一方或者无配偶的一方明知另一方有配偶，则构成重婚；无配偶的一方如果不知道对方有配偶，不会构成重婚。

【法律依据】

《刑法》第二百五十八条　有配偶而重婚的，或者明知他人有配偶而与之结婚的，处二年以下有期徒刑或者拘役。

《最高人民法院关于适用〈中华人民共和国民法典〉婚姻家庭编的解释（一）》第二条　民法典第一千零四十二条、第一千零七十九条、第一千零九十一条规定的“与他人同居”的情形，是指有配偶者与婚外异性，不以夫妻名义，持续、稳定地共同居住。

204. 重婚罪入罪条件之一的“有配偶而重婚”如何认定？

【律师解答】

重婚罪规定的“有配偶而重婚”主要有两种情形：

一是有配偶者与婚外异性进行登记结婚或形成事实婚姻。这种情形一般是根据是否办理结婚证，或者事实婚姻是否发生在1994年2月1日前来进行判断。

二是有配偶者与婚外异性以夫妻名义同居生活。这种情形一般是根据同居双方日常生活中是否互相用“老公”“老婆”“媳妇”等称谓，以及根据他们生活周围邻居对他们的关系的认知来判断。

【法律依据】

《刑法》第二百五十八条　有配偶而重婚的，或者明知他人有配偶而与之结婚的，处二年以下有期徒刑或者拘役。

《最高人民法院关于适用〈中华人民共和国民法典〉婚姻家庭编的解释（一）》第七条 未依据民法典第一千零四十九条规定办理结婚登记而以夫妻名义共同生活的男女，提起诉讼要求离婚的，应当区别对待：

（一）1994年2月1日民政部《婚姻登记管理条例》公布实施以前，男女双方已经符合结婚实质要件的，按事实婚姻处理。

（二）1994年2月1日民政部《婚姻登记管理条例》公布实施以后，男女双方符合结婚实质要件的，人民法院应当告知其补办结婚登记。未补办结婚登记的，依据本解释第三条规定处理。

205. 重婚罪入罪条件之一的“明知他人有配偶而与之结婚”如何认定？

【律师解答】

重婚罪中“明知他人有配偶而与之结婚”，是指无配偶的人明知道对方已经结婚，仍与有配偶的人以夫妻名义共同生活，或者与有配偶的人构成了事实婚姻，或者与有配偶的人进行结婚登记的行为。无配偶的人构成重婚，需要具备无配偶的人明知对方有配偶这一主观上的条件。如何认定无配偶的人“明知”，需要根据双方的认识过程、生活时间长短、共同生活的环境及无配偶的人的受教育程度等因素综合作出判断。如果无法确定无配偶一方“明知”，本着疑罪从无的刑事原则，则不能认定无配偶的人构成重婚罪。

【法律依据】

《刑法》第二百五十八条 有配偶而重婚的，或者明知他人有配偶而与之结婚的，处二年以下有期徒刑或者拘役。

《最高人民法院关于适用〈中华人民共和国民法典〉婚姻家庭编的解释（一）》第七条　未依据民法典第一千零四十九条规定办理结婚登记而以夫妻名义共同生活的男女，提起诉讼要求离婚的，应当区别对待：

（一）1994 年 2 月 1 日民政部《婚姻登记管理条例》公布实施以前，男女双方已经符合结婚实质要件的，按事实婚姻处理。

（二）1994 年 2 月 1 日民政部《婚姻登记管理条例》公布实施以后，男女双方符合结婚实质要件的，人民法院应当告知其补办结婚登记。未补办结婚登记的，依据本解释第三条规定处理。

206. 重婚罪成立，会导致什么法律后果？

【律师解答】

根据我国《刑法》第二百五十八条的规定，构成重婚罪会被追究刑事责任，可能面临 2 年以下有期徒刑或拘役的刑事处罚。

【法律依据】

《刑法》第二百五十八条　有配偶而重婚的，或者明知他人有配偶而与之结婚的，处二年以下有期徒刑或者拘役。

207. 一方重婚导致离婚的，无过错方可以请求损害赔偿吗？

【律师解答】

重婚是一种犯罪行为，同时，重婚行为严重损害了我国的“一夫一妻”婚姻制度，是我国《民法典》严令禁止的行为，也是认定夫妻感情破裂的法定情形之一。重婚一方属于重大过错方，其配偶作为无过错方有权请求重婚一方进行损害赔偿。

【法律依据】

《民法典》第一千零九十一条 有下列情形之一，导致离婚的，无过错方有权请求损害赔偿：

（一）重婚；

（二）与他人同居；

（三）实施家庭暴力；

（四）虐待、遗弃家庭成员；

（五）有其他重大过错。

208. 一方重婚导致离婚的，对夫妻财产的分割是否有影响？

【律师解答】

夫妻离婚时，对于共同财产的分割，一般是先由双方协商处理，如果协商不成，需要由人民法院根据财产情况进行判决。法律并未明确规定重婚情形下，无过错方可以多分共同财产，仅规定人民法院会按照照顾子女、女方和无过错方权益的原则进行判决，因此，如果夫妻一方重婚，另一方作为无过错方，在夫妻财产分割时可能会得到照顾。

【法律依据】

《民法典》第一千零八十七条 离婚时，夫妻的共同财产由双方协议处理；协议不成的，由人民法院根据财产的具体情况，按照照顾子女、女方和无过错方权益的原则判决。

对夫或者妻在家庭土地承包经营中享有的权益等，应当依法

予以保护。

209. 若重婚罪成立，第三者会被判刑吗？

【律师解答】

有配偶者构成重婚罪，与其共同生活的一方通常被称为第三者；至于第三者是否也构成重婚罪，需要根据第三者是否清楚或知道有配偶一方和自己共同生活期间有无配偶的具体情形判断。第三者如果明知对方有配偶仍然选择和对方一起以夫妻名义生活，就会构成重婚罪；第三者如果的确不知道对方有配偶或者受对方欺骗以为对方没有配偶，不会承担刑事责任，但是其与有配偶者的同居关系不受法律保护。

【法律依据】

《刑法》第二百五十八条 有配偶而重婚的，或者明知他人有配偶而与之结婚的，处二年以下有期徒刑或者拘役。

210. 同居在什么条件下将会被认定为存在事实婚姻关系？

【律师解答】

我国实行婚姻登记制度，按照法律规定，男女双方达到结婚条件并自愿结婚的，应当亲自到当地民政部门的婚姻登记机关申请结婚登记，取得结婚证。取得结婚证后，男女双方才形成法律认可的婚姻关系。因此，原则上，双方只是同居而没有进行结婚登记，并不能被认定为存在婚姻关系。

但是，在实施婚姻登记相关制度前，存在适婚男女已经以同居的方式，以夫妻的名义共同生活的情形；我国承认事实婚姻。

这种事实婚姻是以1994年2月1日我国民政部颁布《婚姻登记管理条例》为时间分界线。符合结婚条件的男女双方，在1994年2月1日之前就以夫妻名义同居生活的，同居期间可以被认定为存在事实婚姻，双方具有婚姻关系；在1994年2月1日之后，适婚男女同居的，就不再被认定为夫妻关系，而是要到婚姻登记部门进行登记才能形成夫妻关系。

【法律依据】

《最高人民法院关于适用〈中华人民共和国民法典〉婚姻家庭编的解释（一）》第七条第一项 未依据民法典第一千零四十九条规定办理结婚登记而以夫妻名义共同生活的男女，提起诉讼要求离婚的，应当区别对待：

（一）1994年2月1日民政部《婚姻登记管理条例》公布实施以前，男女双方已经符合结婚实质要件的，按事实婚姻处理。

《民法典》第一千零四十九条 要求结婚的男女双方应当亲自到婚姻登记机关申请结婚登记。符合本法规定的，予以登记，发给结婚证。完成结婚登记，即确立婚姻关系。未办理结婚登记的，应当补办登记。

211. 同居在什么情况下会涉嫌犯罪？

【律师解答】

同居，在成年男女双方自愿的情况下，并不构成犯罪，但以下三种情况的同居可能会构成犯罪：

第一种情况是与不满14周岁的幼女同居，可能构成强奸罪。若是行为人明知同居对象是不满14周岁的幼女（对于不满12周岁的幼女，法律推定行为人明知对方是幼女）而与之同居，发生性关系，即使取得对方的同意，仍然构成强奸罪。但是年满 14 周岁不满 16 周岁的男性与幼女偶尔发生性行为，没有造成严重的后果，则不认为是犯罪。

第二种情况是以夫妻名义与已婚者同居，可能构成重婚罪。“以夫妻名义与已婚者同居”是指公开同居，以夫妻名义共同生活、对外以夫妻名义相称、周围群众公认二人是夫妻的情况，所以我国刑法上仍然承认事实婚姻，如有上述情况，将涉嫌重婚罪。

第三种情况是与现役军人的配偶同居，可能构成破坏军婚罪。这种情况下并不要求对外公开同居，只要明知是现役军人的配偶，存在同居的事实，即使是秘密同居也构成该罪。

【法律依据】

《刑法》第二百三十六条第二款　奸淫不满十四周岁的幼女的，以强奸论，从重处罚。

第二百五十八条　有配偶而重婚的，或者明知他人有配偶而与之结婚的，处二年以下有期徒刑或者拘役。

第二百五十九条第一款　明知是现役军人的配偶而与之同居或者结婚的，处三年以下有期徒刑或者拘役。

《最高人民法院、最高人民检察院、公安部、司法部关于办理性侵害未成年人刑事案件的意见》第十七条第二款　对不满十二周岁的被害人实施奸淫等性侵害行为的，应当认定行为人“明知”对方是幼女。

《最高人民法院关于审理未成年人刑事案件具体应用法律若干问题的解释》第六条　已满十四周岁不满十六周岁的人偶尔与幼女发生性行为，情节轻微、未造成严重后果的，不认为是犯罪。

212. 同居期间，双方共同出资购买的房产，在解除同居关系时，应如何分割？

【律师解答】

双方同居期间共同出资购房，若所购房产登记在一方名下，在解除同居关系时，另一方可以主张折价补偿，但是要提供可以证明自己为购买房屋出资的证据，如出资购房的银行汇款凭证、写明用途为购房款的转账、双方关于共同出资购房的书面约定等。

如所购房产登记在双方名下，则属于双方共有，若是双方同居关系解除，要对房产进行分割，可以适用分割共有财产的规定。同居关系不同于婚姻家庭关系，如约定了同居期间房产属于双方共同共有，双方同居关系解除，共有的基础丧失，此时一方有权要求对共有房产进行分割，应当对折价或者拍卖、变卖取得的房产价款予以分割，或由取得房产的一方对另一方折价补偿。若双方没有约定房产属于按份共有还是共同共有，或者约定不明确，应该视为按份共有：对于按份共有财产的分割，有约定的按照约定；没有约定或者约定不明确的，按照出资额确定，不能确定出资额的，视为等额享有。

【法律依据】

《民法典》第三百零四条第一款 共有人可以协商确定分割方式。达不成协议，共有的不动产或者动产可以分割且不会因分割减损价值的，应当对实物予以分割；难以分割或者因分割会减损价值的，应当对折价或者拍卖、变卖取得的价款予以分割。

第三百零八条 共有人对共有的不动产或者动产没有约定为按份共有或者共同共有，或者约定不明确的，除共有人具有家庭关系等外，视为按份共有。

第三百零九条 按份共有人对共有的不动产或动产享有的份额，没有约定或者约定不明确的，按照出资额确定；不能确定出资额的，视为等额享有。

213. 男女双方在同居期间生育子女，分居后子女由谁抚养？抚养费谁来负担？

【律师解答】

男女同居期间所生育的子女属于非婚生子女，非婚生子女享有与婚生子女同等的权利。

在《民法典》中并未直接规定同居关系解除时非婚生子女的抚养问题，应适用《民法典》对婚生子女的规定，对不满2周岁的子女，原则上由母亲直接抚养；已满2周岁的子女，父母双方可以协商由谁抚养，协商不成的，由人民法院根据实际情况，按照最有利于未成年子女的原则进行判决；子女已满8周岁的，应当尊重子女的真实意愿。

同居关系解除以后，未成年子女或者不能独立生活的成年子女的抚养费，由不直接抚养子女的生父或者生母承担。

【法律依据】

《民法典》第一千零七十一条 非婚生子女享有与婚生子女同等的权利，任何组织或者个人不得加以危害和歧视。

不直接抚养非婚生子女的生父或者生母，应当负担未成年子女或者不能独立生活的成年子女的抚养费。

第一千零八十四条 父母与子女间的关系，不因父母离婚而消除。离婚后，子女无论由父或者母直接抚养，仍是父母双方的子女。

离婚后，父母对于子女仍有抚养、教育、保护的权利和义务。

离婚后，不满两周岁的子女，以由母亲直接抚养为原则。已满两周岁的子女，父母双方对抚养问题协议不成的，由人民法院根据双方的具体情况，按照最有利于未成年子女的原则判决。子女已满八周岁的，应当尊重其真实意愿。

214. 同居期间所生子女是否有权继承亲生父母的遗产？

【律师解答】

同居期间所生子女和婚生子女享有同等的权利，同样有权继承亲生父母的遗产。

在遗产继承方面，配偶、子女、父母为第一顺序的法定继承人，兄弟姐妹、祖父母、外祖父母为第二顺序的法定继承人。此处的“子女”包括婚生子女、非婚生子女、养子女和有扶养关系的继子女，即这几种“子女”对被继承人的遗产享有同等的权利。

在继承遗产时，一般应该先由第一顺序的继承人继承，第二顺序的继承人不继承。没有第一顺序的继承人可以继承的（没有配偶、子女、父母的），由第二顺序继承人继承。继承时，同一顺序继承人继承遗产的份额一般应当均等。

【法律依据】

《民法典》第一千零七十一条第一款 非婚生子女享有与婚生子女同等的权利，任何组织或者个人不得加以危害和歧视。

第一千一百二十七条第一款、第二款、第三款 遗产按照下列顺序继承：

（一）第一顺序：配偶、子女、父母；

（二）第二顺序：兄弟姐妹、祖父母、外祖父母。

继承开始后，由第一顺序继承人继承，第二顺序继承人不继承；没有第一顺序继承人继承的，由第二顺序继承人继承。

本编所称子女，包括婚生子女、非婚生子女、养子女和有扶养关系的继子女。

第一千一百三十条 同一顺序继承人继承遗产的份额，一般应当均等。

对生活有特殊困难又缺乏劳动能力的继承人，分配遗产时，应当予以照顾。

对被继承人尽了主要扶养义务或者与被继承人共同生活的继承人，分配遗产时，可以多分。

有扶养能力和有扶养条件的继承人，不尽扶养义务的，分配遗产时，应当不分或者少分。

继承人协商同意的，也可以不均等。

215. 同居期间所生子女是否有义务承担已故生父母的债务?

【律师解答】

同居期间所生子女与登记结婚后所生的子女享有同样的权利，承担同样的义务。但无论是婚生子女，还是非婚生子女，都没有义务承担已故亲生父母的债务。父母对债权人欠债，应当以父母的自有财产进行清偿，子女没有代父母还债的义务。

在父母死亡而有债务未清偿完毕的情况下，债权人可以要求子女用父母生前所有的财产，也就是遗产，清偿债务，这种清偿仅以子女所得遗产实际价值为限。若子女放弃继承，则对父母的债务不承担清偿责任。父母的债务超过子女继承的遗产实际价值的部分，子女自愿清偿的，不受遗产实际价值的限制。

虽然以前有一种说法叫“父债子还”，但是这一行为实际上仅属于道德范畴，并不是基于我国的法律规定，我国法律上没有规定父母的生前债务子女必须承担偿还义务。

如果已故父母所欠债务是与子女的共同债务，则子女应当按照法律规定对共同债务承担全部的偿还义务，或承担自己应当偿还的债务份额。

【法律依据】

《民法典》第一千一百五十九条 分割遗产，应当清偿被继承人依法应当缴纳的税款和债务；但是，应当为缺乏劳动能力又没有生活来源的继承人保留必要的遗产。

第一千一百六十一条 继承人以所得遗产实际价值为限清偿被继承人依法应当缴纳的税款和债务。超过遗产实际价值部分，继承人自愿偿还的不在此限。

继承人放弃继承的，对被继承人依法应当缴纳的税款和债务可以不负清偿责任。

216. 同居关系是否必须通过诉讼方式予以解除？

【律师解答】

按照我国现行的法律规定，在1994年2月1日之后同居的并不属于法律上的婚姻关系，也就是说，1994年2月1日之后的同居，不会被认定为事实婚姻，是否解除同居由双方自主决定。对于没有办理结婚登记手续的同居关系，当事人采取诉讼方式解除的，不属于法院的受案范围。如果两个人因同居关系引发的财产分割和子女抚养问题协商不成，则可以向人民法院起诉，通过诉讼的方式解决。

人民法院对于当事人要求以诉讼方式解除同居关系的问题，有以下两种处理方式：

（1）当事人要求解除同居关系并处理财产问题的，人民法院只对财产处理作出判决，在判决主文中不涉及解除同居关系的问题，也不会单独就解除同居关系的诉讼请求作出驳回起诉的裁定。

（2）当事人仅要求解除同居关系。此类情形不属于人民法院的审理范围，法院不会受理此类的诉讼请求，人民法院已经受理的，也会作出驳回起诉的裁定。

【法律依据】

《最高人民法院关于〈中华人民共和国民法典〉婚姻家庭编的解释（一）》第三条 当事人提起诉讼仅请求解除同居关系的，人民法院不予受理；已经受理的，裁定驳回起诉。

当事人因同居期间财产分割或者子女抚养权纠纷提起诉讼的，人民法院应当受理。

217. 同居期间，一方死亡，另一方是否有权继承其遗产？

【律师解答】

答案是不能的。从法律层面来讲，同居关系不同于婚姻关系。双方仅仅是在一起共同生活，没有建立婚姻关系，不存在夫妻之间的各项权利义务。

因此同居期间，一方死亡，另一方没有继承权。

也就是说，登记结婚的夫妻之间才具有相互继承遗产的权利，同居期间，双方并不具备合法的婚姻关系，同居双方之间相互没有继承权，同居一方并不属于死亡一方的法定继承人。

但也存在例外情况。比如，适婚男女在1994年2月1日之前就已经同居共同生活，存在法律承认的事实婚姻关系，另一方可以作为死者的配偶继承遗产，按照继承顺位的法律规定，与死者的父母、子女同属于第一顺位继承人。

还有一种情况是，根据同居双方的密切关系程度确定遗产继承，例如在同居一方生活处于困境时（如晚年生活、身体遭遇病痛折磨等），另一方给予照顾，给予关心、关爱，带来精神上的慰藉的，按照法律规定，应当认定为对被继承人扶养较多的人，可以分得适当的遗产，这样的规定体现了法律对赡养老人、扶危济困等行为的肯定和鼓励。

如果去世的一方在生前以遗嘱的形式将遗产的全部或部分留给同居的另一方，则生存的一方是有权利继承这份遗产的，这在法律上属于遗赠，并不同于法定继承。

【法律依据】

《民法典》第一千一百二十四条 继承开始后，继承人放弃继承的，应当在遗产处理前，以书面形式作出放弃继承的表示；没有表示的，视为接受继承。

受遗赠人应当在知道受遗赠后六十日内，作出接受或者放弃受遗赠的表示；到期没有表示的，视为放弃受遗赠。

第一千一百二十七条第一款第一项 遗产按照下列顺序继承：

（一）第一顺序：配偶、子女、父母；

第一千一百三十一条 对继承人以外的依靠被继承人扶养的人，或者继承人以外对被继承人扶养较多的人，可以分给适当的遗产。

218. 同居期间，一方受赠与的财产，解除同居关系时，另一方是否有权分割？

【律师解答】

因同居双方没有形成夫妻关系，对于在同居期间一方得到的赠与，要分不同情况来进行认定。

如果赠与的是金钱、债权、期权、债权等具有经济性价值的财产或财产性权益，用于双方当事人共同生活，甚至有些非婚同居的男女不仅共同生活、共同劳动，而且还生养孩子和赡养老人，双方的情况实质上类似于或更接近于夫妻财产关系，只要赠与财产的取得是合法的，即没有损害社会公共利益和他人利益，就应当承认同居双方对赠与财产的所有权以及他们因共同劳动、共同生活形成的共有财产关系。

如果赠与的是特定物，如有特定意义的物品，这时候该次赠与可能只对于受赠与的一方有特殊意义，那么此时的赠与视为仅赠与受赠人一方更为适宜。

同居关系不为我国《民法典》所承认，因此同居身份得不到像婚姻关系那样的法律保护，同居期间的财产也没有像婚姻关系中的财产一样具有身份关系的特性。同居关系中取得的财产更接近于合伙形成的财产。若双方无事先约定，则财产仍归财产的最初取得人或所有人；无法证明原所有人的，归双方共同共有。

【法律依据】

《民法典》第三百零八条　共有人对共有的不动产或者动产没有约定为按份共有或者共同共有，或者约定不明确的，除共有人具有家庭关系等外，视为按份共有。

第三百零九条　按份共有人对共有的不动产或者动产享有的

份额，没有约定或者约定不明确的，按照出资额确定；不能确定出资额的，视为等额享有。

219. 同居期间，一方父母出资购买的房产，登记在双方名下，解除同居关系时，另一方是否有权主张分割？

【律师解答】

同居期间，一方父母为双方出资购买房屋，应该认定为对自己子女个人的赠与，但当事人明确表示赠与双方的除外。

若房屋登记在双方的名下，应该属于对双方的赠与行为，此时另一方有权主张分割房屋。

若是赠与房屋的一方父母主张房屋只是赠与自己子女的，可以通过证明购买房屋另一方未出资，并且将房屋登记在男女双方名下，是为了将房屋作为双方结婚以后的婚房，则在双方同居关系解除时，赠与所附的条件不能达成，赠与合同自始无效。在这种情况下，另一方无权对房屋主张分割。

【法律依据】

《最高人民法院关于适用〈中华人民共和国民法典〉婚姻家庭编的解释（一）》第二十九条 当事人结婚前，父母为双方购置房屋出资的，该出资应当认定为对自己子女个人的赠与，但父母明确表示赠与双方的除外。

当事人结婚后，父母为双方购置房屋出资的，依照约定处理；没有约定或者约定不明确的，按照民法典第一千零六十二条第一款第四项规定的原则处理。

《民法典》第一百五十八条 民事法律行为可以附条件，但是根据其性质不得附条件的除外。附生效条件的民事法律行为，自条件成就时生效。附解除条件的民事法律行为，自条件成就时失效。

第一百六十条　民事法律行为可以附期限，但是根据其性质不得附期限的除外。附生效期限的民事法律行为，自期限届至时生效。附终止期限的民事法律行为，自期限届满时失效。

220. 对于同居期间共同投资所得，分居后应该怎样分割？

【律师解答】

在婚姻关系中，婚姻存续期间生产、经营、投资的收益属于夫妻共同财产，但《民法典》未对同居期间所得财产归属作出明确规定。

已被废止的《最高人民法院关于人民法院审理未办结婚登记而以夫妻名义同居生活案件的若干意见》第十条规定，“解除非法同居关系时，同居生活期间双方共同所得的收入和购置的财产，按一般共有财产处理”。这一规定虽然被废止，但如果同居期间共同投资所得发生在2021年1月1日被废止之前，在分割时仍适用之前的规定。

同居期间，双方共同所得收入和购置的财产为一般共有财产，一方所得收入和购置的财产在对方没有辅助性劳动和提供生活帮助的情况下，应归该方个人所有。

所以，同居期间双方共同投资所得，认定为同居双方按份共有的财产。分割的时候有约定的按照约定分割；没有约定或者约定不明确的，按照出资额分割，不能确定出资额的，等额分割。

【法律依据】

《民法典》第三百零八条　共有人对共有的不动产或者动产没

有约定为按份共有或者共同共有，或者约定不明确的，除共有人具有家庭关系等外，视为按份共有。

第三百零九条 按份共有人对共有的不动产或者动产享有的份额，没有约定或者约定不明确的，按照出资额确定；不能确定出资额的，视为等额享有。

第一千零六十二条第一款 夫妻在婚姻关系存续期间所得的下列财产，为夫妻的共同财产，归夫妻共同所有：

……

（二）生产、经营、投资的收益；

《最高人民法院关于适用〈中华人民共和国民法典〉时间效力的若干规定》第二条 民法典施行前的法律事实引起的民事纠纷案件，当时的法律、司法解释有规定，适用当时的法律、司法解释的规定，但是适用民法典的规定更有利于保护民事主体合法权益，更有利于维护社会和经济秩序，更有利于弘扬社会主义核心价值观的除外。

221. 同居期间两人共同使用一个游戏账号，解除同居关系时，所获得的游戏装备应怎样分割？

【律师解答】

按照我国目前的法律规定，网络游戏玩家在网络游戏中获利的“装备”“货币”等，是一种网络虚拟财产。这种“虚拟”并不是说财产的价值和法律性质是虚幻的，而是为了与传统的财产形态形成适当的区分，表明虚拟财产存在于网络虚拟空间，游戏装备作为有经济价值的网络虚拟财产受法律保护。网络虚拟财产的取得一般有两种情况，一种是通过个人的劳动，获得虚拟财物、经验值等，游戏玩家在游戏过程中一定会付出时间和精力；另一种就是游戏玩家直接从游戏运营商手中购买，或者从虚拟的“货币”交易商场以及私下交易中获得。游戏装备虽然存在于虚拟的网络空间当中，在服务器上的数据显示一定的存储空间，但作为一种无形资产已具有真实的财产价值，可以被游戏玩家占有、使用、收益、处分，已经成为法律关系的客体，有时可以在现实中进行市场交易。

同居期间，双方共用一个游戏账号，各自在游戏过程中都付出了时间和精力，由此获得的虚拟财产应当被视为共同财产。

同居双方就虚拟财产的分割问题进行协商并达成协议，人民法院在审理过程中会尊重双方当事人的约定。未能就分割问题协商一致，如果虚拟财产具有一方专属性，则得到装备的一方可以给另一方适当的补偿；如果不存在专属性，双方可以对其价值进行协商，也可以进行出卖，获得价款参考各方付出等因素进行分割。

【法律依据】

《民法典》第一百二十七条　法律对数据、网络虚拟财产的保护有规定的，依照其规定。

222.“捉奸”取得的证据有效吗？

【律师解答】

对出轨证据的收集是一个长期的证据积累过程。一方出轨的亲密照片、录音、录像，双方的书信、私密短信、邮箱、通信软件聊天记录，配偶和第三者亲口承认的书面材料，如“保证书”“悔过书”，这些均可作为证明对方出轨的证据。

（1）自家“捉奸”拍照合法有效。自家床上“捉奸”行为不要过激，照片不要对外传播，也不要对第三者进行人身攻击等行为；证据仅用于庭审举证的，证据一般都会被法庭采纳。

（2）别人家或宾馆“捉奸”拍照可能不合法。如果非法进入他人住宅或宾馆内收取证据，不但取得的证据因不具备合法性而不被法院采纳，而且自身还会涉及侵权行为。

（3）在公共场合拍照基本合法。在公共场所取证的捉奸证据被法院采纳的可能性较大。如果发生的行为进入公共场所范畴，行为人的行为就失去了狭义的隐私性，并且一般认为，这是行为人自己放弃了隐私的权利，因此获取的证据一般都会被法庭采纳。

（4）报假警抓第三者收集证据的方式不可行。出轨如果达到重婚地步，受害人可以报警，因为重婚构成犯罪，警察有义务进行立案侦查。如果是一般的姘居、通奸、一夜情等，最多是违背婚姻法中配偶互有忠诚的义务、违背道德规范的行为，理应受到道德谴责，但这些行为不构成犯罪。

【法律依据】

《最高人民法院关于民事诉讼证据的若干规定》第八十七条

审判人员对单一证据可以从下列方面进行审核认定：

（一）证据是否为原件、原物，复制件、复制品与原件、原物是否相符；

（二）证据与本案事实是否相关；

（三）证据的形式、来源是否符合法律规定；

（四）证据的内容是否真实；

（五）证人或者提供证据的人与当事人有无利害关系。

223. 债务人通过离婚转移财产的，债权人怎么办?

【律师解答】

债务人债务到期未予归还系违约行为，也有部分债务人为了逃避债务，想出“阴招”通过离婚的方式恶意转移财产，把自己财产转移给配偶或未成年子女，使自己“净身出户”，并背负巨额抚养费以及债务，让债权人无法执行债权。

针对上述情况，债权人可以行使撤销权维护自己的权益。债权人对债务人所为的危害债权的行为，可请求人民法院予以撤销，撤销离婚协议中对财产部分的相关约定。其目的在于恢复债务人的责任财产，增加债务人的偿债能力，以维护债权人的合法权益。故债权人可诉请撤销债务人离婚协议的财产分割条款，而非离婚协议的全部。

债权人行使撤销权的构成要件如下：一是债权人享有合法有效之债权；二是债务人无偿或低价转让财产；三是无偿或低价处分行为影响债权人实现债权；四是在除斥期间内行使。确定的债权通常应当是债务人签订离婚协议书时已经成立的；撤销权的行使范围以债权人的债权为限；行使撤销权的必要费用，由债务人负担。

另外需要特别注意，债权人撤销权行使受双重除斥期间的限制，债权人应当自知道或应当知道撤销事由之日起1年内行使。自债务人的处分行为发生之日起5年没有行使撤销权的，该撤销权消灭。

债权人具体可以采取以下手段：

（1）调取债务人的离婚文书。一般恶意转移财产的债务人与其配偶之间均系通过调解离婚或协议离婚的方式办理离婚手续，一方面可以快速办理离婚，另一方面可以根据债务人意愿，以低价或者无偿的方式将财产转移给配偶。律师通过调取债务人的离婚文书，可以确定债务人是否存在无偿或低价等不合理处分财产的情况。

（2）确定恶意逃避债务事实。债务人通过调解离婚、协议离婚减损其财产的行为是否不当，是案件的核心与难点。这涉及身份法领域夫妻共同财产分割的相关规则，需要综合考量以下因素：①离婚原因，债务人是否存在过错。离婚协议中约定少分或不分的债务人是否存在重婚、与他人同居、实施家庭暴力等过错行为，是否存在离婚分割财产时对另一方给予照顾的情形。②债务人对家庭的贡献度。结合债务人和其配偶对家庭事务的贡献，分配给配偶的财产是否超过适当补偿的范围。③财产分割情况及债务承担。应从共同财产类型、数量、金额以及分配比例等因素考虑财产分割情况，从双方所需要承担的债务综合考虑夫妻双方的权利义务分配是否失衡，进而综合考量债务人是否放弃了“应得”的财产。

（3）债务人的离婚时间节点与债权人行使撤销权的时间节点并无直接关联。债权人需要考虑的是，债务人离婚的行为是否会对债权人债权实现产生影响，如当债务人以明显不合理的低价或者无偿将财产给予配偶时，只要影响债权人的债权实现，债权人就可以请求人民法院撤销债务人的离婚协议书或调解书中关于财产分配的内容。

【法律依据】

《民法典》第一百五十二条 有下列情形之一的，撤销权消灭：

（一）当事人自知道或者应当知道撤销事由之日起一年内、重大误解的当事人自知道或者应当知道撤销事由之日起九十日内没有行使撤销权；

（二）当事人受胁迫，自胁迫行为终止之日起一年内没有行使撤销权；

（三）当事人知道撤销事由后明确表示或者以自己的行为表明放弃撤销权。

当事人自民事法律行为发生之日起五年内没有行使撤销权的，撤销权消灭。

第五百三十八条 债务人以放弃其债权、放弃债权担保、无偿转让财产等方式无偿处分财产权益，或者恶意延长其到期债权的履行期限，影响债权人的债权实现的，债权人可以请求人民法院撤销债务人的行为。

第五百三十九条 债务人以明显不合理的低价转让财产、以明显不合理的高价受让他人财产或者为他人的债务提供担保，影响债权人的债权实现，债务人的相对人知道或者应当知道该情形的，债权人可以请求人民法院撤销债务人的行为。

第五百四十条 撤销权的行使范围以债权人的债权为限。债权人行使撤销权的必要费用，由债务人负担。

第五百四十一条 撤销权自债权人知道或者应当知道撤销事由之日起一年内行使。自债务人的行为发生之日起五年内没有行使撤销权的，该撤销权消灭。

224. 夫妻一方擅自将婚内共同财产赠与非婚生子女，另一方能否要求返还？

【律师解答】

在婚姻关系存续期间，夫妻共同财产是一个不可分割的整体，夫妻对全部共同财产不分份额地共同享有所有权。若夫妻一方婚内与他人发生不正当男女关系，并擅自将夫妻共同财产赠与第三者，若不存在特殊情形，该赠与行为常因赠与一方违反了夫妻间的忠诚义务，侵犯了配偶的合法权利、违背社会公序良俗，而被法院判定无效。但在实践中，存在另一种情形，即夫妻一方与婚外情第三者生育非婚生子女，并将部分夫妻共同财产擅自赠与非婚生子女。该种情形下，原配是否仍能起诉赠与行为无效、要求非婚生子女返还财产呢？

我国《民法典》规定，非婚生子女与婚生子女享有同等的权利，任何人不得加以危害和歧视。夫妻一方擅自将夫妻共同财产赠与婚外第三者，系违反社会公序良俗，但父母对子女有法定抚养义务，夫妻一方擅自将婚内共同财产赠与非婚生子女，并不会被人民法院盖然认定为违反公序良俗。同时，若夫妻另一方因其赠与非婚生子女的抚养费过高、超出抚养义务范畴而主张赠与合同无效，因不存在赠与合同无效的情形，通常亦不会得到人民法院支持。

但是，根据民事行为过错原则，出轨过错方对非婚生子女赠与夫妻共同财产的行为存在过错，应当对其配偶的损失承担赔偿责任。其配偶可就该部分损失在分割夫妻共同财产时向出轨过错方主张返还或赔偿责任。

【法律依据】

《民法典》第二十六条 父母对未成年子女负有抚养、教育和保护的义务。

第一千零七十一条 非婚生子女享有与婚生子女同等的权利，任何组织或者个人不得加以危害和歧视。

不直接抚养非婚生子女的生父或者生母，应当负担未成年子女或者不能独立生活的成年子女的抚养费。

第一千零八十七条　离婚时，夫妻的共同财产由双方协议处理；协议不成的，由人民法院根据财产的具体情况，按照照顾子女、女方和无过错方权益的原则判决。

第一千零九十一条　有下列情形之一，导致离婚的，无过错方有权请求损害赔偿：

（一）重婚；

（二）与他人同居；

（三）实施家庭暴力；

（四）虐待、遗弃家庭成员；

（五）有其他重大过错。

第一千零九十二条　夫妻一方隐藏、转移、变卖、毁损、挥霍夫妻共同财产，或者伪造夫妻共同债务企图侵占另一方财产的，在离婚分割夫妻共同财产时，对该方可以少分或者不分。离婚后，另一方发现有上述行为的，可以向人民法院提起诉讼，请求再次分割夫妻共同财产。

后　记

家庭是组成社会的基本单位，有“微型社会”之称；婚姻是家庭的基础和纽带。和谐稳定的婚姻关系不仅关系个人幸福与家庭美满，也是社会和谐的重要基础。每一个走入婚姻的人，都怀揣着对幸福的无限憧憬，但现实生活并非都如憧憬一样美好。正如作家莫鲁瓦所言，“没有冲突的婚姻，几乎同没有危机的国家一样难以想象”。我国民政部公布的 2023 年四季度民政统计数据显示，2023 年全国结婚登记数为 768. 0 万对，离婚登记数高达 259. 3 万对。在北、上、广、深等一线城市，离婚率甚至早已超过 30%。一组组数据背后是许多个支离破碎的家庭和许多颗受伤迷茫的心灵。

对于在婚姻危机中纠结、迷茫与无助的人来说，专业律师的价值何等重要！离婚的结局未必是两败俱伤；带着体面而理性地为双方的婚姻生活画上句号，也未尝不是一个好的选项。

文康律师事务所婚姻家事与财富管理专业委员会（以下简称文康婚财委）于 2019 年 2 月 22 日正式成立，以山东文康律师事务所总部为依托，集合了近 60 位精通婚姻法、继承法、保险法、信托法、公司法等领域的专家和资深律师。文康婚财委擅长处理特大、重大、疑难的婚姻、继承、析产等家事诉讼法律纠纷，具备丰富的实战经验和出色的谈判技巧，通过辅导、调解、诉讼等多种方式，为当事人提供全方位、多维度的法律服务。在为当事人提供专业的婚姻家事法律服务的同时，文康婚财委还能够为当事人提供情感困惑解析、夫妻感情疏导、亲子关系调和等情感服务，力争将双方纠纷化解于法庭之外，以把婚姻家庭纠纷对当事人造成的经济损失、心理伤害以及其他损失降到最低。我们同时擅长对家族（企业）财富管理与传承架构的系统设计和落地实操，针对家庭财富的不同形态以及客户对财富管理的不同需求，为客户有效地进行财富管理与传承规划。

近年来，文康婚财委也实现了业务广度和深度的不断拓展，从单纯的婚姻家事诉讼领域，到家事与企业的交叉领域，再到私人财富管理领域，旨在用深厚的法律素养、丰富的婚姻家事经验、智慧的财富管理能力、扎实的公司商事思维、真诚的服务理念为客户的家庭幸福、事业发展、财富传承保驾护航。文康婚财委多年来陪伴过很多颗在婚姻中受伤的心灵，帮助他们走出不幸婚姻的泥潭，在自己的人生中重新绽放，也让越来越多的家庭重回和谐，让越来越多的家企风险被消灭于无形。

2023 年，文康婚财委正式启用婚姻家事品牌“家法承法”。“家法承法”品牌是文康婚财委品质、形象、文化、内涵的集中体现，承载的是社会公众对婚财委成员的信任，体现的是家事法律服务的特色。文康婚财委秉持“让家事圆满、让幸福传承”的理念，赓续坚持专业为本的宗旨，致力于为客户提高深层次专业化的婚姻家事法律服务。

家法承法团队自成立以来，始终注重法律服务产品的提升，先后陆续推出“思辩集——婚姻家事卷”“婚姻家事法律服务产品手册”“家族财富传承法律服务产品手册”“家事律师进阶实务精讲系列精品课程”“家事律师专业化道路探索与实务指引”“婚姻家事全解析律师进阶手册”“涉外离婚案件律师实务”“婚姻家事与财富传承律师实务高端研修班”等多项法律服务产品。除此之外，家法承法团队常年受邀为银行业、保险行业、信托行业、律师协会、知名高校、商事公司等提供专业讲座百余场，连续多年受邀参加“中国婚姻家事法实务论坛”“山东家事律师论坛”，团队成员精彩的分享获得各行业的一众好评与认可。

令我们备受鼓舞的是，家法承法团队“专业制胜、调解先行”的专业化、差异化、精品化办案模式，不仅赢得了客户的广泛认可，同时也在业内树立了优质的口碑。2022 年，家法承法团队成功入选《精品婚姻家事法律服务品牌指南》机构名单。2023 年 7 月 27 日，文康律师事务所入围权威法律媒体《亚洲法律杂志》（ALB）2023 年度华东地区财富管理律师事务所大奖。2024 年 1 月 27 日，文康律师事务所 2023 年度工作总结暨表彰大会上，文康婚财委被评为“年度卓越专业委员会”。2024 年 7 月 4 日，文康律师事务所入围权威法律媒体《亚洲法律杂志》（ALB）2024 年度华东地区财富管理律师事务所大奖。

我们深知，家法承法团队的影响力已经越来越大，理应承担更多的社会使命。如何更好地实现“让家事圆满、让幸福传承”的执业理念，尽可能帮助更多人守护幸福？我们一直追问这个问题。婚姻几乎是每个人的必修课，大多数人在婚姻中都会遇到某些艰难时刻，但普通百姓往往对于婚姻家事相关的法律知识一无所知。即便是从事其他业务领域的律师同行，也时常会接到婚姻家事的法律咨询，但对相关的法律问题却略显陌生。基于此，我们萌生了编写本书的想法。

本书是家法承法团队律师结合多年的实务经验精心写就、献给每位普通读者和律师同行的诚意之作，我们希望本书能够成为一本人人都能读懂的婚姻家事法律知识宝典。本书紧紧围绕“婚姻”这一主题，采取一问一答的形式，从结婚、彩礼、离婚、子女抚养、财产分割、债权债务、婚内协议、婚内过错、家庭暴力等话题展开，试图通过通俗易懂的语言给正在为婚姻苦恼的人提供一点指引和帮助，旨在用深厚的法律素养和丰富的婚姻家事经验为你的幸福生活保驾护航。

婚姻不仅是避风港，也是修道场。愿你有好运气，在婚姻中感受幸福。希望本书帮助你学会如何更好地经营婚姻，用法律的力量为爱护航；如果没有，希望本书帮助你拿起法律武器，勇敢面对生活的挑战。即便选择为婚姻画上句号，也能做到真正的“一别两宽，各生欢喜”！

最后，衷心感谢家法承法团队数十位律师参与本书的精心编写与校对工作。本书中的观点、意见为作者结合多年的实务经验总结出的一家之言，难免存在商榷与深入探讨的余地，也难免存在疏漏。但瑕不掩瑜，我们愿意把它推荐给每一位读者，希望对大家的幸福生活有所裨益。

改变世界的科学家 医学家的挑战

主编 _ 果麦　撰文 _ 郭晓强

产品经理 _ 陈佳敏　装帧设计 _ 吴偲靓　插画绘制 _ 王俊宇
产品总监 _ 何娜　技术编辑 _ 白咏明
责任印制 _ 刘淼　出品人 _ 王誉

果麦
www.guomai.cn

以 微 小 的 力 量 推 动 文 明

图书在版编目（CIP）数据

改变世界的科学家. 医学家的挑战 / 果麦编；郭晓强撰文. -- 昆明：晨光出版社, 2023.7

ISBN 978-7-5715-1607-9

Ⅰ. ①改… Ⅱ. ①果… ②郭… Ⅲ. ①科学知识－少年读物②医学－少年读物 Ⅳ. ①Z228.1②R-49

中国版本图书馆CIP数据核字（2022）第127759号

改变世界的科学家 医学家的挑战
GAIBIAN SHIJIE DE KEXUEJIA YIXUEJIA DE TIAOZHAN

果　麦　编　　郭晓强 撰文

出 版 人	杨旭恒
责任编辑	魏　宾
特约编辑	陈佳敏
插　　画	王俊宇
装帧设计	吴偲靓
责任校对	杨小彤
责任印制	廖颖坤
出版发行	云南出版集团　晨光出版社
地　　址	昆明市环城西路609号新闻出版大楼
邮　　编	650034
电　　话	021-64386496（销售部）
法律顾问	云南上首律师事务所　杜晓秋
印　　装	天津丰富彩艺印刷有限公司
经　　销	果麦文化传媒股份有限公司
版　　次	2023年7月第1版
印　　次	2023年7月第1次印刷
书　　号	978-7-5715-1607-9
开　　本	140mm×200mm　32开
印　　张	4.75
字　　数	76千
定　　价	198.00元（全七册）

如发现印装质量问题，影响阅读，请联系 021-64386496 调换。